KB067704

사형연습장 2

Économie sociale et solidaire: Socioéconomie du 3e secteur
by Jacques Defourny et Marthe Nyssens
©De Boeck Supérieur 2017-1re édition
All Rights Reserved
Korean translation©2021 by Bona Liber Publishing Cooperative Ltd.
Korean translation rights arranged with De Boeck Supérieur
through Orange Agency.

사회연대경제

②쟁점

Économie
sociale
et solidaire

사회적경제, 연대경제, 사회적기업으로 이해하는
제3섹터의 사회경제학

| 장-루이 라빌·마르뜨 니센 외 지음, 김신양·엄형식 옮김 |

COOPERATIVE
착한책가게

차례

한국어판 서문

전 세계 대부분 지역의 역사는 정치와 사회, 문화의 맥락에서 지역들 사이에 큰 차이가 있긴 하지만 모두 지배적 모델에서 벗어난 다양한 경제적 실천과 경제조직들이 늘 존재해왔음을 보여준다. 지배적 모델이라 함은 시장에서 활동하면서, 의사결정권과 수익을 전유하는 자본투자자들이 통제하는 기업들로 구성된 '민간 영리부문'과 공권력을 바탕으로 공익을 추구하는 기관들로 이루어진 '공공부문'을 가리킨다. 심지어 무력분쟁과 독재체제라는 상황도 이들 두 부문이 충족시키지 못하는 필요에 답하기 위해 시민사회가 주도하는 (종종 비합법적이기도 한) 활동의 등장을 막을 수 없었다.

이전에는 잘 알려지지 않았던 이와 같은 실천과 조직들은 지난 30~40년 동안 정치권, 연구자, 지방정부의 관심, 그리고 현장 주체들을 묶어내고 대변하고 지원하는 조직들의 관심을 점점 더 받아왔다. 이러한 실천과 조직들이 빚어내는 다양한 현실을 무엇이라 부를 것인가? 우선 이 책의 제목에 언급된 바와 같이 '제3섹터'라고 통칭할 수 있을 것이다. 그러나 제3섹터를 구성하는 여러 가지 조직집단, 범주 또는 모델들 사이의 공통점과 차이점을 살펴볼 필요가 바로 제기된다.

이들 구성요소들을 간략히 살펴보자. '협동조합'은 200여 년의 역사를 거치면서 전 세계 모든 지역에 퍼져나갔다. 어떤 지역들, 특히 북미에서는 '비영리부문'이 주요한 관심의 대상이었으며, 영국에서는 '자원

voluntary 및 커뮤니티 부문'에 대해 더 많이 회자된다. '사회적경제'는 주요하게 불어권 및 스페인어권 지역에서 사용되는 개념이며, '연대경제'는 남미에서 많이 사용된다. '사회연대경제'는 보다 넓은 현상을 아우르기 위한 개념으로 쓰이고 있다. 최근 20여 년 동안은 '사회적기업'과 '사회적기업가'라는 개념들이 역동적 역할을 해왔다.

이렇듯 매우 다양한 풍경 속에서, 한국은 여러 구성요소들이 상호보완적으로 발전해왔다는 점에서 특별한 관심의 대상이 될 만하다. 한국의 전통적 협동조합운동이 오랜 역사와 전통을 구현하고 있다면, 새로운 협동조합운동은 노동자협동조합, 소비자생활협동조합 및 의료협동조합 등 새로운 형태의 협동조합들을 발전시켜왔다. 유럽에서 '노동통합기업'이라 불리는 조직들이 한국에서는 '자활'을 목표로 하는 공공정책의 지원과 함께 상당한 발전을 이룰 수 있었다. 사회적기업과 마을기업이라는 새로운 조직모델의 빠른 성장과 사회적경제 개념의 대중화는 매우 인상적이라 할 수밖에 없다.

한국 사회적경제의 이러한 다양성과 역동성은 학술활동 및 다양한 교류활동의 영향을 받으면서 발전해왔다. 2000년대 초반부터 새로운 사회적경제 조직 지도자들, 지방정부 관계자, 기업재단, 시민운동 및 여성운동가, 현실문제에 참여하면서 사회적기업가가 된 시민 등 다양한 한국인 그룹들의 방문과 교류를 통해 우리는 한국 사회적경제 발전과정에 대한 증인인 동시에 작은 역할을 담당하는 당사자가 되기도 했다. 이런 과정을 거치면서 프랑스, 벨기에, 영국, 스페인 및 이탈리아 등 유럽 국가들과 한국 사이에 많은 관계가 맺어졌다. 유럽과 한국, 현장과 연구자, 공공기관의 '연결자' 역할을 했던 엄형식 선생과 김신양 선생이 이 책의 한국어판 번역을 했다는 것은 결코 우연이 아닐 것이다.

이 책은 사회연대경제에 대한 학술연구 발전에서 주요한 역할을 담당했던 불어권 유수의 연구자들이 참여한 공동작업의 결과물이다. 이 책의 각 장은 해당 주제에 대한 종합정리라 할 수 있으며, 이 책을 통해 학술적 토론뿐만 아니라 현장의 실천을 위해 필요한 개념적이고 분석적인 토대를 강화할 수 있게 되기를 기대한다.

마지막으로, 노동자협동조합 출판사로서 이 책의 출판에 일관성을 더해준 협동조합 착한책가게에 감사의 말을 전한다. 한국의 독자들이 이 책을 읽으며 '역량과 의미'라는 유익함을 얻을 수 있기를 기원한다.

자끄 드푸르니 • 마르뜨 니센

서문

이 책의 목적과 개요

이 책의 목적은 사회적경제(또는 사회연대경제) 및 최근 들어 많은 관심을 받으면서 현대 사회에서 점점 더 중요한 역할을 수행하는 사회적기업에 대한 진지한 분석을 제공하는 데 있다. 이를 위해 서로 구별되지만 보완적인 두 가지 관점에서 논의를 진행할 것이다. '토대'라고 명명한 1권에서는 '제3섹터'를 구성하고 있는 행위주체와 조직형태를 살펴본다. 먼저 제3섹터의 전반 또는 핵심을 가리키는 주요 개념들, 즉 사회적경제, 연대경제, 비영리부문을 분석할 것이다. 다음으로는 모두가 제3섹터의 구성요소라고 간주하는 협동조합, 결사체, 사회적기업과 같은 조직형태 그리고 자원활동과 같은 행동양식에 대해 살펴볼 것이다. 이 개념들을 대립시키기보다는 각각의 역사적 기원과 등장하게 된 제도적 맥락을 설명하고, 제3섹터의 역동성을 이해하는 데에 각각이 가진 분석적 잠재력을 이끌어내고자 한다. 이를 통해 독자들은 이 개념들 각각의 장점과 한계, 특색과 독특한 관점을 이해함으로써, 이들을 개별적으로 또는 다른 개념들과 함께 사용할 수 있는 현실 이해를 위한 개념적 도구로 바라볼 수 있을 것이다.

'쟁점'이라고 명명한 2권에서는 제3섹터 전반에 걸쳐 제기되는 이슈들, 즉 통계적 이해, 관련 공공정책, 지배구조의 형태, 경제적 및 사회적 성과를 다루고 있다. 특정 쟁점을 꼭 집어 소명하기보다는 제3섹터 전반을 조망하는 가운데 이들 이슈에 대해 특별한 초점을 맞추는 방식이 될 것이다. 이 책이 사회연대경제에 대한 일반이론의 수립과 같은 야심 찬 목표를 갖지 않는다는 것을 강조하자. 오히려 다양한 접근들을 통해 좀 더 풍부하게 이해할 수 있는 지점과 여전히 불분명한 지점이 무엇인지를 파악하는 데 도움이 될 것이다.

불어권에서 잘 알려진 훌륭한 전문가들이 집필한 이 책은 관련 주제에 대한 국제적 학술문헌의 집대성이라 할 수 있다. 하지만 남반구 국가들에서 확인할 수 있는 사회연대경제 개념에 가까운 실체들까지 다루고자 시도하지는 않았다. 분명 결사체, 공제조합 및 협동조합과 같은 조직들은 남반구 국가들에도 많이 있고 또 중요한 역할을 하고 있다. 그러나 이들의 특수성은 다른 연구작업을 통해 보다 충분히 다루어져야 할 것이다.

이 책은 우선적으로 교육자, 학생, 연구자를 대상으로 삼지만 또한 자신들의 분석틀을 발전시키고 보다 정교하게 다듬고자 하는 전문가들도 그 대상이 될 것이다. 이 책의 기본 지향은 사회연대경제를 옹호하려는 정치적 접근도, 경영방법을 위한 도구적 접근도 아니다. 무엇보다 분석 전반은 두 가지 핵심가설을 둘러싸고 연결되는데, 하나는 제3섹터의 조직과 그 역동성은 온전히 경제학적인 것이어서 경제학의 정당한 연구대상이 된다는 것이고, 다른 하나는 경제학 스스로도 다른 사회과학의 목소리를 듣고 이들과 대화를 나눌 때에만 사회연대경제와 같은 대상을 온전히 다룰 수 있다는 것이다. 이러한 점에서 이 책은 무엇보다 사회경제학적 접근에 기반하고 있다.

* * *

영리 민간부문 및 공공부문과 구별되는 제3섹터의 존재를 가리키기 위해 라틴문화권 국가들에서 가장 널리 사용되는 표현은 "사회적경제"이다. 이 책의 첫 번째 부분(1권 토대)의 1장에서 자끄 드푸르니는 우선 법적 지위(협동조합, 공제조합, 결사체 및 재단), 원칙, 특정한 실천방식을 통해 사회적경제를 정의하는 오늘날의 접근법이 등장하기에 앞서 19세기 노동자결사체에 대한 분석까지 거슬러 올라간다. 그리고 이러한 역사적 관점에서 사회적경제라는 표현을 위치시킨다. 2014년 프랑스 사회연대경제법을 통한 사회연대경제 개념의 공식적 인정이 갖는 장점과 한계를 분석한 후, 다른 개념 특히 전형적으로 영미식 관점에 입각한 '비영리부문'과의 비교를 통해 사회적경제라는 표현을 통한 개념화가 가진 강점과 약점을 검토한다. 마지막으로 사회적경제의 등장과 오늘날의 발전상을 보다 잘 파악하기 위하여 사회적경제의 역사에서 도출할 수 있는 교훈들을 살펴본다.

협동조합은 사회적경제의 주요 구성요소 중 하나이다. 협동조합운동은 두 세기 가까운 역사를 통해 발전해왔으며 오늘날 다시금 그 역동성을 되찾고 있다. 협동조합에서 조합원들은 협동조합의 주인이자 동시에 협동조합의 고객, 노동자 또는 서비스의 수혜자이다. 2장에서 나딘 리셰-바떼스띠와 자끄 드푸르니는 협동조합운동의 역사적 기원을 설명한 후, 협동조합의 정체성과 현황에 대해 살펴본다. 또한 협동조합의 특수성을 보다 잘 이해할 수 있도록 해주는 다양한 분석틀(제도주의, 협약주의[1], 자주관리 경제학)을 제시한다.

결사체는 사회연대경제의 또 다른 주요 구성요소이다. 결사체는 재무적 성과가 조직을 운영하는 사람들에게 분배될 수 없다는 이윤비분배 제약non-distribution des profits 으로 특징지어진다. 미르프 니셴은 3장에서 민간 영리기업과 국가와 구별되는 '비영리조직'의 존재이유에 대해 분석한 주요 영미권 경제학 문헌들을 종합한다. 영미권에서 결사체는 많은 경우 시민사회 활동을 대표하는 자선단체, 박애 또는 자원활동 등의 개념에 연결된다. 따라서 이 장에서는 경제학 이론에서 제시되는 논거들의 이해를 위해 이 개념들의 역사적 기원도 살펴본다.

주로 민간단체에 집중되어 있으면서 주요한 역할을 담당하는 자원활동은 특별한 관심을 받을 만하다. 리오넬 프루또는 자원활동 개념의 역사적 기원과 이 개념을 구성하는 주요 특징들을 검토한다. 자원활동을 다루는 4장에서 그는 특히 자원활동 행위를 결정하는 요인이 무엇인지 질문하면서 관련하여 심리학, 사회학, 경제학이 내놓고 있는 대답들을 살펴본다. 가령 경제학 이론은 자원활동을 집합재의 생산, 사유재의 소비 또는 투자의 관점에서 바라보고 있다. 그러나 저자가 강조하듯이 자원활동은 절대적으로 다학제적 분석을 요하는 사회적 실체다.

1990년대 프랑스에서 형성되고 이론화된 연대경제 개념은 협동조합

---

1. 협약주의는 conventionalisme이라는 주요하게 불어권에서 발전한 경제학과 사회학 이론 경향을 가리킨다. 이 이론 경향에서는 사회질서와 규범을 변화가 쉽지 않은 구조적 성격이 아닌 행위자들의 토론과 합의를 통해 만들어내고 일정한 시공간적 범위 안에서 많은 사람들에 의해 그 정당성을 인정받은 결과물로 바라본다. 따라서 사회질서와 규범은 사람들에 의해 수정되고 변화할 수 있으며, 이는 구조적 법칙에 따르는 것이 아니라 행위주체들의 토론과 갈등, 합의의 과정을 통해 주조되는 것이다. 또한 행위주체 역시 경제적 이해와 합리성을 추구하는 단순화된 인간형을 넘어서서, 일상에서 관찰되듯이 주어진 상황을 이해하고 적절하게 행위하고자 노력하는 주체적이고 성찰 가능성을 가진 인간형을 상정하고 있다. 관련 이론이 한국에서 충분히 소개되지 않아 적절한 용어를 찾지 못한 관계로 이 책에서는 문자적 번역인 '협약주의'라는 표현을 사용한다. - 옮긴이

- 공제조합 - 민간단체라는 주요 법적 지위에 관계없이 현장의 다양한 실천이 가진 사회정치학적 역동성을 강조하면서 '아래로부터의' 운동을 대표하고자 했다. 연대경제의 사회경제적 측면과 정치적 측면이 보여주는 이중적 차원을 설명하기 위해 로랑 가르댕과 장 - 루이 라빌은 5장에서 경제에 대한 폴라니적 관점을 설명한다.

사회적기업을 다루는 6장에서 자끄 드푸르니와 마르뜨 니센은 영미권과 유럽이라는 서로 다른 역사적 맥락에 '사회적기업'과 '사회적기업가 정신' 개념들을 재위치시키면서 그와 관련한 개념화 작업을 해온 주요 학파들을 분석한다. 또한 사회연대경제의 연장선에 있는, EMES 네트워크가 발전시켜온 사회적기업에 관한 유럽식 접근법을 상술한다. 끝으로 현장에서 발견되는 매우 다양한 실체들을 이해하기 위해, 경제활동에서 사회적 사명이 차지하는 위치와 지배구조 형태라는 기준을 동원하여 사회적기업에 대한 네 가지의 주요 모델을 제시한다.

* * *

제3섹터의 현재적 이슈들을 다루는 이 책의 두 번째 부분(2권 쟁점)은 에디뜨 아르샹보가 사회연대경제의 통계적 이해를 다루는 장으로 시작한다. 그녀의 분석은 현실 속에서 사회연대경제를 보다 더 잘 확인하고, 그 효과를 보여주며, 국제비교를 통해 보다 광범위한 인정을 받을 수 있다는 관점에서 사회연대경제의 통계적 계측이 갖는 중요성을 보여준다. 저자는 공통의 방법론에 도달할 수 있도록 해주었던 사회연대경제 통계 발전과 지난 20년간 실현된 역사적 진전을 추적한다. 공통의 방법론은 우선 민간단체만을 다루고 있지만, 머지않은 장래에는 사회연대경제 전반을 포괄하는 위성계정을 구축하는 것이다. 그녀는 또한 자원활동 측정방식에 따르는 까다로움을 설명한다.

2장에서 장-루이 라빌과 마르뜨 니센은 어소시에이션 발전의 주요 지렛대였던 공공정책들을 가능하게 한 어소시에이션과 사회국가 사이의 다양한 상호의존성을 분석한다. 요약하자면, 저자들의 세안은 어소시에이션들이 발전해온 정치적 맥락에 관심을 기울여야 한다는 것이다. 이는 공권력과 어소시에이션 사이의 관계를 규정하는 현재의 공공규제를 이해하기 위해서는 이에 앞서 여러 유형의 사회국가 형성 과정에서 어소시에이션들이 어떠한 역할을 수행했는지를 역사적 관점에서 비교할 필요가 있다는 것이다.

3장에서는 재무적 필요와 사회적 목적의 우선성을 조화시켜야 하는 사회연대경제 조직들에 있어서 핵심적 이슈인 지배구조 문제를 다루고 있다. 신제도주의 경제학 영역에서 발전한 연구작업들에 기반하여 프란체스카 뻬트렐라는 먼저 민간 영리기업과 비교할 때 사회연대경제 조직의 소유권이 갖는 특수성을 분석한다. 그러나 지배구조 개념은 소유권 형태를 넘어서서 이사회의 작동과 조직 내의 의사결정, 통제, 사후관리, 평가에 참여하기 위한 다양한 장치들, 더 나아가 주변환경과 조직이 주고받는 상호작용에도 관련된다. 이 장에서는 이들 요소 각각을 살펴본다.

로랑 가르댕, 플로랑스 자니-까트리스 그리고 사뮈엘 피노는 사회연대경제에 대한 평가 방식과 이에 내재된 성과 측정 문제를 다룬다. 이 문제를 다루기 위해, 저자들은 먼저 현대사회의 사회경제적 변화의 영향 특히 서비스 부문의 성장을 심도 깊게 살펴보고, 공적 행동 방식의 변화라는 맥락 속에서 어떻게 사회연대경제 평가에 관련한 논의가 위치해 있는지를 분석한다. 또한 프랑스에서 어떻게 '사회적 유용성' 개념이 점진적으로 사회연대경제의 '생산물'에 초점을 맞추게 되었는지를 살펴본다. 끝으로 사회적 유용성 평가의 다양한 형태와 실행 방법들이 포괄하고 있는 민주적 성격에 대해 상술한다.

2권의 마지막 장인 5장에서 마리 부샤르와 브누아 레베끄는 사회연대경제와 사회혁신 사이의 관계 및 사회전환에 대한 각각의 기여를 분석한다. 사회연대경제는 점점 더 사회혁신의 역동성과 연결되어 이해되고 있으며, 오늘날 경제를 변화시키는 동력으로 인정받아가고 있다. 저자들의 분석은 한편으로는 사회연대경제, 사회적기업과 사회혁신 사이의 관계를 다루는 연구와 다른 한편으로는 사회혁신과 혁신 일반의 관계에 대한 연구라는 두 가지 연구작업을 종합한 결과에 바탕을 두고 있다.

자끄 드푸르니 · 마르뜨 니센

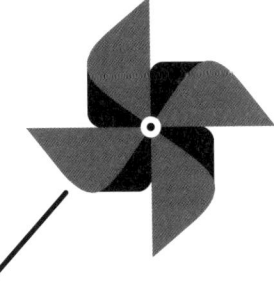

1장

사회연대경제에 대한
통계적 이해

에디뜨 아르샹보 지음 │ 엄형식 옮김

1. 유럽 사회연대경제 관련 주요 자료 출처 : 불완전성, 파편성, 비일관성

2. 비교통계방법론 : 존스홉킨스 프로젝트

3. 종합 및 전체 규모 : 사회연대경제 위성계정

4. 자원노동에 대한 측정

왜 사회연대경제를 측정해야 하는가? 그 첫 번째 이유는 측정이 공권력[2]과 대중에게 인정받는 핵심 수단이기 때문이다. 수치가 중시되는 오늘날 사회에서 집계되지 않는 것은 고려되지도 않는다.

측정의 필요성을 뒷받침하는 두 번째 이유는 사회연대경제가 무엇인지를 분명히 확인하는 데 기여한다는 것이다. 사회연대경제를 측정한다는 것은 무엇보다 그 영역을 경계 짓는 것이며, 적절하게 선택된 기준들에 따라 어떤 조직이 사회연대경제에 속하고 어떤 조직은 빠지게 되는지를 결정하는 것이다. 이 기준들은 적절하면서도 실용적이어야 한다. 즉, 해당 영역의 전통에 부합해야 한다는 점에서 적절해야 하고, 통계를 위해 쉽게 사용될 수 있어야 한다는 점에서 실용적이어야 한다. 이 외에도 사회연대경제 영역이 불변의 것은 아니라는 점을 고려해야 한다. 시계열 자료는 시간의 변화에 따라 사회연대경제 영역이 어떻게 발전하는지를 볼 수 있게 해준다.

셋째, 체계적이고 비교 가능한 집계 방식을 통해 사회연대경제를 측정하면 부가가치, 제공된 서비스, 기업 수, 창출된 일자리, 지역 발전 등의 측면에서 사회연대경제가 국가 경제에 기여하는 효과를 밝힐 수 있다. 특히 다음과 같은 질문에 답하면서 사회연대경제가 사회 전반에 미치는

---

2. 원문은 pouvoir public으로 공권력은 원문의 직역이다. 공공기관이나 공공부문으로 표현될 수 있지만 원문이 가지고 있는 국가권력에 기반한 사회 시스템 전반이라는 의미를 살리기 위해 '공권력'으로 번역한다. 흔히 국가권력의 물리적 힘 사용을 지칭하는 공권력과 구별하여 이해할 필요가 있다.-옮긴이

효과를 설명할 수 있다. 다양한 종류의 불평등을 감소시키고 금융, 사회보장, 지식과 문화에 대한 접근을 향상시키는 데 사회연대경제가 미치는 영향은 정확히 무엇인가? 민주적 실천을 확산시키고, 시민들의 책임성을 고양하며, 정치를 혁신하는 데 있어 사회연대경제의 역할은 무엇인가?

마지막으로, 동일한 방법론을 사용하여 사회연대경제를 측정하면 국가간 비교가 가능해진다. 사회연대경제가 가장 발달한 나라들은 어디인가? 사회연대경제의 유형에 따라 국가들을 분류할 수 있는가? 유럽의 사회연대경제는 다른 대륙의 사회연대경제와 다른가? 다양한 국가들에서 사회연대경제와 공권력 사이의 관계는 어떻게 다른가? 지리적 또는 문화적 의미에서 남반구의 사회연대경제를 어떻게 특징지을 수 있는가? 이 모든 질문들에 답하기 위해서는 경험적 자료에 기반해야 하는데, 이를 위해서는 신뢰할 수 있고, 정기적으로 생산되며, 국제적으로 비교 가능한 통계를 구축할 필요가 있다.

상당히 괜찮은 양질의 통계를 정기적으로 생산할 수 있을 만큼 큰 역량을 지닌 비영리/자원조직 연합체들이 존재하는 영미권 몇몇 국가들을 제외한 대부분의 국가에서는 1990년대 초반까지 사회연대경제에 대한 통계적 지식이 존재하지 않았다. 민간단체, 재단 및 다른 비영리 조직들의 경제적 비중은 무시할 수준이었으며, 이들을 통해 개인들이 재화와 서비스를 집합적으로 (생산하는 것이 아니라) 소비하기 위한 단순한 도구로서 생각하는 것이 대부분의 국가에서 팽배했다. 따라서 통계의 관점에서 보면, 비영리조직들은 가계부문에 존재하는 것으로 간주되었던 반면, 협동조합과 상호공제조합은 일반 기업과 같이 다루어졌다.

그러나 지난 20년 동안 사회연대경제 현장의 강력한 요구와 1990년대 후반에 있었던 미국 존스홉킨스 대학 주도 비영리부문 비교 프로젝트를 통해 생산된 자료들이 출판되면서 점차 진전이 이루어져 왔다. 비영리부문 비교 프로젝트 자료들은 핵심적으로 민간단체와 재단으로 구성된 비영리부문이 무시할 수 없는 비중을 차지하고 있으며, 산업화된 대부분의 나라들에서 농업보다 더 큰 비중을 가지고 있고, 교통 또는 건설부문 정도의 규모에 달하고 있음을 보여준다. 더욱이 국가 발전 정도와 무관하게 전 세계 모든 나라들에 존재하고 있다.

이러한 최근 성과에도 불구하고 사회연대경제에 대한 통계자료는 빈약하고 흩어져 있으며, 일관성이 부족하고, 시계열로 생산되지 않으며, 대부분의 경우 국제 비교가 어렵다. 사회연대경제 통계 분야는 실험이나 시연 단계에 있으며, 이후에 살펴보듯이 몇몇 나라들의 선구적 역할에도 불구하고 국가 통계기관들이 일련의 자료를 생산하는 단계에는 이르지 못하고 있다.

이 장은 현재도 진행중인 이 광범위한 영역을 이해하기 위한 실마리를 제공하고자 한다. 먼저 사회연대경제 관련하여 사용 가능한 자료들의 불충분함과 비일관성에 대해, 또한 그렇게 취약한 상태에 놓이게 된 이유에 대해 살펴보고자 한다(1절). 다음으로 지난 20여 년 동안 이루어진 성과를 살펴본다. 특히 오늘날 유엔이 인정한(United Nations, 2003 and 2006) 공통의 방법론을 도출하게 된 일련의 과정에 대해 초점을 맞출 것이다(2절). 이 공통의 방법론 적용이 어떻게 비영리기관 위성계정을 구축하게 했고, 나아가 사회연대경제 위성계정을 가급적 가까운 미래에 구축하는 데 기여할 수 있을지를 보여줄 것이다(3절). 마지막으로, 국제노동기구에 의해 채택되어(ILO, 2011) 점진적으로 실행될 예정인 자원노동[3]에 대한 복잡한 측정에 대해서도 강조할 것이다(4절).

---

3. 보다 익숙한 표현은 '자원활동'이지만, 원문의 표현 travail bénévole(영어로는 voluntary work)이 유급노동과 대조되어 사용되고 있고, 특히 본문에서 다룰 국제노동기구가 여러 형태 노동의 하나로서 자원활동에 초점을 맞춘다는 점에서 이 장에서는 주로 자원노동이라고 번역한다. - 옮긴이

1. 유럽 사회연대경제 관련 주요 자료 출처
: 불완전성, 파편성, 비일관성

유럽연합 통계기관인 유로스타트^{Eurostat} 검색엔진에서 사회적경제, 사회연대경제, 협동조합, 상호공제조합, 민간단체 또는 재단을 검색하면 놀랍게도 아무런 결과를 얻을 수 없다. 몇몇 유럽 국가 통계청 웹사이트에서는 좀 더 나은 결과를 얻을 수 있지만 여전히 만족스러운 수준은 아니다. 실제로 유럽 국가들에서 사회연대경제 관련 자료들은 파편적이며, 전체적으로 상당히 빈약한 수준이다. 또한 사회연대경제의 동일한 항목(가령 고용 인원이나 재정 등)에 대한 복수의 자료 출처가 있는 경우 자료들은 일관적이지 못하다. 왜 사회연대경제에 대한 자료가 이처럼 빈약한가? 몇 가지 원인을 살펴보면 다음과 같다.

- 우선, 서론에서 언급했듯이 대부분의 사회연대경제 조직들은 규모가 매우 작고 그 경제적 비중 역시 미약하고, 종종 무시할 수 있는 정도이다.
- 사회연대경제 조직들, 특히 비시장 조직들이 재화를 생산하지 않으며 무형의 서비스만 생산한다는 생각 또한 원인이 된다. 국민계정은 생산자의 성격보다는 생산물의 성격에 보다 관심을 기울이고 있고, 방법론 또한 서비스보다 재화를 측정하는 데 보다 확실하다. 나아가 서비스 중에서도 개인이나 사회 전반에 제공되는 서비스보

다 기업들에 제공되는 서비스를 더 잘 측정할 수 있다.
- 대부분의 사회연대경제 조직들은 행정기관에 자료를 제출하는 의무에서 자유롭다는 점이다. 상당수는 피고용인을 두고 있지 않기 때문에 고용주로서의 신고 의무를 갖지 않으며, 많은 경우에 세금을 면제받는다. 따라서 기업들과는 달리 행정 자료를 많이 남기지 않게 된다.
- 원칙적으로 사회연대경제에 대해 우호적 태도를 가지고 있음에도 유럽의 기관들은 시장에서 생산을 수행하는 기업들과 비시장 서비스를 직접 생산하는 공공행정기관이라는 두 가지 유형의 경제 주체들만을 고려하고 있다.

이런 다양한 이유들 외에도 사회연대경제 자료가 취약한 핵심적 원인은 국민계정체계[4](국민계정체계 1993 및 2008년도 판)와 이 체계의 유럽 버전(유럽 국민계정체계 1995 및 2010년도 판)에서 사회연대경제가 자리를 갖지 못하고 있으며, 그 결과 국민계정체계에서 보이지 않게 되는 불가시성에 있다.

이 절에서는 먼저 불가시성 문제를 발생시키는 국민계정체계에 대해 살펴본 후, 사회연대경제 조직들에 대한 세 가지 일차적 자료 출처, 즉 기업이나 조직의 목록과 서류, 행정 자료 그리고 통계조사를 검토할 것이다. 또한 전문가 의견이라는 네 번째 자료 출처에 대해서도 살펴본다. 이를 바탕으로 각각의 자료 출처에 대해 장점과 한계를 소개하고자 한다.

---

4. 국민계정은 한 나라 안에서 일어나는 모든 경제주체들의 다양하고 복잡한 경제활동을 포착하여 이를 정합적이고 통합적인 관점에서 설명하고자 기록하는 일종의 국민경제의 종합 재무제표라 할 수 있다(한국은행, 2020, 우리나라의 국민계정체계). 국민계정체계 관련 국제 지침(원문SCN. 영어로는 System of National Accounts, SNA)은 국민계정에 대한 국제표준 체계로서 유엔에 의해 발행되고 있으며 1953년판, 1968년판, 1993년판 그리고 가장 최근 버전으로 2008년판까지 나왔다. - 옮긴이

1. 1. 국민계정에서 사회연대경제 조직들의 불가시성

국민계정체계 관련 국제 지침(SCN 1993)과 이를 유럽에 적용한 지침 (SEC 1995, 영어로는 ESA)은 표 1에서 요약한 것처럼 사회적경제를 모든 제도부문으로 분산시켜 놓게 된다.

- 협동조합과 재원의 50% 이상이 시장가격 판매에서 나오는 민간단체(시장형 민간단체)는 목적에 따라 비금융기업 또는 금융기업으로 분류된다.
- 상호공제보험은 금융기업 중 '보험기업 및 연금기금' 항목으로 분류된다.
- 사회보장에 관련된 상호공제조합은 공공행정 중 '사회보장 조직' 범주로 분류된다.
- 50% 이상의 재원이 서비스 대가가 아닌 보조금으로 충당되는 민간단체는 공공행정 중 '중앙 또는 지방의 기타 행정조직'으로 분류된다.
- 직원이 없는 민간단체와 재단은 가계 계정과 구분되지 않는다.
- 고용주의 지위를 가지면서도 비시장적 성격의 회비, 기부, 증여 등에 의해 재원이 충당되는 여타 민간단체와 재단은 '가계에 서비스를 제공하는 비영리기관(institutions sans but lucratif au service des ménages, ISBLSM'으로 불리는 별도의 제도부문에 포함된다. 이 부문은 종교기관, 정당, 노동조합, 민간단체와 재단으로 구성된다. 많은 국가들은 신뢰할 수 있는 정보의 부재로 인해 ISBLSM 계정을 작성하지 않고 있으며, 이 경우 이들 조직들은 가계부문으로 간주되거나 또는 간단하게 국민계정에서 무시된다.

사회적경제 조직	국민계정체계 내 제도부문
비금융 협동조합	비금융기업
시장형 민간단체 및 재단	비금융기업
금융 협동조합 및 기타 금융활동 사회연대경제 조직	금융기업
상호공제보험	금융기업
상호공제사회보장	공공행정
주요하게 공적 재정지원을 받는 민간단체	공공행정
직원이 없는 민간단체 및 재단	가계
기타 민간단체 및 재단	ISBLSM

표 1 국민계정에서의 사회적경제

이처럼 사회적경제의 실체는 국민계정에서 다섯 개의 제도부문으로 나뉘면서 단일한 실체로서의 가시성을 완전히 잃게 된다.

국민계정체계의 문제에서 벗어나기 위해서는 사회연대경제에 대한 기본적인 자료 출처부터 다시 살펴볼 필요가 있다.

1. 2. 목록과 서류

사회연대경제 조직들의 목록과 서류는 공공기관이 보유하고 있거나 조직 스스로가 보관하고 있다. 목록의 경우 가장 일반적 성격을 지닌 국가 통계기관 보유 목록을 분석하고, 서류의 경우는 사회연대경제 조직들이 보관하고 있는 서류들을 간단하게 살펴보고자 한다.

1.2.1. 국가 통계기관들이 보유하고 있는 기업 및 조직 목록

여러 행정기관들은 기업이나 사회연대경제 조직들이 설립될 때, 설립에 관련된 다양한 정보(조직명, 법적 시위, 주요 활동, 주소지, 임원 명단 등)를 취합하면서 기본적인 목록을 보유하게 된다. 협동조합과 상호공제조합은 일반적으로 상업등기부 또는 기업등기부에 등록되고, 민간단체와 재단은 각각 해당 등기부에 등록된다. 협동조합과 상호공제조합 관련 등기 정보는 민간단체 관련 정보에 비해 잘 관리된다. 실제로 민간단체들은 설립할 때나 주요 정보를 변경할 때 신고해야 할 의무가 있지만, 다른 유형 조직들과 달리 활동을 중단했을 때는 별다른 신고를 하지 않는 경우가 많다. 따라서 민간단체 등록부는 상당한 비율의 활동 중단 민간단체를 포함하게 되며(프랑스의 경우 등록된 민간단체의 약 50%가 활동을 하지 않는 것으로 보고됨), 그 결과 활동중인 민간단체의 수를 파악하거나 조사를 위한 표본으로 활용할 때 통계적으로 문제를 갖게 된다.

한편 대부분의 유럽 국가에서는 단체가 설립될 때 제출된 기본 정보가 각 단체에 부여된 고유번호 아래에 기록된다. 단체들은 행정기관과 관계를 가질 때 이 고유번호를 적시해야 하며, 이는 거래처나 이용자들과의 관계에서도 점점 더 적용되고 있다. 이러한 고유 식별번호의 존재는 공공 통계기관들로 하여금 '기업 및 조직 목록'을 다른 행정 정보, 가령 사회보장 관련하여 제출된 고용 관련 정보, 또는 조세당국에 제출된 예산 및 결산 정보를 연결할 수 있도록 해준다. 이러한 다양한 행정 정보의 연결은 기업 및 조직 목록을 자동적으로 갱신하고 확충할 수 있게 해준다. 이와 같은 방법으로 유럽연합 표준 경제활동 분류^{NACE}에 따른

	민간단체	협동조합	상호공제 조합	재단	사회연대 경제 전반	전체 경제 대비 사회연대 경제 비중
기업 수	153 746	8 510	813	474	163 543	7.0%
사업체 수	185 378	26 460	8 062	1 425	221 325	9.5%
직원 수	1 849 717	309 062	133 960	77 562	2 370 301	10.5%
전일제 환산 직원 수	1 539 657	290 052	119 319	69 760	2 018 788	9.9%
임금 총액 (10억 유로)	42.8	11.5	4.7	2.2	61.2	8.5%

출처 : CNCRES(2015)[*]

표 2 프랑스의 사회연대경제(2013)

	민간 단체	협동조합 및 공익목적 회사	상호 공제 조합	재단	합계	전체 경제 대비 사회적경제 비중
직원을 고용한 기업의 수	17 257	538	106	173	18 074	민간부문 기업의 8.3%
직원 수	495 108	23 188	16 798	10 855	545 949	민간부문 피고용 일자리의 19.8%. 전체 피고용 일자리의 14.2%
전일제 환산 직원 수	334 798.2	14 285.7	13 332.2	9 061.7	371 477.7	민간부문 피고용 일자리의 16.8%. 전체 피고용 일자리의 12.0%

표 3 벨기에의 사회적경제(2014)

* 이 자료는 26개 지역 사회연대경제 상공회의소를 대표하고 있는 CNCRES가 설립한 사회연대경제 전국관측센터(Observatoire national de l'ESS)에 의해 출간되었다. 자료는 각 광역지역 수준까지 세분되는 국립 통계기관(INSEE)의 통계자료를 토대로 작성되었다.

사회연대경제 조직들의 주요 활동, 사업체[5] 소재지, 피고용인 수, 세무 당국에 신고된 전체 매출 등을 알 수 있다. 표 2와 3은 기업 및 조직 목록에 다른 행정 정보를 연결하여 얻은 정보이다.

기업 및 조직 목록은 여러 가지 장점을 갖는다. 우선 목록이 지속적으로 갱신되며 매우 신뢰할 만하다. 또한 기업 지위를 갖는 모든 사회연대경제 조직을 포괄하며, 조세 의무가 있거나 공적 재원의 혜택을 받으며 직원을 고용하고 있는 비영리 사회연대경제 조직들, 다시 말해 대부분의 주요 민간단체와 재단을 포괄하고 있다. 반면, 자원활동으로만 유지되고 행정기관과 아무런 관계를 갖지 않는 지역의 작은 조직들은 포함되지 않는다. 또 다른 단점은 사회연대경제 조직의 주요 활동을 분류하기 위해 경제활동 분류 시스템을 따르는데, 이 시스템이 시장 생산자들에는 적합하지만 비시장 서비스에는 잘 적용되지 않는다는 사실과 관련된다. 이런 이유로 대부분 나라들에서 잔여적 범주인 "다른 범주로 분류되지 않음"이 사회연대경제 조직들에 관련하여 과도하게 자주 사용되고 있는데, 이는 현재 분류법으로는 여러 가지 활동을 병행하는 사회연대경제 조직들의 주요 활동[6]을 제대로 설명하기 어렵다는 것을 의미한다. 이러한 단점들이 있긴 하지만 기업 및 조직 목록은 통계자료에 있어서 핵심적 참조사항으로 남아있다.

---

5. 결정의 독립성을 가지고 시장내 생산(기업) 또는 비시장 생산(조직)의 단위를 구성하는 가장 작은 법적 단위를 기업(enterprise) 또는 조직(organisation)이라고 부른다. 이 최소 법적 단위는 독립적인 결정을 할 수 없고 별도 법적 지위를 갖지 않는 생산단위인 여러 개의 사업체(establishment)를 가지고 있을 수 있다.

6. 이론적인 의미에서 주요 활동이라 함은 조직이 생산한 총부가가치 중에서 가장 많은 부분을 담당한 활동을 의미한다. 가장 큰 고용 비중을 차지하는 활동이나 가장 많은 급여총액에 해당하는 활동으로도 대체할 수 있다(SEC 1995).

1.2.2. 사회연대경제 기업과 조직들이 보유하고 있는 자료

이 자료들은 일반적으로 해당 연합조직이나 직능조직에 의해 생산되고 갱신된다. 자료들은 동일한 법적 지위별로, 동일한 주요 활동별로 또는 이 두 가지 범주를 병행하여 취합된다. 이러한 통계는 사회연대경제 조직들의 홍보를 위해 사용되는 관계로 자료 형태는 표준화되어 있지 않으며, 그 내용에 대한 신뢰도 종종 낮은 편이다. 또한 유리한 정보만 보여주고 부정적인 정보는 보여주지 않곤 한다. 그렇긴 하지만 사회연대경제 조직들을 잘 알지 못하는 공공부문의 통계 전문가들이 그 복잡함을 이해할 수 있기 위해서는 사회연대경제 관련 조직과의 협력이 매우 중요하다.

1.3. 행정 자료

국가에 따라 사회연대경제 조직들에 가장 적합한 행정 자료는 매우 다양하다. 영국과 같은 나라에서 행정 자료는 사회연대경제 조직들의 지출 현황보다 수입 원천에 대해 보다 많은 자료를 가지고 있다. 반면 유럽대륙의 경우는 그 반대다. 하지만 두 경우 모두 자료들은 사회연대경제 조직들이 행정기관에 제출하는 자료(사회보장 분담금 지출, 세금 납부, 보조금 수령 등 관련)에서 파생되는 부산물들이며 이로 인해 일정하게 편향이 생긴다. 행정 자료의 우선 목적이 통계적 사용이 아니기 때문에 통계 목적으로 사용하려면 이러한 편향을 먼저 교정해야 한다.

유럽과 북미 지역에는 상당한 정도의 행정 자료들이 존재한다.

1.3.1. 고용과 임금 지불에 관련된 자료

이 자료들은 고용주가 직원들의 사회보장과 관련하여 실행하는 의무 신고 과정에서 만들어진다. 해당 국가에서 사회연대경제 조직으로 간주되는 법적 지위를 통해 고용주 중에서 사회연대경제 조직을 운영하는 이를 쉽게 구분할 수 있다. 자료에는 고용주로서의 해당 조직에 대한 정보와 개별 직원들에 대한 정보(나이, 성별, 특질, 고용 성격, 노동계약 유형, 노동시간 등)가 포함되어 있다. 지급된 보수의 총량은 총급여, 고용주 사회보장 부담금 및 다른 지출로 구분될 수 있다.

이러한 자료들은 매우 신뢰할 수 있다. 자료들은 전체를 망라하고 있으며 안정적 시계열 자료를 구성한다. 전일제 환산 방식으로 일자리 수를 계산할 수 있는데, 이는 계절별 고용이나 파트타임 고용이 잦은 민간단체 및 재단과, 반면 이러한 비정규 형태 고용이 적은 협동조합, 상호공제조합 및 다른 기업 형태를 비교할 때 중요하다. 사회보장 신고가 분기별로 이루어지기 때문에 사회보장 자료는 단기 경제 동향에 대한 분석도 가능케 해준다. 그러나 기업 목록에서 언급된 것과 같은 이유로 다른 기업들에 비해 사회연대경제 조직들의 주요 활동에 대한 정보는 잘 취합되지 않는다.

1.3.2. 조세 관련 신고에서 나오는 매출과 수익에 대한 자료

조세 자료는 법인세나 특정한 세금, 즉 협동조합, 상호공제조합 그리고 공정무역, 사회주택과 같은 비영리 목적의 상업활동을 주요하게 수행하는 민간단체와 재단과 같이 세금 부과 대상이 되는 사회연대경제 조직들에만 해당된다. 사회연대경제 조직의 일부만 해당된다는 단점이 있지만 양질의 정보를 포함하고 있다. 가령, 동일 범주의 사회연대경제 조직들에 있어서 매출 대비 지출이나 수입의 비율을 계산할 수 있다.

1.3.3. 중앙정부 및 지방정부가 민간단체에 지급한 보조금

공공기관이 민간단체나 비영리 조직들에 지급한 보조금은 납세자인 시민들에게 정보를 공개해야 한다. 그러나 실제에 있어서는 체계적으로 분류된 기록을 이용하기 쉽지 않다. 공통의 분류법을 활용함으로써 해당 기록의 통계적 활용을 촉진할 수 있을 것이다.

1. 4. 설문조사

모집단에서 추출한 무작위 표본을 대상으로 하는 설문조사는 통계기관과 연구자들이 정보를 확보하는 핵심 수단이다. 조직 관련 목록이 전체 대상을 포괄하고 있고 정보가 주기적으로 갱신된다면 이를 바탕으로 사회연대경제 조직들에 대한 설문조사를 수행할 수 있으며, 이는 분명 사회연대경제 조직들의 성격, 경제활동, 조합원, 지배구조, 이해당사자들과의 관계 등 많은 정보를 취합할 수 있는 가장 좋은 수단이 된다. 하지만 목록이 불완전하거나 편향되어 있을 경우 설문조사를 통해 얻어진 정보는 잘못된 정보가 될 것이고 현실을 반영하면서 교정할 수 있는 방법이 없다. 1.2절에서 우리는 대부분 나라에서 사회연대경제 조직 목록의 질이 만족스럽지 않으며, 특히 민간단체 목록은 결함이 많다는 것을 살펴보았다. 이러한 심각한 결함에도 불구하고 사회연대경제 조직 대상 설문조사를 진행하는 것은 정보가 전혀 없는 것보다는 불완전한 정보가 더 나을 수 있다는 점에서 연구자들이 종종 선택하게 된다.

한편, 가구별 조사나 기업 및 조직 대상 조사 등 이미 수행되고 있는 설문조사에서 사회연대경제 조직들에 대한 풍부하고 다양한 정보들을 찾을 수 있다. 이 정보들은 개인의 개별적 태도뿐만 아니라 조직의 성격과 활동에 대해 알려줄 수 있다. 이 절에서는 유럽연합 28개국에서 공통으로 정기적으로 수행하는 경제활동인구조사Labor Force Survey, LFS, 소득 및 생활수준 조사Survey on Income and Living Conditions, SILC, 유럽사회조사European Social Survey를 살펴보겠다. 경제활동인구조사와 소득 및 생활수준 조사는 공공 통계 시스템에서 진행하는 의무적 성격의 조사이고, 유럽사회조사는 학술기관에서 수행하는 민간 통계의 성격을 갖는다.

1.4.1. 경제활동인구조사[7]

유럽의 경우 경제활동인구조사는 상당한 규모의 표본가구를 대상으로 지속적으로 수행된다. 한 번 선정된 표본가구는 6분기 동안 연속적으로 조사에 답한다. 조사는 핵심적으로 국제노동기구ILO 기준에 따른 실업률을 파악하고, 고용구조와 그 전개 방향을 기술하는 데 사용된다. 조사는 조사 대상자들의 고용주에 대한 질문을 하지만, 안타깝게도 이 과정에서 사회연대경제 조직과 다른 기업들을 구분하지 않으며 기업의 법적 지위를 확인하지 않는다. 이 조사에서 얻을 수 있는 기업 관련 유일한 정보는 기업의 이름인데(기업 명칭에서 '협동조합'이나 '협회' 등을 확인), 이는 어느 정도 도움이 되지만 분명한 한계가 있다.

---

7. 유럽의 경우 Labor Force Survey(LFS) 또는 Enquête sur les forces de travail(EFT) - 옮긴이

충분한 크기의 표본 규모로 사회연대경제 조직들을 확인할 수 있었다면, 사회연대경제 조직에 대한 하위표본 역시 의미 있는 분석을 위해 충분할 것이다. 나아가 보다 신뢰할 수 있는 결과를 얻기 위해 몇 년에 걸친 조사자료를 바탕으로 연속적 시계열 자료를 추출할 수 있을 것이다. 이러한 통계자료는 사회연대경제 조직에서의 고용이 갖는 성격(직업, 여성 또는 청년의 상황, 노동기간, 불안정 고용 등)과 고용의 전개 방향(비경제활동, 고용과 실업 사이를 오가는 경로, 민간 영리부문, 공공부문, 제3섹터 사이의 변동 등)을 기술할 수 있을 것이다.

1.4.2. 소득 및 생활수준 조사[8]

가구를 대상으로 매년 진행되는 소득 및 생활수준 조사는 가구의 소득, 재무 상황과 생활조건에 대해 조사한다. 유럽의 경우 이 조사는 유럽연합 국가들 사이의 빈곤율과 소득분배율을 비교하고, 사회적 배제를 줄이기 위한 유럽연합 차원의 정책을 위한 참고자료로 사용된다. 연간조사에 덧붙여 매 3년마다 세 가지 모듈이 추가적으로 사용된다. 이 세 가지 모듈 중 하나는 건강, 민간단체 활동, 직업적 관계망과 사회적 참여에 대한 보충 질문을 포함하고 있다. 따라서 이 모듈은 사회적 관계망을 창출하는 사회연대경제에 대해 유럽 국가들 사이에서 비교를 할 수 있기 때문에 흥미롭다. 특히 민간단체에 대한 참여를 측정할 수 있는데, 이는 웰빙의 두 가지 핵심 차원인 사회적 접촉의 풍부함과 사회활동에 대한 참여 정도(Stiglitz et al., 2009)를 보여줄 수 있다.

---

8. 유럽의 경우 Survey on Income and Living Conditions(SILC) 또는 Statistiques sur les ressources et les conditions de vie(SRCV) - 옮긴이

1.4.3. 유럽사회조사

유럽사회조사는 주요하게 대학들에 의해 운영된다. 조사는 유럽의 제도적 변화와 유럽 여러 나라 국민들의 태도와 신념, 행동 사이의 상호 작용을 살펴보는 것을 목표로 한다. 사용되는 질문은 유럽연합 28개국에서 동일하다. 따라서 국가간 비교가 이론상 가능하지만 실제를 보면 응답의 질이 나라에 따라 균일하지 않다. 사회연대경제 조직에 관련해서 보면, 조사는 현금 기부와 민간단체 참여에 대한 질문을 포함하고 있다. 안타깝게도 해당 자료는 단 한 번만 취합되었으며 그것도 상대적으로 오래전에 이루어졌다(2002~2003년).[9] 현금 기부 관련 자료를 보면, 유럽연합에서 조사 대상자 중 기부행위를 한 사람의 평균 비율은 25%이지만 국가별로 큰 편차가 나타난다. 가령 스웨덴, 네덜란드, 노르웨이, 영국은 35~45% 정도로 상당히 높은 수준을 보인다. 반면에 폴란드, 헝가리, 그리스, 이탈리아, 스페인은 5~15% 정도로 상대적으로 낮은 기부자 비율을 보인다. 프랑스와 벨기에는 유럽 평균에 매우 근접한다.

최소한 하나 이상의 민간단체에 가입한 비율을 살펴보면 현금 기부와 매우 비슷한 경향이 나타난다. 민간단체 가입 비율은 유럽연합 전체 대상자 평균이 대략 54%인데 이는 덴마크, 스웨덴, 노르웨이, 네덜란드 등의 국가에서 80%를 넘어서는 반면에 폴란드, 그리스, 헝가리, 포르투갈, 이탈리아 그리고 스페인에서는 20~36%에 머물고 있다. 프랑스와 벨기에는 각각 50%와 71%의 비율을 보여준다.

---

9. European Social Survey(http://www.europeansocialsurvey.org)

1.5. 전문가 의견

공통된 방법론 없이 국가간 사회연대경제 조직들을 비교하기 원할 때, 가장 간단하고 비용이 덜 들어가는 반면 신뢰도가 낮은 방법은 각 국가에서 이들 조직에 관련한 가장 최근 수치들에 대해 사회연대경제를 잘 알고 있는 사람들에게 물어보는 것이다. 이 전문가들은 다양한 출처에서 나온 자료들을 인용하는데, 가장 많은 경우는 연합회와 직능단체 등에서 만들어진 자료이다. 이 자료들의 질은 편차가 있으며, 일관성이 떨어지는 경우가 있고, 국가에 따라 누락되는 정보들이 다양하다.[10] 더 나은 대안이 없는 상황에서 유럽연합은 비판을 받을 수 있는 이 방법을 회원국들에서 사회연대경제 조직에 대한 자료를 수집하기 위해 두 차례 채택하였다(표 4). 전문가들의 의견을 취합하는 것은 학술연구 초기 단계에 종종 쓰이는 방법이기도 하다.

---

10. 이러한 이유로 서로 다른 자료 출처로부터 만들어진 아래 표 4와 그림 1 사이의 차이를 확인할 수 있다.

국가	사회적경제 고용	전체 고용	%
독일	2 458.58	38 737.80	6.35%
오스트리아	233.53	4 096.30	5.70%
벨기에	462.54	4 488.70	10.30%
불가리아	121.3	3 052.80	3.97%
사이프러스	5.07	385.10	1.32%
덴마크	195.49	2 706.10	7.22%
스페인	1 243.15	18 456.50	6.74%
에스토니아	37.85	570.90	6.63%
핀란드	187.2	2 447.50	7.65%
프랑스	2 318.54	25 692.30	9.02%
그리스	117.12	4 388.60	2.67%
헝가리	178.21	3 781.20	4.71%
아일랜드	98.74	1 847.80	5.34%
이탈리아	2 228.01	22 872.30	9.74%
라트비아	0.44	940.90	0.05%
리투아니아	8.97	1 343.70	0.67%
룩셈부르크	16.11	220.80	7.30%
몰타	1.68	164.20	1.02%
네덜란드	856.05	8 370.20	10.23%
폴란드	592.80	15 960.50	3.71%
포르투갈	251.10	4 978.20	5.04%
체코 공화국	160.09	4 885.20	3.28%
루마니아	163.35	9 239.40	1.77%
영국	1 633.00	28 941.50	5.64%
슬로바키아	44.91	2 317.50	1.94%
슬로베니아	7.09	966.00	0.73%
스웨덴	507.21	4 545.80	11.16%
후보국 (2010년 현재)			
크로아티아	9.08	1 541.20	0.59%
아이슬란드	0.22	165.80	0.13%
전체 EU-15 (2004년 이전 회원국)	12 806.37	172 790.40	7.41%
전체 EU-27 (2010년 현재 회원국)	14 128.13	216 397.80	6.53%

출처: Monzón Campos and Chaves (2012)

표 4 유럽연합 내 전체 유급고용 대비 사회적경제 유급고용 (2009/2010, 천 명)

2. 비교통계방법론 : 존스홉킨스 프로젝트

새로운 실체를 계측하고, 앞서 살펴본 것과 같은 내재적 취약성을 가진 전문가 의견에만 의존하는 것을 피하기 위해, 존스홉킨스 비영리부문 비교 프로젝트Comparative Nonprofit Sector Project, CNP는 1990년대 초반부터 비영리조직에 대해 비교 가능한 자료를 얻을 수 있는 통계방법론을 발전시켜왔다. 비영리조직들은 사회연대경제의 주요한 부분을 대표하지만 비영리부문 비교 프로젝트 이전에는 대부분의 나라에서 그 규모가 정확하게 집계되지 않던 측면이었다.

이후에 살펴볼 것처럼, 국제기구들은 이 방법론이 국제 표준으로 사용할 수 있을 만큼 충분히 견고하다고 인정하였다. 이 절에서는 방법론을 단계별로 살펴볼 것인데, 이는 충분히 정의가 되어 있지 않아 비교연구를 통해서만 정확하게 그 실체를 이해할 수 있는 대상을 위한 모든 국제 비교연구에서 좋은 기준틀이 될 수 있을 것이다.

2. 1. 관련 분야 전문가와 통계학자들의 협업

미국 존스홉킨스 대학 시민사회연구센터Center for Civil Society Studies의 미국 경제학자 레스터 살라몬과 독일 사회학자 헬무트 안하이어가 주도하여 구상한 비영리부문 비교 프로젝트는 전 세계적인 수준에서 비영리부문의 규모, 구조, 재원, 경제적 역할, 사회 및 정치적 역할을 분석하고 비교하는 체계적 연구를 위한 노력이다. 프로젝트의 목적은 비영리부문에 대한 이해를 넓히고, 그 발전에 우호적이거나 비우호적인 요인들이 무언인지 밝혀내며, 관련 정책들을 위해 보다 근거 있는 정보를 제공하는 데 있었다. 이를 위해 연구의 첫 번째 단계(1991~1995)에는 지역적 균형과 문화적 차이를 대표하고 선진국과 개발도상국을 포괄하는 13개 국가에서 전문가들이 참가하였고, 두 번째 단계(1996~2004)에는 40개국 이상의 국가들이 연구 프로그램에 참가하였다.

　프로젝트의 첫 번째 단계에서 주요하게 개발되고 두 번째 단계에서 광범위하게 적용된 방법론은 이후 약간의 수정을 거쳐 국제기구들이 채택했고 이를 통해 널리 확산되었다. 먼저 2003년 유엔의《국민계정체계에서의 비영리기관 매뉴얼*Handbook on Nonprofit Institutions in the System of National Accounts*》에 채택되었으며, 보다 간략한 형태로《국민계정체계 2008》(SCN 2008)[11] 중 비영리기관에 관련된 23장에 수록되었다.[12]

2.2. 조작적이고 측정할 수 있는 기준을 통해 관련 영역의 범위를 정의하기

　비영리부문 비교 프로젝트는 시공간에 따라 변하게 되는 법/조세 지위, 조직들에 의해 수행되는 경제사회적 기능 또는 (공익이나 공공재로 표현되는) 추구하는 목적을 토대로 비교의 대상을 정의하지 않았다. 각국

---

11. 국민계정체계 2008(System of National Accounts 2008)은 유엔 통계국이 발간한 국민계정체계 관련 매뉴얼로 각국의 통계청에서 국제 표준으로 활용한다. ─옮긴이

12. 이 장의 나머지 부분에서는 비영리부문 비교 프로젝트의 내용과 사례를 다루는 경우라도 공식적으로 채택된 국민계정체계 2008의 내용을 기반으로 서술한다.

주요하게 강조되는 특징	사용되는 용어 (이탤릭체는 영어)	관련 국가
• 구호, 자선, 박애	*Charities / charitable sector*(자선, 자선부문)	영국, 미국, 일본, 호주, 뉴질랜드, 아일랜드, 캐나다
	Philanthropy(박애)	미국, 캐나다
• 자원활동	*Voluntary organisations / sector* (자원조직 / 부문)	영국, 아일랜드, 스칸디나비아 국가들
• 독립성	Tiers secteur / *Third sector*(제3섹터) Troisième système / Third system(제3시스템)	유럽연합, 유럽 대부분 국가들
	Independent sector (독립부문)	미국
	ONG / *NGOs*(비정부조직)	개발도상국, 사하라 이남 아프리카
	Société civile / *civil society*(시민사회)	대부분 국가들
• 조세 감면	*Tax-exempt sector* (조세감면 부문)	미국
• 사회적 연대	Associations(민간단체), économie sociale / *social economy*(사회적경제)	프랑스, 벨기에, 남유럽, 유럽연합, 퀘벡
	Économie solidaire(연대경제), économie populaire(민중경제)	유럽연합, 브라질, 라틴아메리카
• 비영리	Organisations sans but lucratif / *Nonprofit organisations*(비영리조직)	앵글로색슨 국가, 독일, 유럽 대륙
	Institutions sans but lucratif / *Nonprofit institutions*(비영리기관)	SCN 1993, SEC 1995, SCN 2008, SEC 2010

출처 : Archambault et al. (2010)

표 5 용어의 복잡성

(불어와 영어로 표현된 용어들은 조직 또는 부문 모두를 가리킬 수 있다.
또한 같은 나라에서 여러 용어가 사용될 수 있다.)

에서 주요하게 강조되는 특징에서 출발하여 제3섹터의 영역을 경계 지을 수 있는 측정 가능한 일련의 기준들을 사용하였다. 이렇게 정의 된 영역은 절대불변의 진리가 아닌 합의를 통해 구성된 것이지만, 일 정한 시기 동안 안정적 상태로 유지된다는 점에서 시계열적이면서 국 제 비교가 가능한 자료를 얻게 해준다. 각 기준은 비교 대상 국가들에 서 동일한 방식으로 적용되어야 하며, 사례들은 일관된 방법으로 다루 어져야 한다. 프로젝트에서 채택한 방법론에 따라 하나의 조직이 '비 영리기관'으로 간주되기 위해 충족되어야 하는 기준 다섯 가지는 다음 과 같다.[13]

- 비영리기관은 정기적 활동을 수행하고 구조를 갖는 조직organisation이 어야 한다. 이 기준은 등록된 조직들뿐만 아니라 개발도상국에 많이 있는 비공식조직들도 포괄한다. 이 기준을 테스트하기 위해서는 회의 와 조직구조, 의사결정 절차가 존재하는지를 검토해야 한다. 이 기준 은 일시적인 회동이거나 (가령, 특정 후보를 지지하거나 특정 행사를 조 직하기 위해 만들어지는) 임시적인 성격의 단체를 제외한다.
- 이 조직은 영리 추구를 목적으로 하지 않는다. 다시 말해, 조직을 통제 하는 사람들을 위한 영리를 창출하고자 하지 않는다. 조직의 활동이 일정한 잉여를 만들어낼 경우, 잉여는 소유자나 (만약 존재한다면) 주 주, 회원, 임원 또는 관리자들에게 분배되지 않으며, 조직 활동을 발전 시키기 위해 재투자되어야 한다. 국민계정체계에서 채택한 비영리기

---

13. 앞서 언급된 것처럼, 비영리부문 비교 프로젝트의 방법론은 유엔 통계국에 의해 전파되기에 앞서 국 민계정체계의 규칙들과 병립 가능하도록 약간의 수정이 이루어졌다. 이하에서 설명되는 내용이 유엔 매 뉴얼에 기반하기 때문에, 이후로는 대상 조직을 지칭하기 위해 해당 매뉴얼에서 사용하는 표현인 비영리 기관(nonprofit institutions)을 사용한다.

관의 정의는 이 기준만을 포함하고 있다.[14] 많은 국가들에서 조세당국에 의해 세금 감면이 적용될 때 이 기준이 확인된다. 이 기준을 확인하고 비영리기관을 영리기업과 구분하기 위해서는 임원이나 다른 선출직 또는 임명직 구성원이 의결기구에 자원활동으로 참가하는 것이 중요하다. 안타깝게도 이 기준은 제한된 영리성, 즉 이익의 제한된 일부만을 조합원들에게 분배하거나 돌려주는 협동조합과 상호공제조합 대부분을 제외한다. 이 조직들을 포함하기 위해서는 조작적이면서도 임의적이지 않은 영리성의 제약 범위를 정의해야 한다.[15]

- 이 조직은 민간의 성격을 갖는다. 즉 공권력으로부터 제도적으로 구분되어야 한다. 예외적으로 공공부문의 특정한 권한을 위임 받을 수 있지만, 이는 위임된 기간 중에만 그러해야 한다. 자원의 100%를 공공재정으로 지원받을 수 있지만 공공부문의 대표자들이 이사회나 본부의 의사결정기관에서 다수를 점해서는 안 된다. 이 기준은 평가하기 가장 어려운 것으로, 특히 국가의 역할이 크고 제3섹터 발전을 주도하는 국가들의 경우 더욱 그러하다. 다음의 질문에 대한 대답이 시금석으로 사용될 수 있다. "조직은 자신의 사명, 지배구조 또는 정관을 스스로 변경할 수 있는가?" 이 기준은 정부 부처, 지자체, 공공기관의 주도로 만들어지고 이들이 통제권을 가지고 있는 준공공조직을 제외한다.

- 비영리기관은 자율적으로 운영된다. 다시 말해 다른 어떠한 단위에 의해 통제되지 않으며, 스스로 의사결정을 하는 지배구조를 갖추고 있으며, 스스로 활동을 관리한다. 이 기준은 부분적으로 위의 기준과 겹치

---

14. SEC 1995 3장 31항은 "비영리기관은 재화와 서비스를 생산하기 위해 만들어진 (법적으로나 사회적으로 인정되는) 법인으로서 그 지위로 인해 수입, 수익 또는 다른 모든 재무적 이익을 해당 조직을 설립했거나, 통제하거나, 재원을 조달하는 단위에 제공하는 것을 금지하는 조직"으로 정의한다.

15. 프로젝트 첫 번째 단계에 참여한 13개국 중 프랑스 전문가만이 사회연대경제라는 보다 넓은 개념을 지지했다.

지만, 공권력과의 관계를 넘어서서 다른 기업이나 다른 비영리기관으로부터 자율성을 가지는 것을 뜻한다. 이 기준은 다음과 같은 질문에 대한 답변을 통해 정확히 확인될 수 있다. "조직을 스스로 해체할 수 있는가? 외부의 단위가 의시결징 과정에서 비토권을 행사하거나 지도부를 임명할 수 있는가?" 이 기준은 비영리기관의 부설기관이나 기업이 소유한 재단과 같이 모기업의 대표자들이 이사회를 통제하는 조직들을 제외한다.

- 마지막으로, 이 조직에 대한 참여는 강제적이지 않아야 한다. 회원 지위, 자원활동, 현금 기부 등은 강제적이지 않아야 하며, 법에 의해 규정되거나 시민권의 조건으로 부과되지 않는다. 이 기준은 사회연대경제의 원칙 중 하나인 가입의 자유를 표현한다. 이를 통해 태생적으로 소속되는 부족, 카스트, 친족을 대상에서 제외한다. 규제적 역할을 수행하거나 특정 직종(의사, 변호사 등)을 수행하기 위해 가입해야 하는 조직들의 경우에 제한적인 범위에서 포함될 수 있다.

이들 다섯 기준은 사례 하나하나에 적용될 수 없으며, 같은 부문에서 활동하거나 유사한 특징을 보여주는 일련의 조직들에 대해 집합적 수준으로 검토할 수 있다. 이러한 비영리기관의 개념 정의는 모든 대륙에 걸친 40여 국가에서 다양한 발전 수준, 정치 및 법적 시스템의 차이, 문화적 차이에도 불구하고 적용되는 것으로 확인되었다. 이를 통해 프로젝트 두 번째 단계에서는 이들 국가들에서 동일한 영역 범위를 공유하는 비영리부문의 규모를 비교할 수 있었다.

2. 3. 조정된 분류법에 따라 비영리기관 분류하기

여러 국가에서 비영리부문의 구조를 활동 분야에 따라 이해하고 비교하기 위해서는 이들 나라의 비영리기관들을 동일한 방식으로 분류할 필요가 있다. 비영리부문 비교 프로젝트의 초기 회의들에서는 두 가지 현실을 확인하였다. 먼저, 여러 국가의 비영리기관들은 매우 비슷한 활동영역에서 활동하고 있다. 반면 비영리기관들의 주요 목표가 서비스나 재화의 생산보다는 사회질서와 사회문제에 관련된다는 점에서 국민계정체계에서 사용되는 주요 경제활동 분류CITI와 그 유럽 버전인 NACE는 적합하지 않다. 경제활동 분류는 시장경제를 세밀하게 기술하기 위해 고안되었으며, 서비스의 생산보다는 재화의 생산을 더 자세히 규정하고 있다. 기술발전의 영향에 따라 새롭게 등장하는 재화와 서비스를 반영하기 위해 주기적으로 개정되는 경제활동 분류는 공공기관과 대부분의 비영리기관들이 포함되는 비시장경제에 적합하지 않다.

이에 프로젝트 참가 연구팀들은 비영리기관에 적합한 국제비영리조직 분류International Classification of Nonprofit Organisations, ICNPO라는 분류법을 도입하였다. 12개 그룹과 30개 하위그룹으로 구성된 이 분류법은 CITI와 NACE 분류법에 포괄될 수 있으며, 다음과 같은 이중의 장점을 가지고 있다.

- 각국의 특수성에 따라 하위그룹은 좀 더 적합한 명칭을 가질 수 있다. 가령, 문화와 여가 그룹의 하위그룹으로 '대중 교육'이 추가될 수 있고, 사회서비스 하위그룹은 시설에서의 사회서비스와 비시설 서비스를 구분할 수 있다.
- 적용 범위를 사회연대경제 전체로 넓히면, 비영리기관에도 적용되는 CITI/NACE 분류법은 농식품산업, 상업, 보험, 금융 서비스, 부

그룹	하위그룹
그룹1: 문화와 여가	문화와 예술
	스포츠
	기타 여가활동 및 사교클럽
그룹 2: 교육과 연구	초등 및 중등 교육
	고등 교육
	기타 교육
	연구
그룹 3: 보건	병원 및 재활기관
	돌봄센터
	정신보건 및 긴급 개입
	다른 보건활동
그룹 4: 사회서비스	사회서비스
	긴급 및 구조서비스
	금융 지원 및 소득 유지
그룹 5: 환경	환경
	동물 보호
그룹 6: 개발 및 주거	경제, 사회 및 커뮤니티 개발
	주거
	고용 및 훈련
그룹 7: 법률서비스 및 권리보호, 정치조직	시민단체 및 옹호단체
	법률서비스
	정치조직
그룹 8: 자선 중개 및 자원활동 활성화	재단
	자선 중개
그룹 9: 국제조직	국제활동
그룹 10: 종교조직	신도조합 및 종교단체
그룹 11: 직종단체, 조직, 조합	직종조직
	직종단체
	조합
그룹 12: 기타 분류되지 않는 조직	기타 분류되지 않는 조직

출처 : UN(2006)

표 6 비영리기관 분류

동산 서비스 등과 같은 협동조합과 상호공제조합의 활동을 반영하
기 위해 활용될 수 있다.

2. 4. 체계적이고 일관된 조사활동의 진행

비교연구 전 과정에 핵심적인 기본 도구들, 즉 개념 정의와 공동 분류
법을 갖춘 후 프로젝트에 참여한 국가들은 해당 국가의 비영리기관 전
반, 이들 중 일부 또는 활동의 특정한 측면에 대한 기존 자료 출처를 확
인하였다(1절 참조). 프랑스의 경우 공식 통계에서 나온 자료들을 우선적
으로 활용하였다. 그 다음으로 연합회 등으로부터 제공되는 자료는 엄
격한 품질 통제를 통해서만 채택하였다. 비영리기관 개념 정의 관련 다
섯 가지 기준을 충족하지 못하는 조직들은 제외되었다. 교정된 자료를
바탕으로 비영리기관 분류와 기본적인 예산구조(지출과 재원)를 교차시
키는 표를 채울 수 있었다. 이러한 방식으로 동일한 기준연도에 주요 출
처에서 나온 자료들로 채워진 약 300개의 칸이 생성되었다. 당연하게
도 많은 칸들은 빈 채로 남아 있었으며, 이를 채우기 위한 전략으로 기
부와 자원활동 관련 가구 단위 조사 및 예산 관련 비영리기관 조사라는
두 개의 대상에 대한 특정한 조사가 필요했다.

주요하게 서비스를 생산하는 비영리기관에 있어서 임금총액은 주요
한 지출 항목이다. 임금총액은 사회보험 부담금을 포함한 연간 임금액
에 전일제로 환산된 고용인원 수를 곱함으로써 구해졌다. 다른 정보가
없는 상황에서 전체 지출 대비 임금총액의 비율을 파악하는 것은 임금
총액에 기반한 추정을 통해 경상예산을 파악할 수 있게 해주었다. 각 분
류 그룹별로 경상수입은 경상지출과 같을 것으로 간주하였고, 공식 통

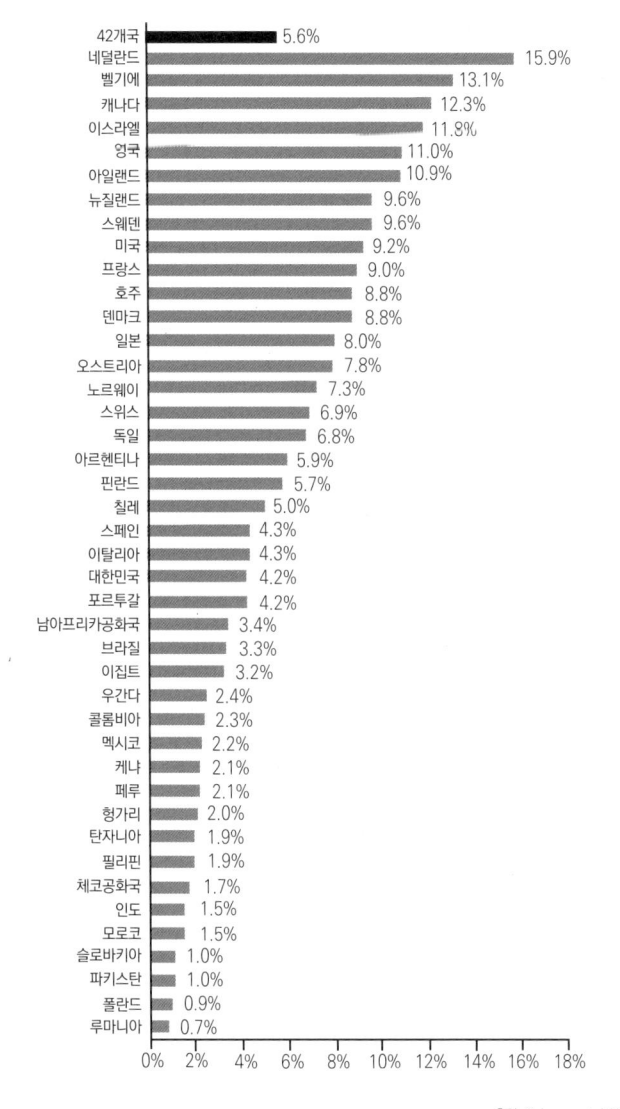

출처 : Salamon et al. (2010)

그림 1 각국 경제활동인구 중 비영리기관 임금노동 고용 비중

계나 비영리기관 조사 결과의 추정치를 활용하여 재원을 10여 개의 범주로 나누었다. 화폐로 환산되어 고용과 자원 형태로 예산 관련 계산에 포함되어야 하는 자원노동에 대한 측정은 이후에 살펴볼 것이다. 실제로 자원노동은 비영리기관에 있어서 자원인 동시에 조직이 제공하는 서비스의 생산 요소로서 역할을 한다.

이상의 과정을 거친 각국의 통계작업들은 일관되지 않았고, 이에 따라 중앙 연구팀은 임의적인 조정을 진행해야 했다. 잠정 결과가 프로젝트 운영위원회에 제출되었으나 많은 비판을 받았고, 비판 지점을 고려한 조정을 통해 최종 결과가 출간되었다.

그림 1과 표 7은 프로젝트를 통해 얻어진 결과물을 보여준다.

국가	비영리부문 재원 중 공공재원 비중	비영리부문 재원 중 기부 비중	비영리부문 재원 중 민간재원 비중
벨기에	77%	5%	18%
프랑스	58%	7%	35%
독일	64%	3%	32%
아일랜드	77%	7%	16%
이탈리아	37%	3%	60%
네덜란드	59%	2%	39%
폴란드	24%	16%	60%
스페인	32%	19%	49%
스웨덴	29%	9%	62%
영국	47%	9%	44%
미국	30%	13%	57%
스위스*	35%	8%	58%
캐나다**	49%	13%	35%
선진국 평균	48%	7%	45%

* Helmig et al.(2011)   주요 출처 : Salamon et al.(2004). 국가 순서는 영문명에 따름.
** 캐나다 연방통계청(2004)

표 7 비영리부문의 다양한 유형 재원

3. 종합 및 전체 규모: 사회연대경제 위성계정

3. 1. 선구적 역할: 비영리기관 위성계정

앞서 살펴본 것처럼, 비영리부문 비교를 위한 두 단계 프로젝트(13개 국가를 다룬 첫 번째 단계와 40여 개 국가를 다룬 두 번째 단계) 이후 국제기구들 특히 유엔 통계국, Eurostat 및 ILO가 프로젝트의 방법론을 국민계정 체계의 규칙들과 병립할 수 있도록 하고, 이를 통해 각국 통계청이 실행에 옮길 수 있도록 하기 위해 프로젝트 연구자들과 협업을 진행했다.

2003년 영어로 출간된(불어로는 2006년 출간) 《국민계정에서의 비영리기관 매뉴얼》은 앞서 언급한 다섯 가지 기준들을 충족하는 모든 조직들을 포괄하는 비영리기관 위성계정을 만들 것을 권고한다(UN, 2006). 이 매뉴얼은 국민계정체계 1993(SCN 1993)/유럽 국민계정체계 1995(SEC 1995)가 사용하는 것과 동일한 기본 구조, 개념, 주요 통계 출처를 사용한다. 아래에서는 비영리부문을 기술하기 위해 위성계정을 사용하는 것에 대해 살펴보고, 특히 현재 가장 발전된 형태로 매년 생산되고 있는 벨기에 비영리부문 위성계정에 초점을 맞춘다.

3.1.1. 왜 국민계정이 중요한가?

국민계정에 대한 비판적 관점은 주기적으로 표출되고 있다. 이러한 비판적 시각은 과학적이라기보다는 문화적인 성격의 것이다. 거시경제 계정은 환원적이고 맹목적이며 영혼이 없다고 비판받는다. 이타성과 연대의식을 특징으로 하는 비영리부문이나 사회적경제의 사명에 비추어 볼 때, 국민계정은 화폐지표의 총합만을 보여줌으로써 본연의 성격이 감춰지고 왜곡될 수 있을 것이다.

이는 많은 사람들이 공유하는 공통의 주장이지만, 이런 주장은 공정하지 않고, 무의미하며, 효과가 없는 것이기도 하다. 거시경제 계정 방법론이 제공할 수 없는 것을 요구할 필요가 없다. 거시경제 계정 방법론은 영혼의 풍요로움을 측정하려는 것이 아니며, 통합적이면서 구성적이라는 중요하고 대체 불가능한 두 가지 특질을 가진다. 먼저 그 목적이나 위상에 있어 서로 다른 인간 활동들을 비교 가능하게 만듦으로써 공통의 양적 지표를 통해 전체를 가늠할 수 있게 해준다는 점에서 통합적 성격을 갖는다. 또한 거시경제 계정이 보편적으로 받아들여지는 일종의 문법이고, 이를 능숙하게 다룸으로써 복잡한 현실이나 잘못 이해될 수 있는 상호의존성을 공식화하고, 평가하며, 이해할 수 있게 해준다는 점에서 구성적이다. 수십 년 동안 섬세하면서도 개방적인 방식으로 사용되어 온 국민계정은 보완적 접근, 특히 숫자와 화폐 단위의 건조함을 인간적으로 만들어 주는 질적 접근에도 개방적인 자유로운 도구이다 (Archambault et Kaminski, 2009; Stiglitz et al., 2009). 이러한 자유의 공간은 특히 위성계정에서 찾아진다.

3.1.2. 비영리기관 위성계정의 적절성

위성계정은 경제적이거나(관광, 농업, 환경 등) 사회정책적인(보건, 사회보장, 교육 등) 관심 분야에 대한 정보를 모아 놓는 유연한 틀이다. 위성계정은 국민지출이나 부가가치와 같은 몇몇 합계 정보만을 보여주는 국민계정의 중심 틀보다 훨씬 유연하고 상세한 틀이다. 마치 하나의 위성처럼, 이 계정은 중심 계정의 주위를 회전하지만, 동시에 마치 현미경처럼 국민계정의 중심 틀에서는 보이지 않는 실체를 확대시켜준다. 이 과정에서 중심 틀에 부과되는 규칙들이 느슨하게 적용될 수 있다. 이러한 방식으로 자원노동을 포함하는 비영리기관 위성계정은 국민계정 중심 틀의 경계를 확장한다. 마지막으로 위성계정은 진행적인 성격을 갖는 틀로서 처음에는 매우 간단할 수 있지만, 이용 가능한 정보에 따라 점점 더 복잡해지고 특히 비화폐적 지표들을 포함할 수 있다(SCN 1993, pp. 539 이후).

비영리기관 위성계정의 첫 번째 목표는 흩어져 있는 비영리부문의 모든 구성요소들을 한곳에 모으고 이를 통해 비영리부문이라는 실체가 보이도록 만드는 것이다. 또한 현행 국민계정에는 포함되어 있지 않은 자원노동을 포함시킬 수 있다.

비영리기관 위성계정의 또 다른 목표는 시장경제와 비시장경제의 구분을 없애는 것인데, 이 구분은 국민계정의 중심 틀에서는 근본적이지만, 대부분이 두 유형의 활동을 병행하는 비영리기관 같은 혼종조직들에는 적합하지 않기 때문이다. 가령 하나의 연구조사 비영리기관은 공공보조금이나 기부금을 통해 기초연구를 수행하는 동시에 기업과의 계약을 통해 실용연구를 수행할 수 있다. 국민계정에서 시장/비시장 구분은 중요한 결함이 있는데, 가령 비영리 병원이나 보건사회시

설에서 공공위탁 보조금과 건강보험 부담분은 비영리기관의 판매 매출 전체에 포함되어 시장경제 재원으로 간주된다. 또한 입찰을 통한 공공위탁을 통해 확보한 보조금 형태의 공적 재원은 관련 비영리기관을 '행정'이라는 범주에서 '비금융 기업' 범주로 변경시킨다.[16] 그러나 위성계정은 모든 비영리기관들을 한 공간에 모이게 함으로써 국민계정 중심 틀에서는 여전히 유지되고 있는 시장/비시장 구분을 사라지게 만든다.

완결된 비영리기관 위성계정은 제도부문들의 계정에서 일상적으로 사용되는 생산, 영업, 본원소득분배, 제2차 소득분배, 현물소득 재분배, 소득 사용, 자본 축적 등 일련의 과정을 따른다. 그 결과는 비영리기관들에게 핵심적인 총계, 특히 비영리기관들의 국내총생산에 대한 기여, 즉 상대적 비중을 측정할 수 있는 총부가가치를 도출한다. 총영업잉여, 가용소득, 저축 및 재정충당 능력 또는 필요 등과 같은 다른 총계들 또한 비영리부문 전반의 상태와 그 전개에 대해 드러내 보여준다. 끝으로 그림 2가 보여주듯이, 이 총계들은 국제적 비교가 가능하다.

---

16. 수입원에서 시장 재원의 비중이 보조금보다 큰(전체 수입의 50% 이상) 민간단체는 시장경제 조직인 비금융기업으로 간주될 것인데, 이때 국민계정체계의 규칙에 의해 시장경제 조직이 비시장 부속 활동을 취할 수 없기 때문에(반면 비시장경제 조직은 시장 부속 활동을 취할 수 있다) 이 민간단체의 부가가치는 지속적으로 저평가된다.

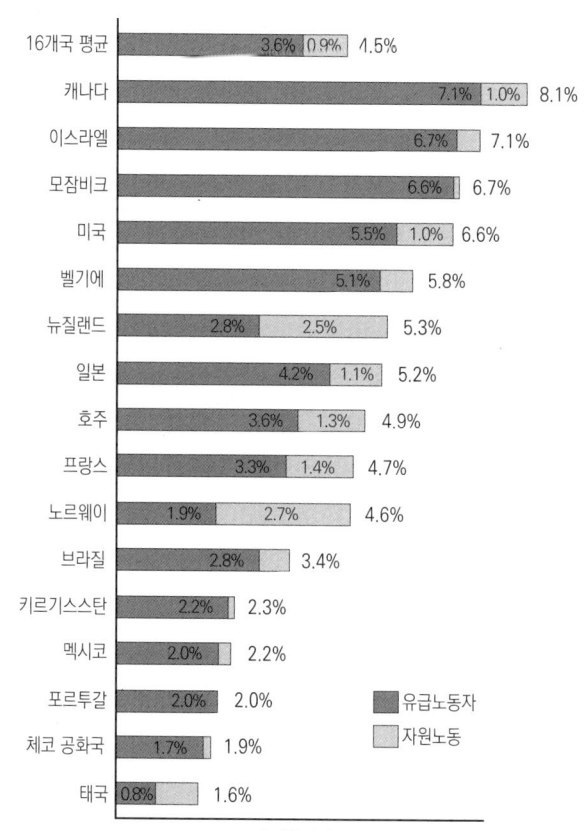

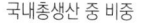

출처: Salamon et al.(2013)

그림 2 16개국에서 비영리기관들의 국내총생산 기여(자원노동 포함)

벨기에 위성계정 사례 : 시계열 자료

벨기에 비영리기관 위성계정은 국민계정연구소Institut des Comptes Nationaux, ICN에 의해 매년 작성되고 있다.[17] 현재 2000~2010년 기간에 대한 시계열 자료가 이용 가능하며 2011~2014년도 자료는 2017년 말에 이용 가능해질 예정이다. 아래 그래프가 보여주듯이, 비영리부문의 성장은 벨기에 경제 전반보다 속도가 빠르며, 이는 경제 전반에서 비영리부문이 차지하는 상대적 비중이 커지고 있는 것으로 해석된다.

비영리기관 주요 수치[18]

	2000	2005	2010
비영리기관 수	15 723	17 015	18 731
총부가가치(당해년 가격)			
단위: 백만 유로	10 439	14 278	19 712.2
국내총생산 중 비중(%)	4.1	4.7	5.5
피용자보수			
단위: 백만 유로	9 483	13 024	17 511.0
총피고용자보수 중 비중(%)	7.4	8.5	9.6
임금노동자			
단위: 천 명	312.5	383.3	446.5
총임금노동자 중 비중(%)	9.2	10.8	11.9

---

17. 2000~2001년을 통계연도로 하여 2004년에 출간된 첫 번째 벨기에 위성계정은 국민계정연구소와 벨기에 국립은행을 한편으로, 그리고 리에주대학 사회적경제센터를 다른 편으로 하는 파트너십의 결실이었다. 리에주대학 사회적경제센터는 1990년대부터 벨기에 민간단체부문에 대한 선구적 조사를 수행했으며 계정의 실질적 구축을 위해 핵심적인, 이론적이고 방법론적인 작업을 진행했다(Mertens de Wilmars, 2002).

18. 벨기에 위성계정은 피고용인을 둔 비영리기관만을 포함하고 있으며, 카톨릭 계열 사립학교들은 제외한다.

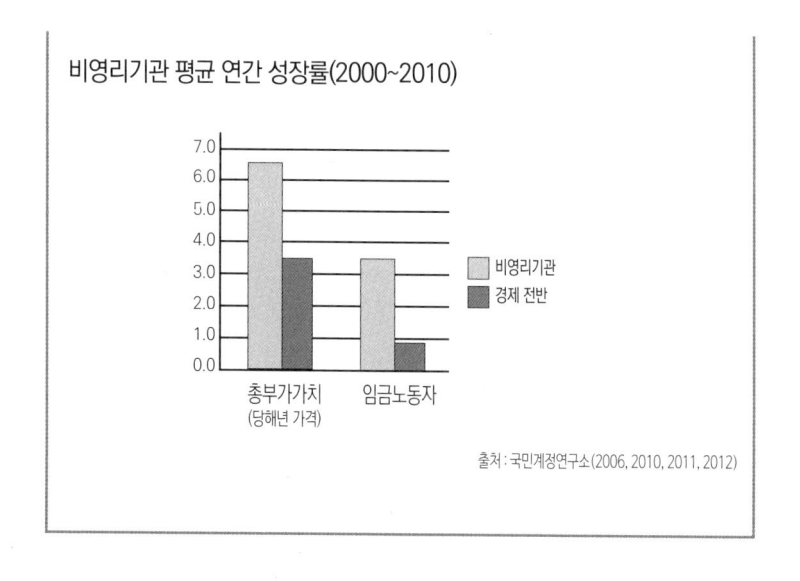

비영리기관 평균 연간 성장률(2000~2010)

출처 : 국민계정연구소(2006, 2010, 2011, 2012)

3. 2. 사회적경제 위성계정을 향하여

비영리기관과 관련한 방법론은 정해진 반면, 협동조합과 상호공제조합의 경우는 그렇지 않다. 유럽연합 집행위원회의 주도로 협동조합과 상호공제조합 위성계정 관련 매뉴얼이 제작되었지만(Barea and Monzón Campos, 2007), 오직 스페인에서만 실제로 테스트되었다. 다양한 발전 정도와 제도적 환경을 가진 국가들에 방법론이 적용될 수 있는지를 판단하고, 그 결함이나 비일관성을 파악하기 위해서는 핵심적인 과정으로서 공식 통계기관에 의한 실험이 필요하다. 또한 다음과 같이 해결되지 못한 몇 가지 실천적 어려움이 있다. "어떻게 제한적 영리성을 정의할 수 있는가?", "어떻게 민주적 경영을 파악할 수 있는가?", "영리기업의 지위를 갖는 협동조합이나 사회적기업의 자회사들도 사회연대경제 영역에 포함시켜야 하는가?" 이 핵심적인 질문들은 2014년에 시작된 유럽 차원의 비교연구 프로그램[19]을 통해 부분적으로 다루어질 수 있을 것이다.

위성계정은 사회연대경제에 대한 이해에 있어서 알파와 오메가는 분명 아니다. 위성계정은 그 자체가 목적이 아니라 무엇보다 종합하고, 틀 짓고, 대화를 하기 위한 도구이며, 각국의 사회연대경제가 갖는 특수성을 인식하기 위한 수단이다. 진행적 성격의 모든 틀들이 그러하듯이 위성계정은 제도적 변화와 관련 영역범위의 변화에 적응할 수 있으며, 통계 출처의 발전에 따라 더욱 풍성해질 것이다. 또한 사회연대경제의 측정이 양적인 측면만 있는 것인가에 대해 질문할 필요가 있다. 사회연대경제의 측정은 이 책의 여러 다른 장에서 다루어지는 사회연대경제의 다차원적인 효과와 영향에 대한 측정으로 확장된다.[20] 비영리부문과 사회연대경제 조직들에서 질적으로 매우 특징적인 요소인 자원노동은 양적 측정의 대상이 된다. 이와 관련된 복잡하고 세밀한 방법론에서 최근 놀라운 진전이 있었다(Bureau International du Travail, 2011). 마지막 절에서는 자원노동에 대한 측정이라는 주제를 다루면서 이 장을 마치고자 한다.

---

19. The Third Sector Impact project (http://thirdsectorimpact.eu)

20. 특히 사회연대경제 조직들의 성과 평가에 대한 이 책의 4장과 사회혁신에 대한 그들의 기여를 다루는 5장을 참조

4. 자원노동에 대한 측정

국제 자원활동의 해인 2001년, 유엔 총회는 회원국가들이 "자원활동에 대한 이해를 높이고 그 기여를 측정"하도록 권고하는 결의안을 채택하였다. 유럽 자원활동의 해였던 2011년에 이 권고가 재론되었고, 그결과 ILO가 《자원노동 측정 관련 안내서》를 출간하는 결실을 맺었다 (Bureau International du Travail, 2011). 안내서는 각국 통계청에 국제 비교가 가능한 간단한 방법론을 제안하였다.

4. 1. 왜 자원노동을 측정하는가?

일부 공공기관 같은 유형의 조직들도 자원노동의 혜택을 볼 수 있지만, 자원노동은 사회연대경제가 갖는 특징 중 하나이다. 유급직원이 없는 많은 민간단체와 재단에서 자원노동은 핵심적인 자원이며, 자원노동이 없다면 이들 조직은 사라지게 될 것이다. 유급직원이 있는 사회연대경제 조직들에게도 자원노동은 중요한 자원이다. 유급직원에만 의존하는 경우에도 임원들의 활동은 많은 경우 자원노동으로 이루어진다. 자원노동은 민간단체와 재단, 그리고 비중이 좀 덜하기는 하지만 상호공제조합과 협동조합에 있어서 단지 재생 가능하면서 값싼 자원만을 의미하지 않는다.[21] 자원노동은 또한 그 자체만으로 또는 유급직원들과의 협력을 통해 사회연대경제 조직이 회원이나 수혜자들에게 서비스 제공을 보장하는 생산요소이기도 하다(Mook et al. 2005).[22]

사회연대경제 조직에서 자원노동은 종종 유급노동과 상호작용을 한다. 활동 분야와 지배구조 유형에 따라 자원노동과 유급노동의 상호작용은 다양하다. 사회연대경제 조직에서 인적 자원 전반의 원활한 관리를 위해서는 이 두 가지 유형의 노동력이 갖는 특징들을 이해할 필요가 있다(Mayaux, 1999; Pujol, 2009). 한편 예전에는 자원노동으로 이루어지던 일들이 유급노동으로 대체되는 현상을 종종 관찰한다. 보건, 사회사업, 문화활동 등의 많은 직종들은 당초 자원노동으로 실행되었으나 20세기 여러 시기에 걸쳐 유급노동으로 전환되었다(Guerrand and Rupp, 1969). 오늘날에도 스포츠 교육, 갈등 조정, 범죄 예방, 가사 도움 등 자원노동으로 시작된 직종들에서 유급노동으로의 전환 과정을 관찰할 수 있다. 이러한 의미에서 자원노동은 많은 경우 미래 유급노동의 모형이라 할 수 있다.

당연하게도 경제적 차원만을 측정하는 것으로는 관계적이고 상징적 차원이 중요한 자원노동을 온전히 관찰할 수 없다. 자원노동의 대부분에서 이러한 관계적 차원은 사회적 관계망을 만드는 역할을 한다. 이러한 의미에서 자원노동은 사회연대경제 조직의 회원과 이용자, 사회 전반뿐만 아니라 자원활동가 자신에게도 보람, 사회성, 자기개발 그리고 더 나아가 삶에 대한 의미를 발견하도록 함으로써 이들의 삶의 질을 직접적으로 향상시키는 요인이 된다고 할 수 있다.

---

21. 많은 경우 민간단체들은 자원활동가들을 대상으로 한 관리, 교육, 장비를 준비해야 한다.

22. 앞서 언급한 것처럼, 자원노동의 이러한 이중적 성격은 비영리기관 위성계정에서 자원노동의 화폐가치가 고용과 자원에 할당되지만, (화폐 자원으로 이미 구성된-옮긴이) 계정의 균형을 변경하지 않는다.

4.2. 현행 국민계정 범위에 포함되지 않는 자원노동

가구에서의 가사 생산과 마찬가지로 자원활동가들이 민간단체에 제공하는 서비스는 국민계정의 '생산 범위'[23]에서 제외된다. 국민계정체계 2008이 가사 생산을 제외하는 이유로 삼는 다음의 특징들은 사회연대경제 조직에서의 자원노동에는 적용되지 않는다.

- 시장으로부터의 상대적인 독립성
- 활동의 가치를 경제적으로 의미 있는 추정을 통해 계산하기 매우 어려움
- 경제정책으로부터의 독립성(SCN 2008, 6. 29~30)

자원활동가들의 노동은 재화와 서비스 시장으로부터도, 노동시장으로부터도 독립적이지 않다. 자원노동 시간에 경제적 가치를 부여하는 것도 불가능하지 않은데[24] 자원노동이 사회적으로 조직되고 따라서 가사노동에 비해 시장 대체물과 보다 쉽게 비교 가능하기 때문이다. 이러한 점에서 자원노동을 화폐 가치로 환산하는 것은 덜 임의적이다. 또한 경제사회 정책은 당연하게도 사회연대경제 조직들과 자원활동가들에게 영향을 미친다. 더 나아가 적지 않은 경우에 사회정책이 사회연대경제 조직들과 함께 토론되고 그들에 의해 실험되기도 한다.

마지막 핵심적 논거로는 조직된 자원활동가들의 생산은 가사 생산과

---

23. 국민계정체계는 생산에 대한 보다 넓은 정의를 포함하고 있지만, 현재로서는 실제 적용되지 않고 있다. "경제적 생산은 산출물(재화나 서비스)을 생산하기 위해 투입물(노동, 자본, 재화와 서비스)을 투입하는 제도적 단위의 통제와 책임 아래 수행되는 활동으로 정의될 수 있다 […] 경제적 관점에서 비생산적 활동에는, 다른 사람에게 대신해서 하도록 할 수 없는 먹고, 마시고, 자고, 운동을 하는 등 근본적인 인간활동이 있다."(SCN 2008 [2013], 6.24-25).

24. 자원활동에 대해 다룬 이 책 1권의 4장을 참조.

달리 그 자체를 위한 생산이 아니라 다른 제도적 단위를 위한 생산이라는 점을 들 수 있다. 이 제도적 단위들은 가구뿐만 아니라 기업, 공공행정 또는 사회 전반이 될 수 있다. 반면 자원노동의 경제적 비중은 가사노동에 비해 훨씬 적다. 이러한 점에서 자원노동을 포함할 경우에도 한 국가의 생산총량은 매우 제한적으로만 변동한다.

4.3. 자원노동의 정의와 범위 설정

자원노동은 다양한 개념과 지역마다 다른 고정관념을 가지고 있다. 한편 많은 자원활동가들은 운동가, 도우미 또는 책임자로 불리는 것을 선호한다. 이러한 이유로 ILO 안내서가 제안하는 설문에서는 자원노동이라는 표현을 피하고 대신 "보상되지 않으며 강제적이지 않은 노동, 즉 개인들이 조직을 통해서나 개인이 직접 자신의 가족이 아닌 다른 사람을 위해 수행한 활동을 화폐로 보상받지 않고 제공한 시간"으로 정의한다.

ILO의 정의가 직접적이거나 비공식적인 자원노동을 포함하고 있는 것처럼 현재 국제적으로 인정받는 개념 정의는 조직된 자원활동만을 다루던 대부분의 기존 조사보다 범위가 훨씬 넓다. 이는 자원노동의 실체를 엄격하게 정의하고자 하는 시도들과의 토론을 불러일으킬 것이라는 점을 충분히 예상할 수 있다.[25]

---

25. 이 문제는 자원활동에 대해 다룬 이 책 1권의 4장에서 보다 심도 있게 살펴본다.

4. 4. 자원노동을 어떻게 측정할 것인가?

자원노동은 행정 자료를 남기지 않기 때문에 한 국가의 자원노동을 이해하기 위한 잠재직 동세 출처는 자원노동의 주요 수혜자인 개별 가구나 민간단체 및 재단을 대상으로 설문을 진행하는 것이다. 각각의 통계 출처는 장점과 단점을 가지고 있기 때문에 자원노동이라는 광범위한 현상에 대한 신뢰할 수 있는 자료를 구하고, 자원활동가들과 그들이 활동하는 조직들 그리고 그들이 수행하는 임무의 특징들을 가능한 한 완벽하게 보여주기 위해서는 이들 여러 통계 출처를 함께 사용할 필요가 있다.

4.4.1. 가구 대상 설문조사

ILO 안내서 이전에도 가구를 대상으로 하는 여러 조사들이 자원노동의 범위를 파악하기 위해 국제적으로 진행되었다. 대표적인 예로 유럽 여러 국가에서 수차례 진행된 유럽가치조사European Values Study를 들 수 있다(표 8). 이 연구는 18세 이상 인구 중 민간단체 부문에서 자원노동을 하는 비율 평균이 20%가 넘지만, 조사 대상 국가들 사이에는 9%에서 47%까지 큰 편차가 있다고 결론 내린다.

이러한 국가간 차이는 일정 부분 국가별 사회정치적 특징 때문이지만, 조사자가 이용한 자원노동에 대한 개념 정의의 차이와 응답자들이 자원노동 개념을 이해하는 방식의 차이에서 기인하기도 했다.

ILO 안내서는 주요하게 국가간 비교를 가능케 해주는 공통의 개념 정의와 매우 잘 다듬어진 방법론을 제시하고 있다. 안내서는 필수적으로 수행되는 가구 조사, 특히 경제활동인구 조사 또는 가구 수입과 생

국가	자원활동 비율
독일	26.5%
벨기에	33.9%
스페인	13.2%
프랑스	25.8%
영국	21.3%
아일랜드	22.0%
이탈리아	22.4%
노르웨이	37.6%
네덜란드	47.3%
폴란드	9.0%
스웨덴	30.3%

출처: 유럽가치조사 - 4회차(http://www.europeanvaluesstudy.eu/)

표8 18세 이상 인구 중 자원노동 비율(2008)

활조건에 대한 조사에 간략한 설문 문항을 추가할 것을 권고한다(1.4. 절 참조). 이 설문 문항은 조사 대상자의 사회인구학적 특징, 교육 수준, 유급노동 관련 상황 및 그가 속한 가구의 소득에 대해 정확한 자료를 얻을 수 있게 해준다. 또한 자원노동을 이해하고 위성계정을 작성하는 데 핵심적인 다음과 같은 자료들을 취합할 수 있게 해준다.

a) 자원활동가 수

b) 자원노동의 횟수와 투여된 시간. 이는 정기적 자원노동과 비정기적 자원노동을 구분할 수 있게 해주며, 자원노동의 중요성을 노동시간과 전일제 환산 일자를 통해 알 수 있게 해준다.

c) 수행된 노동의 유형. 임원의 자원노동과 실무 관련 자원노동을 구분하고, 유사한 유급노동과의 비교를 가능하게 해준다.

d) 자원노동이 수행된 제도적 틀(민간단체, 조합, 다른 사회연대경제 조직, 공공기관 등). 사회연대경제 조직들의 조직된 자원노동과 다른 조직을 대

상으로 하는 자원노동을 구분한다.

e) 자원노동이 실행된 활동 분야. 앞서 살펴본 ICNPO, NACE, CITI
분류에 대한 정보로 기입된다.

현재까지 ILO의 접근법은 헝가리, 폴란드, 포르투갈, 아일랜드, 이탈
리아, 벨기에에서 사용되었다(아래 글 'ILO 방법론에 따라 수행된 자원노동 관
련 조사 결과'를 참조).

ILO 방법론에 따라 수행된 자원노동 관련 조사 결과

아래 표는 ILO 안내서의 방법론을 적용하여 여러 국가들에서 얻어진 자원노동 비율을 비
교하고 있다.

	벨기에 (2014)	이탈리아 (2013)	아일랜드 (2013)	포르투갈 (2012)	폴란드 (2011)	헝가리 (2011)
1. 조직을 통한 자원노동						
1 A. 조직을 통해서만	10.5%	6.8%	12.8%		5.0%	1.1%
1 B. 조직 내외부 모두를 통해	2.0%	1.1%	2.0%		18.0%	0.8%
합계	12.5%	7.9%	14.8%	5.9%	23.0%	1.9%
2. 조직을 통하지 않는 자원노동						
2 A. 조직을 통하지 않는 경우만('직접' 또는 '비공식' 자원노동)	6.8%	4.7%	13.6%		27.0%	26.5%
2 B. 조직 내외부 모두를 통해	2.0%	1.1%	2.0%		18.0%	0.8%
합계	8.8%	5.8%	15.6%	5.8%	45.0%	27.3%
전체 자원노동 (1 A + 1 B + 2 A)	19.4%	12.6%	28.4%	11.5%	50.0%	28.4%

안타깝게도 이들 국가는 ILO의 지침을 동일한 방식으로 적용하지 않았다. 두 가지 방법론적 이유들이 국가 사이에 관찰되는 차이를 일부 설명해준다.

먼저 조사 대상의 기간, 즉 조사에 앞서 조사 대상자가 자신들의 자원노동을 기술하는 대상의 기간이 모두 같지 않다. 이탈리아와 아일랜드의 경우에는 안내서가 제안하는 것처럼 조사 전 4주로 하였지만, 폴란드에서는 4주와 12개월(두 설문 항목), 벨기에, 헝가리, 포르투갈은 12개월이었다. 따라서 조사 전 4주의 기간 동안 측정된 자원노동 비율이 조사 전 1년에 걸쳐 수행된 것에 비해 낮을 것이라는 것을 합리적으로 추정할 수 있다.

두 번째 방법론적 문제는 직접 자원노동, 특히 조사 대상자의 가구에 속하지 않는 가족 구성원을 대상으로 이루어진 도움에 대한 것이다. 안내서에 따르면, 친인척에게 제공된 돌봄은 이 친인척이 돌봄 제공자와 같은 지붕 아래에 거주하지 않는다는 조건을 충족하면 직접 자원노동에 포함된다. 그러나 설문조사에서 질문이 제시된 방법에 따라 상당히 다른 결과에 이르게 되었다. 가령, 이탈리아에서는 가족에 대한 도움을 명시적으로 자원노동 범위에서 제외했다. 반대로 헝가리에서는 이러한 종류의 도움이 자원노동에 포함된다고 명시적으로 설명되었다.

또한 폴란드와 헝가리에서는 조직을 통해서만 수행되는 자원노동의 비율이 특히 낮은데, 이는 공산주의 체제에서는 민간단체 운동이 거의 존재하지 않았고 여전히 상대적으로 덜 발달했다는 사실에 기인한다.

출처 : Marée et al. (2015, pp. 38~40)

4.4.2. 민간단체 및 재단을 대상으로 하는 조사

자원노동의 수혜자가 선제적으로 결정된 설문조사에서는 앞 문단에서 언급한 d) '자원노동이 수행된 제도적 틀'과 e) '자원노동이 실행된 활동 분야'에 대한 정보를 가구 대상 조사보다 신뢰할 수 있다. 이는 가구 대상 조사의 응답자가 비정기적으로 자원노동을 수행하거나 해당 단체의 회원이 아니면 자신이 자원노동을 하는 조직에 대해 잘 모르는 경우가 종종 있기 때문이다.

반대로 사회연대경제 조직들은 비정기직인 자원활동가늘의 개인적 특성, 이력, 동기에 대해 잘 모르고, 대부분의 조직들은 정기적인 자원활동가들에 대한 정보도 많이 가지고 있지 않다. 따라서 자원노동의 주요한 특징들을 파악하기 위해서는 두 유형의 조사를 조합하는 것이 필요하다.

4. 5. 자원노동의 가치

근본적으로 무보상 활동인 자원노동에 화폐 가치를 부여하려는 것은 모순이 아닐까? 관찰 범위를 경제적 차원으로 국한시키면서 자원노동이 갖는 나눔과 참여라는 성격을 감추기 때문에 화폐 가치를 부여하는 방법은 정당하지 않다는 비판을 종종 받는다. 그러나 자원노동에 화폐 가치를 부여하는 것은 자원노동을 보다 가시적으로 만들고 사회연대경제 조직들의 다른 자원들과 비교하기 위한 수단일 뿐이다. 이러한 방식으로 시간기부와 현금기부를 비교할 수 있다. 그림3이 보여주듯이, 자원노동의 화폐 가치를 다른 재원에 추가하면서 비영리기관에 대한 또 다른 정보를 얻을 수 있는데, 이는 화폐 자원만을 고려한 정보가 보여주는 것에 비해 비영리기관들이 공공재원에 상대적으로 덜 의존적임을 보여준다.

마찬가지로 활동 분야와 관련하여 임금노동의 분포만 보는 것과 유급직원과 자원활동가를 포괄하는 인적 자원 전체를 고려하는 것에 따라 각각의 활동 분야가 갖는 상대적 비중도 변화한다. 가령, 유럽의 경우 자원노동을 고려함으로써 '문화, 스포츠 및 여가' 분야의 상대적 비중이 상당히 커지는데, 이는 대부분의 국가에서 자원노동 총시간의 절반 이상이 해당 분야에서 이루어지고 있기 때문이다. 미국의 경우에 '종교조직' 과 '사회서비스' 분야가 주요하게 자원노동의 혜택을 보고 있다.

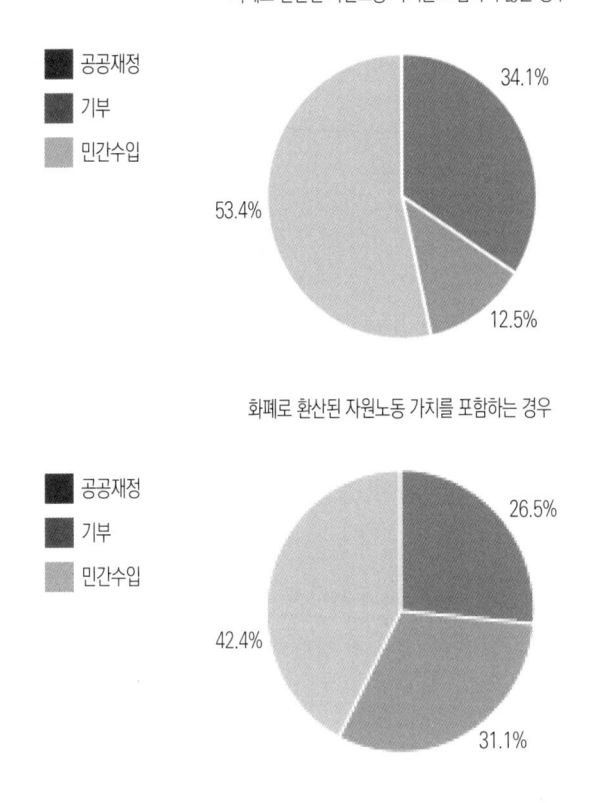

화폐로 환산된 자원노동 가치를 포함하지 않는 경우

- 공공재정
- 기부
- 민간수입

34.1%

53.4%

12.5%

화폐로 환산된 자원노동 가치를 포함하는 경우

- 공공재정
- 기부
- 민간수입

26.5%

42.4%

31.1%

출처 : Salamon and Sokolowski(2004)

그림 3 화폐로 환산된 자원노동 가치를 포함 / 미포함 경우 비영리기관 자원 분포(%)

ILO 안내서는 가상의 시간당 임금을 활용하여 자원노동 시간의 화폐 환산 가치의 계산 방법, 즉 자원활동가가 제공하는 유형의 노동과 가장 유사한 특징을 갖는 대체업종을 찾음으로써 자원노동에 대한 대체노동을 해당 업종에서 구할 때 필요한 사회보장 부담금을 포함한 임금 비용을 활용할 것을 제안한다.[26] 이 세심한 방법론은 설문조사가 자원활동가들에 의해 수행되는 활동에 대해 매우 자세하게 이루어져야 함을 전제하는데, 이런 설문조사는 매우 드물다. 또한 여러 활동이 복합적으로 응답되면 안 되는데, 작은 규모의 조직들에서는 종종 복합적 활동을 수행한다. 이에 덜 세심한 방법론을 사용하게 되는데, 이는 자원활동가를 평균적인 임금노동자로 대체하는 것이다. 표 9에서 사용된 세 가지 가상임금 기준은 가상임금 방법을 통해 얻어지는 결과가 기준치에 따라 상당히 달라질 수 있음을 잘 보여준다.

	가상임금(사회보장 본인 및 고용주 부담분 포함)		
	최저임금	사회서비스 분야 평균임금	동일 활동 분야 평균임금[27]
자원노동의 가치 - 10억 유로 단위 - 국내총생산 내 비중	16.3 0.9%	28.7 1.7%	31.9 1.9%

출처 : Archambault and Prouteau(2009)

표 9 자원노동의 화폐가치(프랑스, 2005)

---

26. 무상노동에 화폐 가치를 부여하는 또 다른 방법은 기회비용 방법이라고 불리는데, 이는 자원활동가가 다른 곳에서 받는 급여 수준에 기반을 둔다. ILO는 이 방법이 이상한 결과를 도출할 수 있다는 이유로 제외했다. 예를 들어, 은행가 출신 자원활동가가 한 끼 식사를 준비하기 위한 시간은 요리사 출신 자원활동가가 같은 식사를 준비하는 시간에 비해 훨씬 높은 가치를 가지게 될 것이다.

27. 즉, 교육 분야 자원활동가들에게는 교육 분야 가상 평균임금을 적용하고, 보건 분야 자원활동가들에게는 보건 분야 가상 평균임금을 적용한다.

결론

　이 장에서는 거시경제적 접근과 국제 표준으로 사용되고 있는 국민계정체계를 따르는 측정방법들에 초점을 맞추었다. 그러나 연구의 발전을 통해 경계를 이동시키고 상황을 바꾸어 놓게 된다. 바로 이것이 사회연대경제가 영리기업과 공공행정 사이에서 자신의 영역을 확보하면서 이루어 낸 것이다. 여기서 자원노동이 중요한 역할을 하는데, 이를 통해 유급노동으로만 제한되었던 생산의 경계를 옮기게 되기 때문이다.

　다른 접근법들, 특히 사회연대경제의 특정한 활동 분야나 사회연대경제 조직들의 세부적 지역 분포에 대해 더 알고 싶은 이들을 위한 접근법들이 가능하다. 실제로 미시경제 자료를 종합하고 통합함으로써 흥미로운 결과를 얻을 수 있다. 가령, 주요한 사회연대경제 조직들이 발표한 재무자료를 통하거나, 제한된 범위의 지역에서 보다 심층적인 조사를 수행할 수 있을 것이다. 아직까지 충분히 다루어지지 않은 이 영역에서 연구 가능한 주제들은 정말로 무궁무진하다.

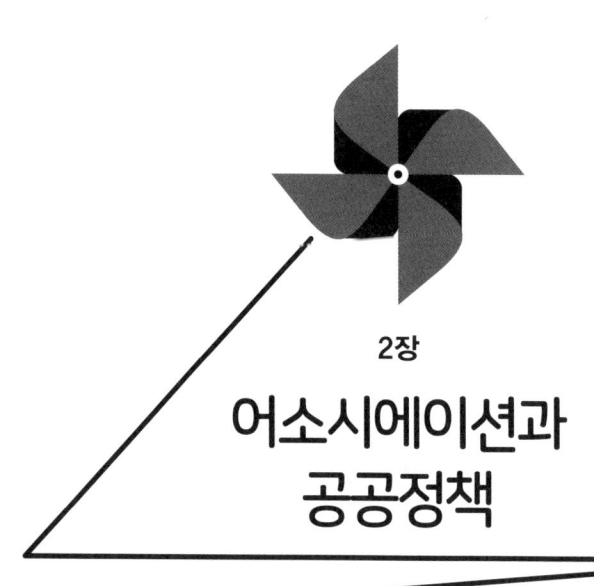

2장

어소시에이션과 공공정책

장-루이 라빌, 마르뜨 니셴 지음 | 김신양 옮김

서론

20세기에 사회적경제는 주로 부문sector의 측면에서 다루어졌다. 이러한 접근법은 먼저 포께(Fauquet, 1965)가 협동조합에 적용했다. 왜냐하면 협동조합은 "상대적으로 변하지 않는 사람들의 관계"가 특징이기 때문이다. 이어서 결사와 활동을 통해 호혜적으로 연결된 사람들의 집단과 기업들의 자발적인 결합이라는 사회적경제 부문 전체의 특성을 규명했던 데로쉬(Desroche, 1976)와 비에네(Vienney, 1994)에 의해 발전되었다.[28] 이러한 사회적경제 이론은 협동조합을 주된 근거로 삼고, 어소시에이션association[29] 가운데 기업을 경영하는 어소시에이션만 사회적경제 부문에 포함시킨다. 이러한 방식으로 사회적경제 부문을 정의함으로써 비자본주의적인 기업이 존재한다는 중요한 사실을 입증하며, 이에 더하여 이 기업들은 자본주의 기업들과의 경쟁을 감당할 역량이 있음을 확인했다. 그리고 사회적경제 부문과 공공부문과의 관계에 대해서는 사회적경제 부문에 적합한 법적 틀을 요구하거나 공공시장에서의 특혜와 관련한 문제와 같이 특정한 사안만 다루었다. 이는 공공부문과의 관계에서 가장 중요한 문제는 현실적으로 경험하는 어려움을 해결

---

28. 이 책 1권의 1장과 2장 참조.

29. 1권에서는 결사체 또는 맥락에 따라 단체나 협회 등으로 번역하였으나 이 장에서는 원어 그대로 살려 어소시에이션으로 번역한다. 왜냐하면 이 장에서는 특정한 조직이 아니라 각 나라에서 사용되는 다양한 명칭을 아우르는 개념으로 사용되기 때문이며, 실제 활동뿐 아니라 학문의 영역에서 조직이 가지는 특성을 중심으로 연구되는 추상적인 개념으로 사용되기 때문이다. - 옮긴이

하는 것이라는 인식 때문이다.

다른 한편, 비영리조직과 관련한 연구는 정부의 재정 지원에 치중되었다. 왜냐하면 사회, 문화, 스포츠, 여가 등과 같은 영역에서 정부 지원은 비영리조직이 동원할 수 있는 자원에 결정적인 역할을 하기 때문이다. 하지만 어소시에이션에 대한 이러한 신고전주의적 접근방식은 국가와 시장, 어소시에이션 등 각 주체를 서열화하는 방식이다. 즉, 국가는 시장이 실패할 경우에만 개입할 수 있고, 어소시에이션은 국가와 시장이 동시에 실패할 경우에만 자신의 자리를 찾을 수 있다는 것이다. 이렇듯 어소시에이션에 대한 '보완론'은 국가와 시민사회를 대척점에 두는 시각을 낳았으며, 둘 사이의 상호작용과 같은 조절의 관점에서 보지 않았다. 하지만 1990년대부터 지드롱(Gidron et al., 1992), 살라몬(Salamon, 1995), 살라몬과 안하이어(Salamon et Anheier, 1999), 영(Young, 2000)과 같은 비영리이론가들이 등장하면서 현실의 지형을 관찰하여 유형화함으로써 정부와의 관계 문제를 다루기 시작했다.

이런 점에서 볼 때 어소시에이션의 중요성은 놀라울 정도로 증가했다. 예컨대 프랑스의 경우 2000~2010년 동안 어소시에이션이 처음으로 자본주의 기업들보다 더 많은 고용을 창출한 것으로 드러났다. 이러한 증가 추세는 사회연대경제 내에서도 돋보였다. 사회연대경제 고용 전체의 80%가 어소시에이션에 의해 창출된 것이었다.[30] 이러한 경향은 다른 나라에서도 관찰되었으며, 이에 따라 비영리이론에서 시작되었던 연구를 이어 공공정책과 어소시에이션의 상호작용에 대한 관심을 한층 높이게 되었다.

실용적인 데이터가 축적되면서 덩달아 이론 분야의 쇄신도 이루어졌

---

30. 이 책의 1장 참조.

다. 그 중 핵심적인 결과 두 가지는 다음과 같다. 첫째, 연대경제는 어소시에이션의 공적인 측면을 강조한다는 것이다.[31] 둘째는 정치학에서 생긴 변화인데, 한편으로는 공공정책에 대한 연구를 별도의 독립적인 분야로 한정하는 방법에 대한 회의가 일어났으며, 다른 한편으로는 공적 활동의 개념을 확장하게 되었다는 점이다. 그래서 "공적 활동이란 행정당국의 활동뿐 아니라 더욱 넓게는 공적인 영역에서 이루어지는 모든 활동으로서 공동선이 준거가 되어야 한다"는 개념으로 확장되었다 (Laborier et Tom, 2003, p. 11). 이 두 방향에서의 이론적 혁신은 점차 강화되어 예전에 없던 새로운 문제가 제기되었다. 그리하여 사회연대경제와 행정당국 간의 상호의존성의 내용이 무엇인지에 관하여 많은 질문이 등장한 것이다. 이러한 실천적, 이론적 요소를 감안하여 이 장에서는 어소시에이션을 중심에 두고 공공정책과 어소시에이션 간의 상호의존성을 살펴보고자 한다. 이를 위하여 우선 복지국가와 어소시에이션 간 관계의 역사를 조망할 것이다. 그 다음에는 현대에 들어 복지국가의 조절양식에서 일어난 큰 변화 중 행정당국과 어소시에이션 간의 관계에 영향을 미친 내용을 분석할 것이다. 마지막으로는 복지국가의 기원을 재해석하고 복지국가의 근본적인 변화 속에서 어소시에이션의 역할과 관련된 이슈를 파악할 수 있는 다양한 분석 틀을 제안할 것이다.

---

31. 연대경제에 대해 다룬 이 책 1권의 5장 참조.

1. 복지국가와 사회서비스: 역사적 조망

많은 사회서비스는 필란스로피philanthropy, 상호부조, 종교와 비종교 형태의 어소시에이션에 의해 시작되었다. 예컨대 과거에 보건과 교육 서비스의 발전에서 종교 조직이 했던 역할, 또는 평신도회, 원조와 상호부조 및 자선활동을 위해 수도원의 밖에서 조직된 비종교인들의 모임 등을 상기해보면 알 것이다. 좀 더 가까운 과거에는 가족과 노인을 위한 가사도우미 서비스, 아동 돌봄, 문화센터, 외국인통합지원센터 또는 방과후학교[32] 등과 같은 서비스는 어소시에이션이 매개가 되어 복지국가 프로그램에 통합되었으며, 이는 어떤 나라에서도 예외가 없다. 국가가 이러한 서비스를 책임지게 되었다는 것은 에스핑-앤더슨(Esping-Andersen, 1990)의 표현을 빌자면 이 서비스들이 '탈상품화démarchandisation, decommodification'되었다는 뜻이다. 왜냐하면 이 서비스들이 사회서비스로 규정되듯 시장의 영역에 속하지 않는 것으로 간주되기 때문이다.

이 책 1권의 3장에서 다루었듯이 비영리조직들은 새로이 등장하는 사회적 수요를 발굴하며 혁신적인 역할을 수행해왔고, 여전히 선구적

---

32. école de devoirs, EDD : 원래 이탈리아에서 시작된 운동으로 벨기에의 불어권을 중심으로 발전한 어소시에이션들의 네트워크이다. 1973년에 브뤼셀의 이탈리아 출신 노동자 밀집지역에서 최초의 EDD가 설립되었고, 2020년 현재 346개가 존재한다. 만 6세에서 18세까지의 사회적불이익계층의 아동과 청소년 16,000명을 지원한다. 설립 목적은 이들의 사회통합과 자아실현이며, 이를 위하여 지적 능력의 개발, 사회적 자아실현, 창의력 개발, 시민의식 함양과 사회참여 훈련 등 4가지 미션을 수행한다. 2004년에 불어권 공동체에서 EDD의 인정과 지원을 위한 제도가 마련되었다. - 옮긴이

인 역할을 하고 있다. 이 조직들은 집합적 편익을 가지는 재화와 서비스를 발굴하며 사회를 혁신한다. 초기 단계에서 비영리조직들은 대부분 자원활동에 의존하여 활동한다. 이후 이들의 활동이 제도화되는 단계에 들어서면 행정당국이 개입하여 재정을 공동으로 부담하고 관련 서비스를 조정한다. 행정당국의 개입은 '비영리부문의 한계'(Salamon, 1987)를 고려할 때 반드시 필요하다. 살라몬이 강조했듯이 필란스로피 또한 한계가 있다. 먼저 자원활동과 기부를 지속적으로 동원하기 어려운 점을 들 수 있다('필란스로피의 불충분함'). 그 다음으로 일부 어소시에이션의 경우, 특히 이념적·종교적 성향이 비슷한 이들로 이루어진 네트워크들의 경우 특정한 사회적불이익집단에 한정하여 활동하거나 특정한 상황에만 대처한다('필란스로피의 특수성'). 또한 도움이 필요한 상황을 정할 때 지원서비스의 재정을 지원하는 측의 통제를 받게 되어 재정지원자가 선택하는 이들만 도움을 받을 수 있다('필란스로피의 온정주의'). 마지막으로 시장 경쟁이 없고 금전적 보상이 없기에 이 조직들은 조직의 효율성이 떨어질 수 있다('필란스로피의 비효율성'). 이 모든 이유로 인하여 집합적 편익을 가지는 서비스의 경우 행정낭국의 개입이 필요하다는 결론을 도출할 수 있다. 따라서 이러한 서비스를 개발하고, 공적인 규범으로 정해진 기준에 따라 서비스의 접근성을 높일 수 있다는 점에서 재정지원과 규제의 형태로 이루어지는 정부의 개입은 정당화된다.

여러 나라의 역사를 보면 어소시에이션의 활동과 정부 지원의 관계에서 공공부문의 개입 방식에 차이를 보인다. 어떤 나라에서는 어소시에이션의 활동을 정부가 이어받아 서비스를 제공하고, 어떤 나라에서는 어소시에이션을 지원하면서 서비스를 규제하는 쪽을 선호하기도 한다. 사실 정부의 지원을 전제로 이루어지는 제도화는 모든 나라에서 동일한 형태로 나타나지 않고 복지국가의 유형에 따라 달라진다. 에스핑-

앤더슨이 수립한 복지국가 제도의 유형화는 사회보장 체계에 대한 연구에 기초한다. 그의 이론을 사회서비스의 관점에서 분석해보면(Laville et Nyssens, 2001) 조금 다른 전망이 도출된다. 특히 에스핑-앤더슨의 개념인 '탈상품화'에 더하여 여성수의적 비평(O'Connor, 1996; Hernes, 1987; Lewis, 1992)인 '탈가족화', 즉 가족의 책임을 사회 전체가 집단적으로 해결하는 개념을 포함시키면 그 전망은 더욱 달라진다(Orloff, 1993, p. 303~328).

스칸디나비아 국가의 보편주의적 제도는 사회 조직자로서의 국가에 대한 의존성이 강하다. 이러한 점은 사회통합과 성평등 실현을 우선 목적으로 하면서 '필요의 공동화collectivisation of needs'(Leira, 1992)를 통한 사회서비스 제공의 형태로 드러난다. 이러한 틀 안에서 어소시에이션들은 사회적 요구가 드러나도록 압력을 가하는 역할을 담당했다. 그리하여 각종 네트워크를 조직하여 공적 서비스가 만들어지도록 촉진했다. 대부분의 어소시에이션은 자기 조직 구성원들의 이해를 대변하거나 그들을 위한 문화, 레크리에이션, 스포츠 활동을 제공하기도 한다. 이들 조직 안에서는 자원활동가들의 참여 비중이 높다(Archambaut, 2001).

독일, 네덜란드, 오스트리아, 프랑스, 벨기에 등의 조합주의 제도에서 어소시에이션들은 서비스 개발의 선구자 역할을 했다. 이 조직들은 새로이 드러나는 사회적 필요를 발굴하여 공적 서비스에 통합되도록 하거나 국가의 통제 속에서 그들 스스로 서비스를 제공하기도 했다. 이 나라들은 아주 발전된 복지국가로서 '비스마르크식' 사회보험제도에 근거한다. 비스마르크식은 보험 방식으로서 사회적 파트너인 노사가 관리하는 직업적 연대에 기초한 제도이다. 이들 나라에서는 특히 독일과 벨기에에서처럼 어소시에이션들이 그들의 이념적, 정치적 소속에 따라 연합을 이루며 커다란 기둥을 형성하고 있다. 예컨대 벨기에에서는 가톨릭, 사회주의자, 다원주의자들의 연합으로 나뉘어져 있으며, 다원주의자들은 중립성을 표방하고 있다. 하지만 20세기 말부터 연합은 급격히 해체되는 추세이다. 프랑스에서는 가족의 범위 밖에서 이루어지는 비시장적 서비스 공급의 제도화에 우선순위를 두었다. 이러한 틀 안에서 어소시에이션들은 중요한 서비스 공급자로서의 위치를 유지하고 있으나 행정당국과는 애매한 관계를 유지하고 있다. 왜냐하면 "한편으로는 행정당국에 의해 도구화될 위험과 더불어 공공부문을 모방할 위험이 있다는 우려가 있고, 다른 한편으로는 민관 파트너십을 형성하겠다는 의지는 종종 행정의 복지부동으로 인해 좌초되었기 때문이다."(Archambaut, 2001).

보편주의 제도와 조합주의 제도에서 행정당국의 조절 양식은 후견인의 성격을 가진다. 즉, 정부는 서비스 생산에 드는 비용을 지원하면서 동시에 규제를 통해 통제함으로써 재정지원을 받는 조직들의 후견인 노릇을 하는 것이다. 이렇게 행정은 행정당국이 정한 규제의 틀 안에서 관리 원칙과 노동자의 훈련 등을 규정한다. 이때 공적·사적인 어소시에이션(일부 국가에서는 '비시장부문'이라 칭한다)으로 등록된 조직들은 사전에 정한 질적 기준에 의거하여 보조금을 받는다. 정부가 정한 규범을 지키면 영업 허가, 예산 사전 심의, 연단위 비용과 투자 관리, 담당할 서비스 대상 등 일정한 조건을 충족시키는 한 재정지원을 받을 수 있도록 한다. 이러한 후견인적 관리감독으로 인하여 행정 기술력과 직업 전문성을 겸비해야 하는 의무를 지게 되어 자원활동가의 참여를 방해하는 결과를 초래하기도 한다.

다른 한편, 독일과 오스트리아처럼 가족 중심적인 국가에서는 성평등을 위한 조건을 개선하고자 하는 의지가 다소 약하다. 그리하여 이들 나라에서는 여성의 노동시장 진출보다는 가정에서의 책임을 우선시하므로 여성이 가정에서의 역할을 완수하는 데 드는 비용 지원이 우선하므로 비시장부문의 서비스를 후견관리하는 비중은 최소화한다.

미국이나 영국과 같이 자유주의적 제도를 가진 복지국가에서는 후견관리 방식이 훨씬 더 제한적이다. 이들 나라에서 복지국가의 역할은 상대적으로 덜 중요하다. 그래서 정부의 개입은 가장 불이익을 받는 인구집단에 집중되며, 여성의 경제활동 참여를 권장하지 않는 가족관을 고수한다. 잇따른 정부마다 복지국가란 "가정의 안정을 회복하기 위한 전일제 모성full-time maternity을 강화"하는 것으로 간주해왔다(Lewis, 1992). 이들 나라에서 어소시에이션들은 중요한 역할을 하지만 국가의 재정지원을 받지 않거나 혹은 극히 적은 지원으로 운영해왔다. 그래서 일부 연구자들은 이들 나라에서 비영리조직이 복지국가를 대체한다고까지 말하기도 했다(Young, 2000). 실제 어소시에이션들은 시장이나 국가가 충족시키지 못하는 수많은 필요를 해결해왔다.

스페인, 이탈리아, 포르투갈과 같이 남부 유럽국가의 경우 고유한 이원체제dual regime의 특징으로 인하여 행정당국이 통제하는 비시장 서비스는 약세를 보인다. 이러한 유형의 제도 하에서 어소시에이션 부문이 약세인 까닭은 교회와 연계된 많은 자선조직이 약화되었고 점차 세속화되었기 때문이다. 사실 이들 나라에서는 20세기에 독재체제를 겪으며 정치적 통제를 받아 어소시에이션의 발전이 막혔던 경험이 있다(Archambaut, 2001). 그러다 보니 서비스는 방치되었고, 불안정노동자들이나 지하경제 및 비공식경제(가족이나 이웃 간의 상호부조)에 종사하는 집단을 외면하고 노동시장에 잘 통합된 이들만 보호하는 시스템을 구축했던 것이다. 이러한 맥락에서 서비스 접근권은 보편적이지도 평등하지도 않고 개인적 친분이나 선별적 방식으로 이루어졌다(Ferrara, 1996).

그런데 유럽의 다양한 나라에서 서비스가 제공되는 양식에는 차이를

복지국가 제도의 유형에 따른
어소시에이션 부문의 규모와 재정지원 양식

어소시에이션과 행정당국 간의 상호작용의 방식은 어소시에이션 부문 전체의 규모와 재정에 상당한 영향을 미친다(Archambaut, 2001).

총고용에서 어소시에이션이 차지하는 비중은 비영리부문의 상대적인 중요성을 보여주는 좋은 지표가 될 수 있다. 조합주의 제도를 가진 나라의 경우, 특히 대표적인 사례로 들 수 있는 벨기에에서 어소시에이션 부문은 중요한 역할을 담당하고 있다. 어소시에이션 부문은 행정당국이 통제하고 지원하는 사회서비스의 주요 제공자이므로 대부분이 공적 재원의 지원을 받는다. 그래서 어소시에이션 부문이 복지국가의 파트너라고 할 수 있다. 미국과 같은 자유주의 복지국가 체제에서 비영리조직은 이용자들의 기부와 자원활동가 위주의 민간자원에 기반하여 사회서비스를 공급하면서 약한 복지국가의 결핍을 보완한다. 스웨덴과 같은 보편주의 모델에서는 비영리조직이 임금노동자 고용에서 차지하는 비중이 크지 않다. 비영리조직들은 사회서비스 공급을 활발히 하지도 않고, 공적 지원 의존도도 낮다. 마지막으로 남부유럽의 이원화된 모델에서는 어소시에이션 부문의 규모가 작다.

국가	경제활동 인구 중 ISBL의 고용 비율	ISBL의 자원 중 공적 재정지원의 비율	ISBL의 자원 중 기부의 비율	ISBL의 자원 중 시장 수입의 비율
벨기에	8.6%	77%	5%	18%
스웨덴	1.7%	29%	9%	62%
미국	6.3%	30%	13%	57%
이탈리아	2.3%	37%	3%	60%

출처 : Salamon et al. (1999). ISBL (비영리기관)이 어소시에이션 부문을 포함.

보인다 할지라도 '영광의 30년'으로 불리는 시장의 발전기 동안 탈상품화는 후견 방식의 관리를 통하여 사회서비스를 발전시키는 데 가장 적합하다고 간주된 방안이었음을 놓쳐서는 안 될 것이다. 물론 각 나라마다 탈가족화가 진행된 정도에 따라 달상품화의 비중이 고르지는 않을 수 있다. 탈상품화는 크게 두 가지 형태로 이루어진다. 하나는 공적 서비스를 확장하는 형태이고, 다른 하나는 어소시에이션이 제공하는 서비스를 유지하는 형태이다. 제2차 세계대전 후 중요한 사회문제를 드러내며 그것을 해결하고자 하는 집단행동이 일어났다. 특히 가정의 영역에서 이루어지던 여성 노동에 충당하던 재정의 일부가 사회서비스 영역으로 이전되었다. 행정당국은 관련 규범을 제정하고 실행을 통제하면서 이러한 사회서비스에 필요한 수단을 제공했다.

2. 현대 사회서비스 조절양식의 변화

    역사적으로 사회서비스는 공적 서비스를 도입하거나 어소시에이션의 서비스를 제도화하는 방식으로 구축되어왔다. 1970년대부터는 공적 서비스의 효율성에 대한 비판이 제기되었고, 1980년대부터는 복지국가의 재정 압박 문제가 제기되어 정부의 조절양식에 상당한 변화를 일으키게 된다. 특히 조합주의적 복지국가 제도를 갖춘 나라에서는 정부 예산 수립에 관한 규범이 변하면서 재정을 지원하는 후견적 조절 방식은 1980년대부터 시행된 노동통합(자활지원) 조절양식의 등장으로 변화를 겪게 된다. 이에 따라 더 이상 서비스 제공 활동에 재정지원을 하지 않고 '실업의 사회적 관리'[33](79쪽의 '실업의 사회적 관리와 노동통합 조절양식'을 참조)라는 광범위한 프로그램 안에서 실업자 채용을 위한 지원이 이루어진다. 그리하여 정부의 조절양식은 경쟁적 조절과 협약을 통한 조절이라는 새로운 형태의 조절양식의 도입으로 정부가 독점하던 조절의 지위를 잃게 된다.

---

33. '실업의 사회적 관리(traitement social du chômage)' 정책은 전 프랑스의 총리 삐에르 모루아(Pierre Mauroy)에 의해 고안되었다. 이 정책은 실업자의 사회적 배제와 빈곤화를 방지하면서도 고용 창출을 위한 구매력 회복이라는 두 가지 목표를 동시에 추구한다. 영미를 중심으로 한 자유주의 국가의 workfare와 유사하며, 한국에서는 외환위기 이후 '생산적 복지'정책으로 명명되어 자활지원사업으로 추진되었다. - 옮긴이

실업의 사회적 관리와 노동통합 조절양식 : '2차 노동시장'

1980년대 중반, 복지국가는 더 이상 계속 지출만 할 수 없다는 문제제기가 일어나기 시작했고 실업은 계속 증가했다. 그리하여 고용 창출과 사회적 비용 통제라는 두 마리 토끼를 잡을 수 있는 정부의 전략이 시행되었다. 이때 등장한 것이 실업의 사회적 관리라는, '새로운 필요needs'를 충족시키면서도 실업자가 이행移行적 일자리를 가질 수 있도록 하는 정책이다. 이 정책은 정부가 재정을 부담하여 과거 시장과 정부가 방치한 영역 중 '집합적 편익(공익)'을 가지는 영역에서 2차 노동시장을 형성함으로써 고용을 창출하는 전략이다. 이때 공적 자금은 정해진 규칙에 따라 서비스를 제공한다고 지원되는 것이 아니라 실업자의 채용 여부에 달려있다. 왜냐하면 이러한 정책이 실업문제를 해결할 수 있다고 여겨졌기 때문이다.

이 정책은 독일, 벨기에, 프랑스와 같은 조합주의적 제도를 가지는 국가에서 지속적으로 시행되었다. 독일에서는 고용창출플랜Arbeits Beschaffung Massnahmen, ABM, 프랑스에서는 고용연대계약contrat emploi-solidarité, CES, 최근에는 청년일자리emploi-jeune 또는 미래일자리emploi d'avenir, 벨기에에서는 실업흡수 프로그램(PRIME, ACS, APE, SINE, Article 60) 등이 시행되었다. 이러한 프로그램으로 인하여 더 이상 재정지원을 받을 수 없게 된 어소시에이션들은 이전에 제공했던 서비스를 유지하거나 새로운 서비스를 창출하기 위하여 실업의 사회적 관리 프로그램과 연계된 지원을 선택할 수밖에 없었다.

하지만 이 프로그램들은 여러 가지 한계를 노정했다. 우선 정부 측 문제를 살펴보면, 핵심 문제는 이행적 일자리와 안정적 일자리 사이에 가교가 없다는 점이다. 이 첫 번째 문제와 결부되어 드러난 두 번째 문제는 노동통합(자활지원)과 공익서비스 제공이 마치 같은 것인 양 인식된다는 점이다. 하지만 실업의 사회적 관리를 통해 창출된 일자리는 가치 없는 일자리로 인식되었고, 그 결과 이 프로그램의 옹호자들이나 수혜자들이 예상하지 못한 역효과가 발생하게 되었다. 그리하여 이 프로그램에 참여한 실업자들이 오히려 참여하지 않은 이들보다 정규 일자리를 구할 가능성이 더 낮아졌다. 또한 일자리가 한시적으로 제공되기 때문에 프로그램 운영자들은 참여자들의 전문성을 키울 시간이 부족했으며, 이 프로그램으로 창출된 일자리는 단순한 '아르바이트'로 간주되었다(Eme et Laville, 1998).

2. 1. 경쟁적 조절양식

경쟁적 조절양식의 발전은 '신공공관리론new public management'으로의 변화가 강제되는 상황 속에서 고찰해야 한다(Pollitt, 2007). 이 용어는 1980년대에 이루어진 개혁을 지칭한다. 이 개혁은 각 국가별로 정도의 차이는 보이지만 유럽 대부분의 국가에서 이루어졌는데, 그 내용의 핵심은 공공부문에 시장의 원칙을 도입하는 것으로 정리할 수 있다. 사실 중앙집권화된 운영방식은 행정 시스템을 운영하기 위한 과다한 비용의 지출이라는 효율성의 결핍, 이용자의 이해를 충분하게 고려하지 못한 다는 자원할당의 비효율성, 그리고 불공정이라는 세 가지 문제점을 낳는다는 비판을 받아왔다. 그리하여 후견적 조절양식은 신자유주의 이론의 맹렬한 공격 대상이 되었다. 하이에크(Hayek, 1983)의 표현에 따르면 '무제한의 민주주의'에 반하여 신자유주의가 봉기할 수밖에 없다는 것이다. 무제한의 민주주의란 과도한 국가의 개입과 더불어 어소시에이션들이 단합하여 이해집단이나 동맹세력이 특혜를 받는 폐단에 기인한다고 한다. 따라서 그는 모든 목적론적인 관점을 폐기하고 경쟁의 메커니즘을 일반화해야 한다고 보았다. 왜냐하면 경쟁 메커니즘이야말로 공동의 목적이라는 미명 하에 엇나간 길을 바로잡고, 자연발생적인 질서를 만들 수 있는 유일한 방안이기 때문이라는 것이다. 그는 이런 방식으로 통일하면 경쟁 절차를 거쳐 가장 효율적인 해결책을 선택하게 될 것이라고 주장한다.

이 주장에 따르면 국가가 효율적으로 운영되기 위해서는 서비스 생산자로서의 역할을 제한해야 하고, 이에 더하여 어소시에이션 활동의 틀을 정하는 방식도 다시 정해야 한다는 것이다. 그리하여 시장의 원칙과 정부의 조절을 조합하여 준시장quasi-market을 형성하여 공적 서비스의 효율성을 극대화하도록 권고한다. 이러한 접근방식은 이론적인 측면에서 볼 때 모두가 단일한 입장을 가지는 것은 아니지만, 핵심적으로는 재정지원자와 서비스 공급자 간의 역할 분리를 특징으로 한다(Le Grand, 1991). 즉, 국가는 집합적 편익의 이름으로 서비스 생산의 재정과 조절을 담당하되 그 서비스의 공급은 공공부문에 속하든 민간의 영리 혹은 비영리 부문에 속하든 다양한 공급자가 맡게 된다는 뜻이다.

준시장의 특성은 다음과 같은 두 가지 기준을 가진다. 첫째, 영리 목적과 비영리 목적의 서비스 제공자는 경쟁을 한다. 둘째, 소비자의 구매력을 보장하는 방식은 소비자에게 개별적으로 현금을 지원하거나 바우처 제도와 같이 소비자가 특정한 서비스를 제공받도록 하는 직접적인 방식이 있고, 서비스의 이용자와 제공자를 연결하는 '제3자'인 중개인을 통해 간접적으로 보장하는 방식이 있다. 이 시스템은 사전에 정한 기준에 따라 자원을 미리 배분하는 후견적 조절과는 달리 사업 결과의 사후평가제도(서비스의 질에 따라 공급자의 등급이나 순위를 매기는 방식)를 통하여 운영된다.

노동통합 조절양식과 준시장

고용정책과 복지정책을 섞은 실업의 사회적 관리 정책은 사실상 첫 번째 유형의 적극적 노동시장 정책ALMP이 되었다. 두 번째 유형은 오로지 고용 달성을 목적으로 한다. 이후 노동시장에서 위험에 노출된 집단의 채용을 조건으로 한시적인 보조금을 주는 정책이 다양하게 확장됨과 동시에 '준노동시장'을 통한 직접적인 고용창출 프로그램이 쇠퇴하는 현상을 관찰할 수 있다.

이 두 번째 유형의 대책은 민/관, 영리/비영리를 막론하고 모든 유형의 기업을 대상으로 한다. 그리하여 경쟁적 조절양식이 시행되어 노동통합은 준시장에 속하게 된다. 이때 기업이 고용하는 취약계층 노동자들의 수에 따라 공적 지원이 이루어진다. 이러한 유형의 대책은 노동자들에게 한시적으로 보조금을 제공하여 그들의 일시적인 '고용 불가능성'을 극복하도록 함으로써 실업 상태에서 전통적 노동시장으로의 이행을 순조롭게 하는 것을 목적으로 한다. '활성화 activation' 정책으로 불리는 이 정책은 구직자로 등록된 이들과 고용센터 사이에서 이루어지는 다양한 유형의 '노동통합계약'으로 표현된다. 이 계약에는 가능한 한 가장 빠른 시일 안에 노동시장으로 통합되도록 하기 위해 두 당사자들이 누리는 권리와 지켜야 할 의무가 명시되어 있다. 예컨대 '적당한' 일자리를 제안했으나 거절하는 경우처럼 만약 실업자가 협력을 거부한다면 고용센터는 수당을 삭감할 수 있다. 이렇듯 적극적인 복지국가 모델은 노동통합에 있어 개인의 책임을 강조하는 방식이다.

유럽 당국의 역할

유럽 차원에서 왜곡되지 않은 자유경쟁이라는 개념은 사회서비스 시장까지 확장되었다. 그 결과 대부분의 서비스는 사실상 '경제적' 서비스로 간주된다. 유럽연합 판례에 따르면, 어떤 서비스에 경제적 보상이 따르면[1] 서비스의 수혜 당사자가 직접 지불하든, 정부와 같은 제3자가 지불하든 그 서비스는 경제적 서비스로 규정된다. 따라서 유럽연합 법에 따르면 대부분의 '사회적' 서비스 또한 경제적 서비스가 되며, 그러하기에 경쟁의 법칙을 따라야 한다.

이와 관련한 것으로 먼저 '서비스'에 관한 지침이 있다(Directive 2006/123/CE). 이 지침은 기업의 지위가 무엇이든, 설립 주체가 누구이든 상관하지 않고 서비스를 제공하고

---

1 인건비가 지급된다는 뜻 - 옮긴이

서비스 유형을 정할 자유에 관한 기준에 관련된 내용을 담고 있다. 하지만 일부 공익 목적의 사회서비스는 명시적으로 해당 지침의 적용을 받지 않도록 한다. 이에 해당하는 사회서비스는 '사회주택, 아동 지원, 빈곤가구 및 빈곤층 지원'이다(지침 2.2.j조). 이러한 서비스는 국가가 직접 제공하거나 어소시에이션과 같이 국기가 위임한 곳이 세공할 수 있다(위임은 행정당국이 특정한 조직에 공익적 미션을 부여하는 행정당국 행위이다). 또한 '긴급한 사유'가 있다고 판단되는 일부 서비스 또한 지침의 적용에서 제외될 수 있다. 하지만 지침에는 이 긴급한 사유가 무엇인지 규정하지 않으며, 유럽사법재판소의 판결에 맡긴다. 이에 따라 각 회원국에게는 긴급한 사유가 무엇인지 자율적으로 정할 여지가 생기지만, 제공된 서비스가 공익적 성격을 가진다는 것을 증명해야 할 책임을 지게 된다(입증의 의무). 이 경우 위임을 통해 서비스를 제공할 수 있다.

서비스에 관한 지침 외에도 행정당국이 어소시에이션을 지원하고자 한다면 국가의 지원에 관한 법을 따라야 한다. 예컨대 어소시에이션에게 공적 서비스 제공에 대한 보조금을 지급할 경우 일정한 한도를 넘지 않아야 한다는 점, 또는 특정한 유형의 지출에 대해서만 지원해야 한다는 점, 또는 행정당국이 부과한 의무사항과 관련한 비용을 보상하는 목적으로 지원해야 한다.

이러한 법적 제약 탓에 어소시에이션의 입지는 약화되었다. 실제 유럽연합이 제정한 규칙은 점점 더 많은 어소시에이션들에게 적용되어 행정당국이나 서비스 공급자 그리고 서비스 수혜자 모두에게 불확실성을 가중시키고 있다. 그리하여 유럽연합의 회원국들이 어소시에이션에게 특정한 국가의 지원을 보장하려고 하면 위임제도와 국가 지원 금지에 관한 예외조항을 활용해야 한다.

이와 동시에 한편으로는 공공시장에서 사회·환경조항의 도입에 대한 흥미로운 논의가 이루어졌다. 이와 관련하여 2000년 이후부터 공공시장에서 사회적 측면과 환경적 측면을 고려할 가능성에 대해 주로 논의되었고, 특히 유럽연합의 지침이 각 회원국에서의 실행과 법제도에 어느 정도의 자유를 보장할 것인가 하는 문제가 중심이 되었다. 유럽연합의 지침은 사실상 이 분야에서 각국의 자유를 제한하는 경향성을 보였다. 그러던 중에 2014년에는 유럽집행위원회가 각 회원국에게 공공시장을 할당하는 모든 절차에 사회적, 환경적 측면을 도입할 권한을 부여할 뿐 아니라 심지어 도입을 강제하는 주요 지침

(2014/24/EU)을 채택했다. 이는 유럽연합 전체에서 GDP의 20% 정도에 이른다.

하지만 일부 국가에서 사회적 기준을 도입하여 체결하는 공공계약의 비중이 커지고 있음에도 유럽 전체적으로 볼 때 아직도 이 관행이 충분히 확산되지는 않았다. 예외적으로 이탈리아에서는 널리 확산되었고, 프랑스와 벨기에의 경우 점차 관련법이 발전하는 중이다. 예컨대 이 두 국가에서는 공공시장에서 노동통합(자활지원) 조항이 도입되었다.

2.1.1. 공개입찰

공개입찰 분야의 선구자였던 영국은 1980년대에 거동이 불편한 이들을 위한 쉼터나 재가도우미 서비스와 같은 다양한 서비스를 개발하기 위하여 공개입찰 제도를 실시했다. 이에 따라 어소시에이션들과 민간기업들로 구성된 이른바 '독립' 부문 내에서 '경제적으로 가장 이로운 가치(가격)'가 선택된다. 예컨대 거동 불편자들을 위한 서비스의 경우 영국 지방당국 150개에 중심 역할을 부여한다. 이 역할을 수행하기 위하여 지방당국은 국가 기금으로부터 자원을 받고, 거기에다 지방세로 조성된 자원 또한 받는다. 이 지원제도의 시금석인 사례관리자case manager는 이용자의 욕구와 자원을 평가means tested한다. 이런 절차를 거치는 까닭은 취약계층만 지원하고, 이용자의 재정 형편에 따라 일부는 지방당국이 비용을 부담하고 일부는 이용자 당사자가 비용을 부담함으로써 적절한 지원계획을 수립하기 위함이다. 이때 지방당국은 서비스 제공자를 선정하기 위하여 공개입찰을 시행할 수 있다. 또한 서비스 제공자는 공공기관이든, 민간 영리 또는 민간 비영리든 상관없다. 다만 서비스 제공자는 '사회서비스 감독위원회'가 정한 규범을 지켜야 한다. 이 위원회는 전국 차원에서 준시장의 통일된 표준 경영을 책임진다. 지방자치단체 또한 제도의 효율적 시행에 어떤 성과를 냈는지 평가의 대상이 된다. 그 결과 2000년대 초부터 75% 이상의 시장을 민간 영리부문이 차지하였고, 나머지는 어소시에이션 부문과 공공부문이 고르게 나눠 가졌다.

앞서 언급하였듯이 사회·환경조항을 공공시장에 도입할 수 있다. 공공시장을 할당하는 기준은 가격, 품질 등 일반적인 기준과 다르지 않으나 입찰에 응모하는 기업은 사회·환경조항을 준수해야 한다. 예컨대 전체 노동의 일부를 노동통합을 위한 일자리로 채워야 한다. 이러한 의미에서 사회·환경조항은 폴라니(1983)적 의미의 시장의 사회정치적 배태성embeddedness 운동으로 볼 수 있을 것이다.

프랑스의 자활지원 조항

프랑스에서는 자활지원 조항을 도입하기 위하여 공공시장법에서 두 유형의 지침이 사용되고 있다.

공공시장법 14조는 실시 단계에서 사회·환경조항의 도입을 허용한다. 시장 할당의 기준은 기술가치, 가격, 유지비용, 실행기간 등 기본 요건을 충족해야 하지만 입찰에 응모한 일반기업이 선정되려면 공공시장에서 받은 작업 노동시간의 일부를 자활지원사업으로 채워야한다. 이를 위하여 일반기업은 중개단체AI, 단기자활지원기업ETTI, 자활지원 및 직능향상을 위한 고용주연합GEIQ, 자활지원기업EI 등을 참여시킨다. 30조의 경우 공공시장의 목적에서 직능향상 및 시장진입 서비스 제공을 인정하는 것으로 14조에 비해 단순화된 절차를 요구한다. 이러한 유형의 시장은 자활지원 작업장이나 지역관리기업 등에 더욱 적합하므로 이 조직들이 직접 입찰에 응모한다. 이를 통해 볼 때, 14조와 30조는 공공시장이 실행되는 방식에 차이가 있음을 알 수 있다.

14조는 다음과 같이 규정하고 있다. "작업 지시서에 담을 공공시장의 집행 조건에 관한 규정은 노동시장 진입에 각별한 어려움을 겪는 이들의 고용을 증진하고, 실업 극복이나 환경보호를 목적으로 할 수 있다. 이 집행 조건은 잠재적인 입찰 경쟁 후보자들을 차별하는 결과를 초래해서는 안 된다." 즉, 14조는 시장의 논리를 따르는 가운데 지역 차원의 정책적 선택을 통하여 정한 사회적인 요소를 도입하도록 하는 것이다.

30조에 관해 살펴보자면 먼저 이 조항을 활용함에 있어 해석과 집행에 다양한 견해차를 보이고 있다. 그 중 하나는 경쟁 집행 혹은 경쟁 부재의 양식에 기인한 견해차다. 사실 인즉, 앞서 언급했듯 30조는 "간소화된 절차"를 통하여 자활지원을 위한 시장을 부여할 수 있도록 한다. 그래서 이 시장의 일부는 "사전 공고 없이, 심지어 공익적 목적에 부합한다는 이유로 경쟁 자체를 배제한 채" 주어지기도 한다. 이 30조를 활용하는 방식은 지역에 따라 차이를 보이지만 건설 현장과 자활작업장 간의 경쟁을 부추기는 수단이 되기도 하고, 시공 책임업체와 자활기업 간의 지역 관계를 문제 삼지 않을 방안으로 이용되기도 한다. 도식화해서 정리하자면, 첫 번째 방향은 자활지원 영역에 과거에는 존재하지 않았던 경쟁 논리를 도입하며, 두 번째 방향은 보조금 지원에 가까운 지원 논리를 재생산하고 있다. 이 상반되는 두 입장 사이에서 제3의 입장이 등장하기도 한다. 이에 따르면, 네트워크를 조직할 역량이 있는 입찰자를 복수로 허용하여 사례관리 및 기술과 훈련에 드는 비용 산정의 기준에 영향을 주도록 하자는 것이다.

출처: Bucolo et al. (2009)

2.1.2. 지불쿠폰을 통한 수요지원 시스템

서비스 제공자들의 경쟁은 지불쿠폰을 통하여 수요를 지원하는 방식으로도 가능하다. 벨기에와 프랑스에서 이와 같은 유형의 대책은 무엇보다도 실업문제와 가사도우미 서비스와 같은 영역에서의 음성노동 문제를 해결함으로써 새로운 일자리를 발굴하는 수단으로 간주되었다. 이 두 나라에서 준시장을 도입한 까닭은 특히 일과 가정의 양립과 관련되어 발생하는 수요에 대응하면서 새로운 일자리를 창출하기 위함이었다. 그러나 이러한 유형의 준시장에서 제공하는 서비스와 재정지원 양식은 두 나라에서 달리 추진되었다.

프랑스에서 시행된 보편적 일자리-서비스 수표^{Cesu} 제도는 기업과 지자체 등 제3자의 재정지원, 사회보장 분담금 면제, 세금 감면 등의 방식으로 개인의 수요를 지원하도록 했다. 이 제도의 이용자들은 서비스 제공자를 직접 고용하거나 다른 서비스 제공자를 선택할 수 있다. 이 과정에서 '단순인증제도'와 '고급인증제도'로 구분된 인증제도를 두어 어소시에이션, 영리기업, 공공부문의 서비스 제공자들의 경쟁을 관장한다. 반면, 개인에 의한 직접고용은 인증을 요구하지 않는다. 고급인증을 받은 서비스 제공자들은 유아나 거동 불편자와 같이 각별한 주의를 요하는 보다 관계적인 서비스를 제공할 수 있다. 단순인증을 받은 서비스 제공자들은 가사도우미나 정원가꾸기 등 일손 돕기 서비스를 제공한다. 그런데 사회정책의 틀에서 정부의 후견적 조절양식의 통제를 받는 전통적인 가사도우미 조직들이 고급인증을 받을 때 훈련, 사후관리, 서비스 평가, 서비스 제공자 관리 등의 측면에서 인증요건이 완화되기도 한다. 그런데 여러 상이한 지불지원 대책, 사회복지 논리와 고용창출 논리, 또 후견적 조절과 준시장 등이 얽히고설킨 상황으로 인하여 대인서비스 부문의 발전은 불투명해 보이고, 그 결과 서비스의 소비자들에게 자유로운 선택을 제공한다는 정책적 목표는 신뢰를 주지 못하고 있는 듯하다. 대인서비스 영역에서 일어난 최근의 변화는 단지 이러저러한 대책으로 우후죽순처럼 생겨난 일자리뿐이라는 점은 명백한 사실이다.

벨기에서는 2001년 7월 20일 법을 통하여 서비스쿠폰 제도를 도입했다. 이 제도는 일자리 창출 정책의 결과로 시행되었다. 서비스쿠폰 제도는 핵심적으로는 관계적 측면이 약한 가사도우미 활동을 겨냥한다. 공공부문, 민간 영리부문, 사회적경제 부문(대부분 노동통합기업)의 아주 다양한 주체들이 서비스 제공자로 참여하고 있다. 벨기에 제도가 프랑스 제도와 가장 큰 차이를 보이는 점은 서비스쿠폰 제도는 합의에 따른 노동을 허용하지 않는다는 사실이다. 벨기에의 준시장은 사회조사를 토대로 만들어진 조건에 따라 서비스를 이용할 수 있도록 설계되었기 때문에 다른 나라와는 달리 취약계층을 위한 가사도우미 서비스를 대체하지 않는다. 비영리 민간단체 또는 사회복지센터 같은 가사도우미 제공자들은 정부의 후견적 통제를 받으며 조직, 재정, 엄격한 서비스 질의 기준에 부합해야 한다.

2.1.3. 개별화된 현금수당 제도

최근에 관찰되는 경향은 개별화된 현금수당 제도이다. 이 제도는 노인과 장애인 등 서비스의 수혜자들에게 일정한 액수를 지급하거나, 수혜자의 욕구에 따라 현물로 지급되는 서비스와 현금수당을 결합하여 제공하는 방식이다. 당사자에게 권한을 준다는 '임파워먼트' 논리에 따라 수혜자들은 선택의 자유를 보장받는다. 그리하여 수혜자들은 자신이 선택한 서비스 제공자들에게서 서비스를 구매할 수 있기에 지인 가운데 도우미 역할을 할 수 있는 사람과 합의하여 자신의 서비스 제공자로 고용할 수 있다. 하지만 이용자의 선택 능력을 신뢰할 수 있는지는 의문이다. 특히 이용자가 취약계층일 경우 그가 선택할 순간에 서비스의 질을 제대로 파악하기 어려울 것이다. 왜냐하면 서비스의 질은 이용할 때 알 수 있고, 또 이용자와 서비스 제공자가 함께 만들어가는 것이기 때문이다.

이러한 유형의 제도는 1990년대 말부터 의존자[34]들에게 수당의 형태로 영국에서 도입되었다. 의존자들은 서비스가 아닌 '직불' 형식으로 수당을 받았다. 이후 영국 정부는 2006년에 '개별예산' 방식을 도입했다. 이 방식은 이용자가 소득에 따라 현금수당과 현물 서비스를 결합할 수 있다.

독일도 이 분야에서는 앞서갔다. 1990년대 중반부터 독일은 '의존보험' 제도를 도입하여 인구의 약 90%가 임금에 따라 보험금을 납부하고, 준공공기관이 가입자의 필요를 평가하여 보험급여를 지불한다. 이용자는 현물 서비스, 현금수당 또는 두 지원제도를 결합한 방식을 선택할 수있고 서비스 제공자 또한 선택할 수 있다. 의존보험 제도를 도입하는 법이 제정됨으로써 비영리 목적의 서비스 제공자의 독점은 끝이 났고, 영리 목적의 서비스 제공자에게도 시장이 개방되었다. 한편, 서비스 제공자를 대표하는 어소시에이션들은 공공기관이나 준공공기관과 협상하여 서비스 질과 가격을 규정하는 협약을 만들어 서비스 제공 지역 전체에 일률적으로 적용될 수 있도록 했다.

프랑스의 경우 2002년에 도département 차원의 지방정부들이 자율서비스수당APA 제도의 관리 책임을 맡게 되었다. 자율서비스수당 제도는 자율성을 상실한 노인들에게 재택서비스나 시설서비스를 제공할 수 있도록 하는 제도이다. 기존의 사회보험 제도에서는 정부의 후견 아래 어소시에이션이나 공적 기관이 서비스 제공자로서의 특혜를 누렸었다. 그런데 이 제도가 도입됨으로써 기존의 사회보험 제도를 통해 이루어지던 방식과는 달리 이용자는 다양한 선택권을 가지게 되었다. 이용자들은 어소시에이션이나 공공기관의 서비스를 이용할 수도 있고, 일반

---

34. 의존자란 노인이나 장애인 등 타인에게 의존해야 거동이 가능한 사람들을 통칭하는 용어다. - 옮긴이

영리기업을 선택할 수도 있고, 자신이 원하는 개인에게 서비스를 받을 수도 있다. 다른 나라와는 달리 프랑스의 경우 사례관리자를 두지 않고, 제3자인 전문 의료진이 서비스의 필요성을 평가하지만, 서비스 선택이나 서비스의 질에 관해서는 개입하지 않는다. 그런데 여기서 자율성을 상실한 이용자들의 합리적 선택이라는 모순된 개념을 검토해봐야 한다. 이 사람들은 제3자의 개입 없이 자신의 필요를 스스로 평가하는 데 적합하지 않은 상태이다. 그런데도 혼자서 재가도우미 서비스 제공자를 선택할 수 있고, 여러 서비스 제공자들이 공급하는 서비스의 질을 비교할 수 있다고 간주한다는 것은 모순이다.

2.2. 협약에 의한 조절

보통 후견적 조절 방식을 취하는 국가에 가해지는 비판은 서비스의 이용자와 노동자들의 말에 귀를 기울이지 않는다는 판단에 기인한다. 이런 까닭에 덜 권위적이고 덜 중앙집권적인 정부 개입 방식이 만들어졌다. 이 새로운 개입 방식은 준시장 조절 방식과도 다르다. 특정 지역에서의 협력 형태를 연구하면서 몇몇 활동 부문이 어떻게 시작되었는지 기원을 찾다 보면 공공정책이 공동생산된 사례를 찾을 수 있다. 예컨대 생태적, 사회적 문제가 공공정책이 된 데는 1960년대 이후 등장한 새로운 사회운동의 역할이 컸다. 생태주의와 페미니즘의 역할에 힘입어 각종 문제가 드러나게 되어 공공정책이 수립되었다. 세대 간의 연대나 이민자들의 사회통합, 문화 및 평생교육 또는 성평등 분야에서 어소시에이션들의 활동은 행정당국을 소환하고 공공정책을 선택하는 데 결정적인 역할을 했다.

협약에 의한 조절 방식이 공동생산이라 불리는 까닭은 어소시에이션 주체들과 정부 책임자들이 공동으로 조절의 규칙과 자금조달 기준을 마련하기 때문이다. 가드레(Gadrey, 2006)에 따르면 사회적 유용성을 민주적으로 평가하기 위해서는 이러한 방식이 필요하다고 했다.[35] 협약에 의한 조절이 이루어지려면 행정당국은 시민과의 대화에 열려 있어야 하고, 어소시에이션의 책임자들은 함께 모여 이해당사자들 간 토론을 조직하여 제도권에 전달될 수 있도록 창의력을 발휘해야 하기 때문이다.

경쟁적 조절 방식의 지배로 인해 협약에 의한 조절 방식의 길은 봉쇄되었지만 특정 부문과 지역에서 사례가 발견되기도 한다. 즉, 거시경제 차원에서 굳어진 제도 형태를 변경하는 데 기여하는 제도적 혁신은 특히 중간경제meso-economic 차원(사업 분야, 기초와 광역 수준)에서 일어난다.

협약에 의한 조절 방식의 예

프랑스의 노르빠드깔레Nord-Pas de Calais 지방에서는 1996년에 근린서비스 정책이 도입되었다. 가히 제도적 혁신이라 할 만한 이 정책은 어소시에이션들의 네트워크와 지방정부가 공동으로 수립했다. 또한 이 정책은 지방의 미래에 대하여 폭넓은 협력관계를 구축하는 '고용과 노동을 위한 광역지방 포럼' 차원에서 이루어졌는데, 이 포럼은 지방의원들, 노사 대표, 자발적인 시민들이 연구자들의 도움을 받아 토론을 벌였고, 참여 인원이 수천 명에 달했다.

이에 따라 마련된 주요 대책은 첫째, 프로젝트 수립 지원을 통한 비물질적 투자로서 사

---

35. 이 책의 4장을 참조.

업추진 주체 형성과 교육, 3년간 초기 운영 지원 등의 내용을 포함하는 '사업시도권 인정', 둘째 일자리 전문화, 여러 연합조직과 집단들의 공동활동 지원, 지역개발기금 설치, 사회혁신 지원 등의 내용을 포함하는 이미 설립된 '조직 강화'이다. 이러한 정책은 '사회연대경제를 위한 기초자치단체 네트워크RTES'가 진흥한 사회연대경제를 위한 지방정책의 원동력이 되었다. RTES는 사회연대경제를 담당하는 지방의원들이 각 지역의 실천을 서로 배우며 상호부조할 목적으로 2001년에 설립한 것으로, 2015년 현재 125개의 자치단체를 아우르고 있다.

프랑스의 부문별 상황을 보면, 예컨대 Aides와 같은 어소시에이션은 에이즈 퇴치를 위해 설립되었고, "시민으로서 또는 보건서비스의 이용자로서 에이즈 환자들에게 더 많은 권리를 부여하는 사업"을 인정하도록 하는 '보건 민주주의'를 도입하기 위해 노력했다. 이러한 과정에서 환자는 제도 개혁의 주체가 될 수 있다. Aides는 이 제도를 도입하기 위한 절차를 밟았고 2002년 3월 4일에 환자 권리와 보건체계의 품질에 관한 법이 제정되었다. 그리고 Aides는 이 보건체계에서 환자들의 대표자 역할을 할 수 있게 되었다. Aides는 '거짓 딜레마'[36](행정당국과의 관계에서 어소시에이션들은 정치적으로 이용되거나 주변화될 수밖에 없다는 논리)에 반기를 들고 오히려 '긴장 전략strategy of tension'을 사용하기를 권했다. 이 긴장 전략은 공적인 장에 참여하고, 그 장에서 법과 규칙을 변경하기 위해 항변하며 소란을 피우는 방식이다(Andréo, 2015).

문화 영역에서는 '문화단체참여 전국연맹UFISC'이 2000년에 어소시에이션에게도 상업세를 적용하려는 정부의 의사에 반해 들고 일어나 성공을 거두었다. 이 첫 성공에 이어 연맹은 공공기관과 영리기업들의 문화적 지배에 반대하는 다양한 투쟁을 벌였다. 그리하여 UFISC에 소속된 록과 재즈 분야 여러 연합조직은 6개월에 걸쳐 현대음악 포럼을 조직했다. 그 결과 2005년에 천 명 이상이 포럼에 참여했다. 또한 2006년에는 '현대음악을 위한 공공정책을 위하여'라는 제목으로 문서가 발표되어 모든 이해당사자가 서명했다. 이후 이 문서는 행정지침을 통해 "공공기관과 직업인들 간의 지역 협력을 도모"하

---

36. false dilemma : 흑백논리, 거짓 이분법(false dichotomy)이라고도 한다. 즉, 어떤 문제에 대해 마치 반대되는 두 개의 해결책만 있는 것처럼 하면서 제3의 선택지를 배제할 때 사용된다. 잘못된 흑백논리로 양자택일을 강요하는 경우이다. – 옮긴이

기 위한 "방법론적 가이드와 근거 문서"로 소개되었다. 이후 문화적 표현의 다양성 진흥에 대한 유네스코의 2005년 협약에 근거하여 이 문서는 2010년까지 "현대음악 공간의 방향성 설계"와 (비영리적, 상업적, 공적) 음악 주체들과 지자체, 국가 간의 "위계 없는 협력 절차"로 이어졌다. 2010년 이후 이 협력 절차는 약 10개 지역(샹빠뉴·아르덴, 로렌, 부르고뉴, 아끼뗀)과 도 단위에서 실현되었다. 이 협력 절차는 규격화된 음악을 피하려면 기술 관료주의적 논리에 반하여 다양성 존중과 현실의 관찰 및 해석 도구 제안이라는 문제를 조율함으로써 가능하다는 것을 보여준다(Berthelot, 2015).

3. 공공정책과 어소시에이션 : 시사점

이러한 분석을 통해 우리는 어소시에이션의 정치적 차원을 고려할 때 어소시에이션이 시민사회 안의 공적 공간이자 공공정책의 보조자로 상정하게 된다. 이 두 역할 사이를 오고가기 때문에 어소시에이션들은 좀 복잡하다. 그래서 협동조합에 비해 어소시에이션은 한편으로는 표현과 자율적인 행동을 매개하고, 다른 한편으로는 공공정책의 도구가 되는 두 경로의 교차로에 서 있다.

시민사회에 자리한 공적 공간은 사회계층과 사회집단 간의 대립과 협상이 이루어지는 곳이다. 어떤 특정한 역사적 시기에 존재하는 어소시에이션들은 문화적, 사회적, 이념적 맥락 속에 뿌리박고 있으며, 따라서 사회의 역관계와 갈등 상황을 반영한다. 또한 어소시에이션들은 행정당국과의 관계에서 자율성을 주장하면서도 동시에 복지국가의 한 주체이기를 요구한다. 이것이 어소시에이션들의 깊은 양면성이다.

3. 1. 어소시에이션들과 공공정책의 관계

요컨대 어소시에이션들의 정치적 배태성에 대해 주의 깊은 연구가 필요하다. 정치적 배태성이란 행정당국과 어소시에이션들 간의 상호작용을 뜻한다. 이 상호작용의 결과로 서로 영향을 주고받을 것이며, 그 정도와 양식은 시대에 따라 상당한 변주가 가능하다.

어소시에이션들과 행정당국의 관계는 일방적이지 않다. 사실 어소시에이션들에 대한 정부 조절양식의 분석을 빼고 어소시에이션 문제를 다룰 수 없다 하더라도, 그들이 취하는 형태는 성부의 조절양식에 의해서만 결정되는 것은 아니다. 또한 어소시에이션들이 구축한 활동 분야는 행정당국만이 홀로 만든 것도 아니다. 사실 이 활동 분야는 다양한 사회 주체들(어소시에이션 활동가, 사회복지사, 이용자 등)의 노력으로 구축되었으며, 이들은 공적 조절양식의 변화 과정에 참여했다. 따라서 어소시에이션들의 활동 분야는 공공부문이 구축한 것이 아니라 사회적 주체들의 노력과 공공정책 간의 상호작용의 결과물이다.

한편으로 어소시에이션들은 공공정책의 대상이 된다. 그래서 제도적 틀 안으로 들어가면 어느 정도는 표준화된다. 제도적 틀이란 법률 조항과 규제 조항 그리고 어소시에이션들의 활동 방식에 영향을 주는 협약과 표준 규범 등이 해당된다. 사회학적 신제도주의에 따르면 이 틀은 사회적으로 용인될 만한 것의 한계를 설정함으로써 제도적 동형화 과정을 야기한다.[37] 제도적 동형화란 어떤 조직이 동일한 환경적 조건에 처한 다른 조직들을 닮아가도록 강제하는 과정으로 정의된다(Dimaggio et Powell, 1983). 동형화는 정책이 어소시에이션의 구조에 미치는 영향으로 인하여 강제적인 성격을 가질 수 있다. 예컨대 국가가 특정한 규범 준수의 의무를 부과하는 경우 그러하다. 그런데 불확실성에 대처하기 위하여 어소시에이션들이 획일적인 해결책을 수용하는 경우에는 모방적 동형화가 일어날 수 있다. 마지막으로 규범적 동형화가 있는데, 이러한 현상은 예컨대 어소시에이션들 사이에서 직업화(전문화)의 경향성이

---

37. 지배구조에 대해 다룬 이 책의 3장 참조.

강해져서 집단적인 규범이 도입된 결과로 발생한다(Enjolras, 1996).

이러한 까닭에 후견적 조절양식이 초래하는 결과 중 하나는 행정 기술력과 직업 전문성을 갖추도록 요구된다는 점이다. 이 '활동의 포맷 작업'은 강제적 동형화의 한 유형으로서 사회적 혁신이 일어나기 어렵게 만든다. 그 결과 종국에는 행정당국과 어소시에이션의 활동은 유사해진다('비시장적 동형화').[38] 한편, 경쟁적 조절양식으로 인하여 어소시에이션들이 사실상 독점적인 지위를 누리던 영역에도 점차 상업회사와의 경쟁이 가속화되었다. 이러한 변화는 시장적 모방 동형화로 귀착될 것이며[39], 이는 관리주의로 인하여 더욱 강화될 것이다. 이 경우 어소시에이션의 활동은 공적 후견이 아니라 경영 능력에 의해 특징지어질 것이다. 또한 대기업의 기술이 이윤율 관리와 '보고'의 확산 또는 품질 인증서 등을 통해 성과를 높일 것으로 여기게 된다. 그 결과 어소시에이션 행동은 표준화되고 사회 혁신을 펼칠 여지는 줄어들 것이다.

다른 한편, 어소시에이션 주체들은 단지 '동형화의 압력'을 받을 수밖에 없도록 수립된 제도적 틀에 좌지우지되는 존재는 아니다. 그들은 숙의를 통하여 제도적 틀의 한 부분을 새로 만들고 유지하고 강화되도록 하거나 어떤 부분은 약화되도록 할 수도 있다. 로렌스와 서더비(Lawrence & Suddaby, 2006, pp. 215~254)가 1990년대와 2000년대에 발표한 문헌을 검토해보면 '제도적 기업가정신'이라는 용어가 등장했음을 알 수 있다. 이 용어는 제도의 변화와 관련한 영역에서 조직된 주체들이 기울이는 노력을 일컫는다. 이는 미시경제와 거시경제 사이의 중간지점이 제도적 활동과 기업가정신이 구현되는 공간이며, 협약에 의한 조절은 이러한 제도적 활동을 통해 얻을 수 있는 대표적인 결과이다.

---

38 연대경제에 대해 다룬 이 책 1권의 5장 참조.

39 연대경제에 대해 다룬 이 책 1권의 5장 참조.

어소시에이션들에게 주어지는 기회는 시기에 따라 달라진다. 이러한 관점에서 볼 때, 메리앙(Merrien, 1990)에 의거하여 '정상 시기'와 '위기 시기'를 구분할 필요가 있다. 정상 시기는 공공부문의 사회적 개입을 사고하는 방식을 뜻하는 사회적 패러다임이 헤게모니를 장악하는 시기이다. 예컨대 '영광의 30년'의 시기에 복지국가가 확장된 경우가 이에 해당한다. 위기 시기는, 지금 우리가 지나고 있는 시기이기도 한데, 낡은 패러다임에 근거한 대책에 의해 야기된 역효과가 빈번히 발생하는 것이 확인되어 새로운 패러다임을 추구하는 시기이다. 정상 시기에는 제도적 안정성으로 인하여 어소시에이션들의 시도가 제도화를 거치면서 사회적 관계의 전환이라는 목표를 철회하고 이미 성취한 것에 안주하는 경향이 생긴다. 이로 인하여 변화를 추구하는 프로젝트들은 진부화되어 그 의미가 퇴색되기도 한다(Lévesque et Vaillancourt, 1998). 반대로 위기 시기라고 규정할 수 있는 시기에는 이전의 공공대책 모델이 한계를 보여 새로운 패러다임을 모색하도록 한다. 이때 어소시에이션들에게 새로운 타협점을 찾는 데 참여할 기회가 열린다. 그런데 행정의 통제 양식은 적절하지도 일관성도 없다는 사실이 확인되었을 때 새로운 타협점은 두 가지 방식으로 전개될 수 있다. 첫째는 경쟁논리에 따라 공공부문도 경쟁해야 한다는 대중적 압력이 거세어지기도 하고, 둘째는 어소시에이션들과 공공정책을 공동생산하는 쪽으로 진전되기도 한다(Vaillancourt, 2015). 이렇듯 일련의 위기를 겪으면서(1960년대는 문화적 위기, 1980년대 이후는 경제적 위기) 공정무역, 대안적 소비, 경제활동을 통한 사회통합, 로컬푸드, 근린서비스, 사회적 통화, 연대금융 등 새로운 시도가 등장했다. 이러한 시도들은 경제성 있는 사회활동을 진흥하는 방식으로 지배적인 시스템에 문제를 제기한다. 베버의 용어에 따르면 경제성 있는 사회활동이란 활동을 전개하는 과정에서 경제적 측면을 고려하지만, 궁극적인 목적은 경제가 아닌 사회, 환경, 문화 등 다른 목적을 지닌 활동을 뜻한다. 이러한 활동은 공공정책과 규칙을 만드는 데 영향을 미쳐 제도를 구축하는 힘이 된다.

3. 2. 미래 시나리오

2차 세계대전 후 사회는 시장과 복지국가의 단순한 '합' 정도로 사고되어왔다. 어떤 면에서 보면 사회적경제는 시장과 복지국가라는 두 축에 붙은 다양한 구성체(협동조합, 어소시에이션, 공제조합)로 분리되어 있었다고도 할 수 있다. 협동조합은 시장에 결합되어 있고, 공제조합은 사회보험 제도의 보완 역할을, 어소시에이션은 행정당국의 서비스 제공자 역할을 했다. 특히 어소시에이션들은 사회정책에 동원되었고 시간이 지남에 따라 국가기구로의 포섭이 강화되었다. 수십 년 전부터 추진된 개혁은 국가의 재정 적자를 막기 위하여 정부의 개입을 제한하면서도 축소된 예산에 대한 의존성은 커지도록 만들었다. 왜냐하면 이 시기는 불평등과 빈곤의 심화와 같은 문제로 인해 사회적 필요가 증가했기에 어소시에이션들은 생존을 위하여 줄어드는 예산이라도 붙들 수밖에 없었기 때문이다.

미래 시나리오 중 첫째는 경쟁적 조절로 인해 열린 미래다. 물론 이러한 모델에서 영리기업을 비롯한 다른 유형의 서비스 제공자들과 더불어 어소시에이션들의 역할이 인정될 것이다. 하지만 정부 개입이 축소되는 상황에서 이들의 역할은 효율성을 도모하기 위한 차원에서 서비스 제공자로서의 기능적인 역할에 한정될 것이다. 이로 인해 비용 절감이 우선 목표가 되어 사업 평가를 통해 표준화가 이루어지고, 그 결과 어소시에이션들은 혁신적인 활동을 하거나 공익을 위해 공공부문과 공동으로 기획할 여지도 줄어들 것이다. 또한 이러한 모델에서 어소시에이션들은 일반 영리기업에 비해 경영 능력이 뒤처져 영리기업을 따라잡기 위한 기술을 도입하여 전문성을 확보함으로써 사회적 역할을 유지할 것이다. 이렇게 되면 영리기업이냐 비영리기업이냐 하는 기업의 유형은 중요하지 않게 된다. 왜냐하면 그것이 어떤 기업이든 행정당국이 만든 입찰규정서에 명시된 조건에 따라 서비스만 제공하기 때문이다. 그러므로 서비스를 제공하는 기업들이 같은 목적을 가지는지 안 가지는지는 부차적인 문제가 되고, 영리기업과 비영리기업의 경계는 점점 허물어진다. 특히 일부 지침들은 사회적 문제를 시장 방식으로 풀도록 권고하기에 이 '경계 허물기'는 더욱 강화된다. 이러한 상황에서 사회적기업가들, 대기업들, 벤처캐피탈 기업들의 네트워크는 경제적으로 생존 가능한 시장적 접근법(BOP 비즈니스, 소셜임팩트 채권, 소셜 비즈니스 등)을 통하여 사회적 도전에 대처할 능력이 있는 조직으로 소개되었다.[40] 이러한 도구들은 다 시장과 기업, 효율성과 효과성을 중요시하는 해결책을 통하여 사회의 미래에 대한 질문에 답하는 방식이다. 하지만 이러한 이념은 불평등 문제의 심각성을 방기하고, 공익과 연대를 위해 행정당국은 더 이상 중심적인 역할을 하지 않는다는 것을 드러낸다. 우리가 앞서 강조했듯이 이러한 이념은 서비스 제공자의 법적 지위는 고려하지 않고 단지 제공된 서비스만 고려할 뿐이다. 이러한 상황이 정상 상태가 되면 영리부문은 성장하고 어소시에이션들은 점차 무너질 것이다.

두 번째 시나리오는 협약에 의한 조절로 열리는 미래다. 이러한 선택지에서 사회연대경제 일반과 특히 어소시에이션들은 국가의 후퇴를 보

---

40. 사회적기업에 대해 다룬 이 책 1권의 6장 참조.

완하는 역할에 머물지 않는다. 반대로 서비스를 제공하는 노동자들의 일자리 전문성을 보장하고, 이용자들과 자원활동가들에게 더 많은 자리를 내어 주어 그들의 요구에 귀 기울이고 참여의식이 고려될 수 있도록 어소시에이션의 개입 양식을 개선하는 방향으로 공공서비스를 촉구한다. 하지만 이러한 사회적, 경제적 전환은 그냥 도래하지 않는다. 우선 사회의 주체들이 스스로를 공공 대책과 공공 영역의 참여자로 인식해야 할 것이다. 또한 시장 자본주의와 비시장적 국가주의를 앞세우며 경제와 사회를 분리하는 '제도적 구성'을 뛰어넘을 생각이 있어야 한다. 어소시에이션들은 경제활동을 하지만 단순한 기업이 아니다. 어소시에이션들은 표현의 장이다. 이러한 정책적, 정치적 차원을 종종 잊어버리곤 하는데, 이것을 인식할 때 어소시에이션들은 행정당국과의 대화에 참여하기 위한 포럼과 공간을 열어 정책적, 정치적 차원을 당당하게 요구할 수 있을 것이다. 공공정책은 정상에서만 만들어지지 않는다. 그것은 시민사회와 때로는 갈등을 일으키며, 때로는 건설적인 대화를 통해 만들어진다. 그 모든 경험이 뒷받침되어 공공정책을 공동생산하는 방향으로 나갈 수 있을 것이다.

이에 더하여, 사회연대경제의 법적 지위가 온전한 민주적 운영을 보장하지 않는다는 점을 인식해야 한다. 법적인 지위는 필요조건이지 충분조건은 아니다. 사회연대경제의 민주적 생명력은 실천과 숙의를 잘 조절하는 능력에 달려있다. 어소시에이션들이 고유한 특성을 유지하려면 이러한 방향성 속에서 회원들의 '실천력'을 높이고 결집하여 행정당국과 새로운 대화를 만들기 위해 힘차게 목소리를 내야 한다. 어소시에이션들이 목소리를 낼 때 공적인 책임자들에게 불안한 민주주의에 대한 책임을 물어 답을 얻을 수 있을 것이다. 앞서 언급했듯이, 시민사회와 함께 공공정책을 공동생산한다는 이 두 번째 시나리오에서 어소시에이션들은 단지 서비스 생산에만 관여하는 것이 아니다. 그들은 목표 설정, 이 목표를 달성하는 데 적합한 조절 방식, 적절한 재정, 서비스 제공 주체들 각각의 책임 분담, 평가 방식 등의 모든 영역에서 정책과 관련한 모든 문제에 관여한다. 그러므로 두 번째 시나리오는 '참여 개혁' 또는 '공익을 달성하기 위한 목표를 가지고 사회 모든 분야의 자원을 동원하는 능력을 가진 국가의 힘'을 전제한다(Pierre, 2005).

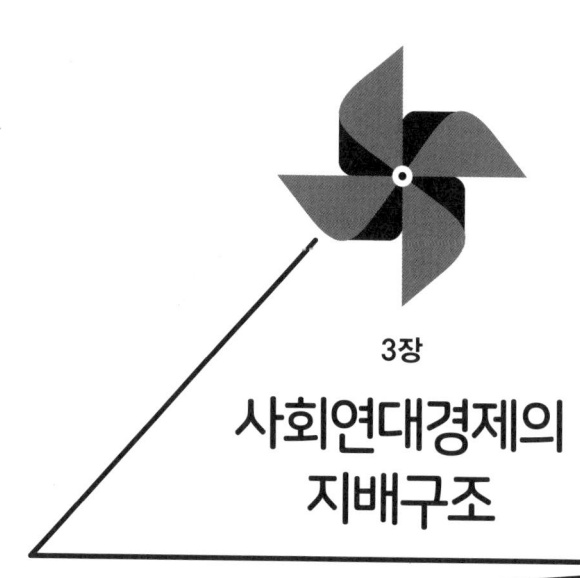

3장

사회연대경제의
지배구조

프란체스카 뻬트렐라 지음 | 엄형식 옮김

1. 사회연대경제 조직의 소유
: 기업에 대한 신제도주의 이론의 기여와 한계

2. 사회연대경제 조직 지배구조 관련
확장된 접근법

서론

　조직의 지배구조에 대한 논의는 새로운 것이 아니다. 지배구조 개념은 지난 20여 년 동안 다시 관심을 받아왔지만, 보다 긴 역사적 관점에서 보면 기업의 개념 자체와 연결될 수 있다. 실제로 이 개념은 1930년대 베를르Berle와 민스Means가 분석한 것과 같이 기업에 대한 권리를 보유한 사람들과 기업의 목적을 수행하면서 급여를 받는 임원들 사이에 구분이 존재하는 상황에서 그 기원을 찾는다(Pérez, 2009). 기업의 지배구조는 경제의 세계화와 대기업 그룹들이 등장하는 시기에 진행된 토론에서 다시 대두되었다. 대기업 그룹에 관련된 토론은 최대한의 재무적 투명성과 임원, 특히 이들의 보상에 대한 통제 강화를 추구하는 것에 관련된 쟁점을 가지고 있었다. 이러한 방향의 토론은 프랑스에서 기업 지배구조와 관련한 모범적 실천 규칙의 발전과 광범위한 전파를 가져왔다(Wirtz, 2008). 이는 1990년대 지배구조 관련 몇몇 모범적 실천 규칙들이 만들어진 영국의 경우도 마찬가지다(Spear et al., 2007).

　지배구조 개념은 먼저 민간 영리기업 영역에서 등장했지만 (Charreaux, 1997), 이는 곧 국가적 차원으로 확대되었다(Gaudin, 2002; Le Galès, 1998). 국가의 지배구조 문제는 세계은행이나 국제통화기금과 같은 국제기구들이 남반구 국가들에 부과한 구조조정 정책을 통해 한 국가의 "좋은 지배구조"에 대한 규범적 접근을 전파하면서 등장했다. 오늘날 북반구 국가들도 이용하고 있는 지배구조 개념은 공공정책 개발과 실행에 있어서 다양한 공적 행위자들과 민간 행위자들 사이의 상호작용을 가리키고 있다(Le Galès, 1998).

사회연대경제 역시 이러한 전개와 무관하지 않다. 가령 민간단체를 위한 지배구조의 모범적 실천 규칙들이 노입되었는데, 프랑스에서는 사회연대경제와 관련한 2014년 7월 법에서 명시한 것처럼, "사회연대경제 기업들의 모범적 실천을 지속적으로 향상시키기 위한 조건들"을 정의하는 안내서가 2016년 6월 사회연대경제 고등평의회Conseil supérieur de l'ESS에 의해 채택되었다. 이 모범적 실천들은 다음과 같다.

> 1° 민주적 지배구조의 실질적 방법 2° 기업 전략 도출에서의 협의 3° 경제 활동과 고용의 지역화 4° 임금정책과 사회적 귀감, 직업훈련, 의무적 연간 협상, 작업장에서의 보건과 안전, 고용의 질 5° 이용자들과의 관계 및 충족되지 않는 필요에 대한 응답 6° 다양성, 차별 반대, 직장에서 평등 및 선출직 임원에서 여성과 남성 사이의 실질적 평등 등에 관련된 기업의 상황.
>
> – 안내서, p. 2[41]

이러한 과정들은 사회연대경제 조직들의 제도적 환경에서 이루어진 중요한 변화를 시사한다. 사회연대경제 조직들은 점점 더 민간 영리기업들과 경쟁하고 있으며, 계약화 논리[42] 및 평가 지표[43]에 종속되고 있다. 또한 이들은 규모의 경제에 따른 이득을 얻기 위해 일부 서비스를 상호 공유하거나 그룹을 구성하게 된다. 이러한 전개 방향은 대부분의 조직에서 중심이 되고 있는 경영 및 경제 논리와 사회적, 정치적, 운동

---

41. 이 안내서는 온라인으로 다운받을 수 있다. http://www.esspace.fr/gouvernance.html

42. 공공정책에 대해 다룬 이 책 2장 참조.

43. 사회연대경제 조직의 성과 평가에 대해 다룬 이 책 4장 참조.

적 논리 사이의 균형을 약화시킨다. 지배구조에 대한 쟁점들은 이러한 맥락에서 중요해진다. 빠르게 발전하고 있고, 경제적 목적과 사회적(사회구조적) 목적을 결합하고자 하는 다양한 사회적기업[44]들도 지배구조의 관점에서 검토할 가치가 있다. 실제로 사회적기업의 일부가 경제적 민주주의 추구를 늘 강조하는 사회연대경제의 전통에 주요하게 서 있다면, 다른 사회적기업들은 지배구조 문제가 다른 방향으로 전개되고 있는 민간 영리기업 영역에 뿌리를 두고 있다.

오늘날 지배구조에 대한 여러 가지 개념 정의가 공존하고 있으며, 각각의 정의는 이 개념의 다른 차원을 강조한다. 샤로(Charreaux, 1997)의 개념 정의가 참조로서 종종 인용되는데, 그에 따르면 지배구조는 "임원들의 권력을 제한하고 결정에 영향을 미치는, 다시 말해 임원들의 행동을 '다스리고' 그들의 재량 영역을 규정하는 메커니즘 전반을" 가리킨다(재인용 Wirtz, 2008, p. 9). 이러한 개념 정의가 지배구조의 규율적 차원에 강조를 둔다면, 다른 개념 정의는 보다 포괄적인 비전을 지닌다. 페레스에 따르면, 지배구조는 "한 기업의 (또는 한 조직의) 임원들과 해당 조직과 관련이 있는, 우선적으로 해당 조직에 대한 '합법적 권리'를 보유하고 있는 이해당사자들 사이의 관계를 다루는 제도적 및 실천적 장치들을 가리킨다"(Pérez, 2009, p. 23). 임원의 권력을 규정하고 통제하는 것을 강조하는 것 외에, 이러한 개념 정의는 지배구조를 조직의 다양한 이해당사자들 사이의 관계를 관리하는 것으로 넓히고 있다.

사회연대경제 영역에서의 개념 정의들은 조직 및 프로젝트의 방향과 경영 사이의 일관성을 강조한다. 콘포스(Conforth, 2004)는 지배구조를 "조직의 방향, 감독, 책임accountability을 보장하는 구조와 시스템, 과정"

---

44. 사회적기업에 대해 다룬 이 책 1권 6장 참조.

전반으로 정의한다. 민간단체들의 경우, 오아로와 라빌은 지배구조를 "조직의 작동과 조직이 수행하는 사회적 프로젝트 사이의 일관성을 가능케 하는 메커니즘 전반"으로 정의한다(Hoarau and Laville, 2008, p. 258). 이 개념 정의들은 지배구조 개념에 총회나 이사회 같은 기관들의 구성과 작동뿐만 아니라 의사결정 참여, 통제, 검사, 평가 등에 관련된 다양한 장치들을 공통적으로 포괄하고 있다.

지배구조에 대한 경제적 유형 분석 대부분은 (사회연대경제 조직들의 상황을 완벽하게 설명해주지는 못하는) 기업이론의 선구적 작업들에 뿌리를 두고 있다(Meier and Schier, 2008). 따라서 이 장의 첫 번째 부분에서는 이들 초기 작업들에서 출발해 사회연대경제 조직들의 소유권이 갖는 특수성을 분석할 것이다. 이 이론들은 시장에서의 교환을 대신하는 기업의 등장을 설명할 뿐만 아니라 기업들이 채택한 소유권 형태를 설명하는 도구들을 제공한다는 점에서 우리의 흥미를 끈다. 이 첫 번째 부분에서 우리는 사회연대경제 조직들의 소유권이 어떠한 점에서 민간 영리기업의 소유권과 구분되는지 검토할 것이다.

두 번째 부분에서는 사회연대경제 조직들의 지배구조 메커니즘 문제를 광범위하게 심화시키기 위해 소유권 형태에 대한 분석을 넘어설 것이다. 조직은 자신의 활동과 사명 사이의 일관성을 보장하기 위해 이런저런 방식으로 공식화된 다양한 메커니즘을 도입한다. 이 두 번째 부분에서는 우선 이사회의 역할에 중점을 둔 분석을 소개하고, 다음으로 사회연대경제 조직들이 채택하는 다양한 지배구조 메커니즘에 대한 분석으로 확대할 것이다. 이들 지배구조 메커니즘은 의사결정 과정, 노동통제 방법, 위원회 또는 작업그룹 구성, 단체협상과 직원들의 참여 조직화, 성과표와 성과지표 채택, 임금정책 등을 포함한다. 결론으로서 우리는 사회연대경제 조직들의 지배구조에 관련된 현행 주요 쟁점을 살펴볼 것이다.

1. 사회연대경제 조직의 소유
: 기업에 대한 신제도주의 이론의 기여와 한계

사회연대경제 조직들은 먼저 첫 번째 목적이 이윤의 극대화가 아니라 (상호이익이라는 관점에서) 구성원들이나 (집합이익 또는 공익의 관점에서) 지역사회에 대한 서비스라는 특징을 가진다. 또한 사회연대경제 조직들은 '1인 1표' 원칙에 기반한 민주적 기능을 통해 자본주의 기업과 구분된다. 사회연대경제에서 의사결정권은 보유한 자본에 비례하지 않는다.[45] 따라서 우리는 사회연대경제 조직들의 소유 형태가 자본주의 기업들의 그것과 다르다고 가정할 수 있다. 투자자가 아니라면 어떤 이해당사자들이 사회연대경제 조직의 소유자인가? 여기서 이해당사자란 "조직의 목적을 실현함으로써 영향을 미치거나 영향을 받을 수 있는 모든 사람들이나 집단들"을 뜻한다(Freeman, 1984, p. 46). 가령, 민간단체의 경우 이사회는 활동의 수혜자, 지역주민, 프로젝트를 지원하는 사회적 주체들로 구성될 수 있다. 협동조합의 경우 조합원들은 직원 또는 소비자 등일 수 있다. 자신들이 투자한 자본의 수익성을 염려하는 주주들이 없음에도 민간단체와 협동조합은 어떠한 의미에서 효과적인 장치로 간주될 수 있을까? 이 질문들에 답하기 위해 우리는 기업에 대한 신제도주의 경제학 이론의 유산에서 출발하여 비영리조직에 대한 다른 이

---

45. 사회적경제에 대해 다룬 이 책 1권의 1장 참조.

론적 분석으로 확장하고자 한다. 우리의 답변을 완결 짓기 위해 이 장의 두 번째 부분에서는 다른 전공학문, 특히 사회학과 심리학, 경영학의 관련 연구를 살펴볼 것이다.

1. 1. 거래비용 접근법의 유산: 사회연대경제 조직, 효과적인 제도적 장치인가?

에마르-뒤베르네(Eymard-Duvernay, 2004)가 지적했듯이, "역설적으로 경제학 이론에는 기업의 자리가 거의 없다." 실제로 신고전주의 경제학의 분석은 오랫동안 시장과 소비자의 행동에 대한 분석에 초점을 맞추어 왔으며, 기업은 생산 기능의 제약 속에서 이윤을 극대화하는 기능이라는 매우 단순한 설명으로 제한되어 왔다. 조직은 일반적으로 집합적 실체가 아닌 개별 행위자로 간주되었다. 조직은 이윤의 극대화, 즉 재무적 투자에 대한 수익이라는 동일한 목적을 추구하는 것으로 전제된다. 표준적 신고전주의 접근에서 한 조직 내부의 다양한 행위 주체들 사이의 상호작용 전반은 그 자체로 항상 연구의 대상이 되지 않았던 블랙박스의 일부분이었다. 그러나 조직 내부에서 발생하는 일이 조직 성과에 핵심적 임팩트를 만든다는 점에서 역설이 존재한다. 경제학 이론의 최근 발전은 조직을 행위 주체들 사이에서 조율이 이루어지는 장소, 즉 인센티브, 정보, 협상, 협력 시스템으로서 조직을 검토하게 해준다. 이에 따르면 조직 성과에 영향을 미치는 것은 행위 주체들이 상호작용하는 방식이다.

코즈(Coase, 1937)는 시장에서의 거래가 비용을 유발하는데, 이 비용은 기업을 설립함으로써 줄일 수 있다는 사실을 처음으로 주장하였다.

어떤 거래들은 가격 결정, 파트너 물색, 협상과 계약의 체결이라는 점에서 상당한 비용을 발생시킨다. 계약이 한 번 체결되면 거래는 다른 비용, 특히 계약의 올바른 집행을 보장하기 위해 거래에 관련된 당사자들에 대한 검사와 통제 비용을 발생시킨다. 코즈(Coase, 1937)에 따르면, 기업가들이 자원 조율을 수행하는 조직을 설립함으로써 거래 전후에 발생하는 이 비용들이 줄어들 수 있다.

윌리엄슨(Williamson, 1975, 1985, 1996)은 비용을 발생시키는 시장 거래들의 성격을 확인하면서 이러한 접근법을 상당한 정도로 발전시켰다. 그는 맞춤형 계약, 장기 계약, 하청, 수직 통합 등 거래비용을 줄이거나 피할 수 있는 다양한 제도적 형태에 대한 분석을 제안한다. 그는 특정한 투자가 요구되는 거래의 경우, 즉 지리적 입지에 관련되거나 물적 또는 인적 자산의 취득과 같이 다른 곳에서 재현될 수 없는 거래에 등장할 수 있는 기회주의적 행동의 리스크에 대해 특별하게 강조한다. 이 경우에 리스크는 투자한 기업이 볼모로 잡히고, 관계에 갇혀버리며, 계약 후에 발생하는 기회주의적 행동의 피해자가 됨으로써 거래조건의 악화를 받아들이게 강제된다는 것이다(윌리엄슨이 "억류hold-up"라는 표현으로 가리키는 상황이다).

윌리엄슨의 분석이 자본주의 기업에 집중하고 있다면, 다른 저자들은 일부 거래비용을 줄여주는 조직 형태로서 민간단체[46]에 이 이론을 적용했다. 이런 방식으로 신뢰이론은 특정 상황에서는 비영리적 분배 제약 때문에 민간단체들이 영리기업들보다 효과적이 된다고 제시한다. 신뢰이론에 따르면 (가령 돌봄 공급자와 취약한 상태의 이용자들 사이, 또는 기부자와 수혜를 받는 조직들 사이에 발생하는) 불완전 정보 상황에서 비영리조

---

46. 민간단체에 대해 다룬 이 책 1권의 3장 참조.

직들은 정보를 덜 가진 측을 희생시키는 기회주의적 행동의 가능성을 줄이고 거래에 관련된 이해당사자들 사이에서 신뢰를 만들어낼 수 있다. 이 장 뒷부분에서 살펴볼 특정 상황에서는 정보에 취약한 위치에 있는 이해당사자들이 거래비용을 줄이기 위해, 가령 기부자들이 비정부단체 이사회의 구성원이 되는 것처럼 민간단체의 구성원이 되기도 한다. 신뢰이론은 또한 사회연대경제 조직에서 직원들이 의사결정이나 조직 경영에 참여함으로써 어떻게 동기부여 비용을 회피하거나 줄일수 있는지 이해하기 위해 동원될 수 있다(아래 참조).

1.2. 소유권과 사회연대경제 조직

소유권 이론은 코즈와 윌리엄슨이 수행한 분석의 연장선에 있다. 코즈와 윌리엄슨의 분석에 따르면 기업들이 특정한 경우에 거래비용을 줄일 수 있다고 할 때, 소유권 이론은 이 분석에 조직 구조가 소유권을 보유한 이해당사자 유형에 따라 구별된다는 사실을 새로운 요소로서 덧붙인다. 또한 소유권 이론은 소유의 변동이 서로 다른 이해당사자들의 행동에 미치는 결과를 분석할 수 있게 해준다.

1.2.1. 재산권에 대한 주류 접근

오늘날 소유는 일반적으로 잔여통제권과 잔여수익권이라는 두 가지 (공식적) 권리의 보유를 통해 정의된다(Holmstrom and Tirole, 1989;

Milgrom and Roberts, 1992; Hansmann, 1996; Grossman and Hart, 1986).[47] '잔여적 권리'라 함은 사전에 계약에 의해 부여되어 있지 않은 권리들을 의미한다. 즉 잔여수익은 재무적 약속들 전반이 모두 이행된 이후 남은 재무적 잉여로 구성된다. 잔여통제권은 다른 이해당사자(특히 기업의 경영진)에게 법이나 계약에 의해 부여되지 않은 통제권을 의미한다. 잔여통제권은 이사로 선출될 수 있는 권리 또는 제3자에게 기업을 양도하거나 기업을 해산하는 것과 같은 중요한 결정에 국한될 수 있다.

소유권의 이러한 경제적 개념에는 종종 두 가지 귀결이 따르게 된다. 첫째, 소유권 시스템이 인센티브를 부여하는 힘을 갖기 위해서는 잔여수익권과 잔여통제권이 늘 맞물려 있어야 한다. 실제로 이러한 관점에 따르면, 통제권을 가지고 있는 사람들이 잔여수익에 대해 어떠한 권리도 가지고 있지 않으면, 이들은 잔여수익을 극대화하기 위해 통제권을 이용하려는 인센티브를 거의 갖지 않을 것이다. 둘째, 일반적으로 투자자들(종종 주주들)이 기업의 소유주라고 가정된다. 고전적인 자본주의 기업이란 투자자-소유자에게 배당의 형태로 분배되는 재무적 순잉여를 극대화하기 위해 만들어졌기 때문이다.[48]

1.2.2. 누가 사회연대경제 조직들의 소유자인가?

먼저 비영리 민간조직을 살펴보고, 다음으로 협동조합에 대해 살펴

---

47. 소유가 언제나 이 두 권리의 결합으로 정의되는 것은 아니었다. 재산권에 대한 초기 이론들은 잔여수익권으로서의 소유에 대해 관심을 가졌다. 소유자는 단순히 '잔여청구권자', 즉 잔여수익에 대한 자신의 권리를 요구할 수 있는 사람을 가리키는 것이었다(De Alessi, 1983; Fama and Jensen, 1983b).

48. 이 개념화는 오늘날 일정한 비판을 받고 있다. 이와 관련해서는 베르나르댕 칼리지(Collège des Bernardins)에서 진행된 연구작업들을 참조(Favereau and Roger, 2015; Ségrestin and Hatchuel, 2012).

보자.

비영리 민간조직에서는 임원이나 회원 등 통제권을 보유하고 있는 사람들에게 순잉여를 분배해줄 수 없다는 점에서 어느 누구도 잔여수익을 전유할 권리를 갖지 않는다. 이러한 성격 때문에 일부 저자들은 "비영리조직은 소유자가 없다"고 언급하기도 한다(Glaeser, 2003, p. 1). 또한 다른 저자들은 고전적 잔여청구권자, 즉 주주가 없는 비영리 민간조직의 지배구조에서는 인센티브 메커니즘이 없거나 약하다고 강조한다(Alchian and Demsetz, 1972; Steinberg, 2006).

이러한 견해는 세 가지 이유에서 환원적으로 보인다.

먼저, 이윤비분배 제약으로 비영리 민간조직을 정의하는 '고전적인' 제도적 접근은 잔여통제권의 할당이라는 중심적 문제를 간과한다(Bacchiega and Borzaga, 2003). 이 조직들은 일련의 자산들로 구성되는데, 이에 대한 (이사회 성원을 선출하는 권리와 같은) 잔여통제권이 하나 또는 여러 행위 주체들에게 부여된다(Hart, 1990). 이때 우리는 모든 잠재적 수익이나 미래 서비스를 가리키기 위해 넓은 의미의 자산 개념을 사용한다.

다음으로 파마와 젠슨(Fama and Jensen, 1983b)이 제안하는 것처럼, 조직에서 통제력을 보유한 이해당사자들이 잔여수익을 조직에 재투자한다는 사명을 집합적으로 가지고 있다고 간주하자. 이 저자들에 따르면, 엄격한 의미에서 잔여청구권자가 없더라도 누군가는 잔여 리스크를 감수한다고 볼 수 있다. 재무적 잉여가 발생할 때 새로운 생산물의 개발, 가격 인하, 임금 인상 등을 위해 이용될 수 있다. 따라서 소비자나 직원들이 이 리스크를 감당한다고 할 수 있다. 이처럼 비영리조직에서 재무적 순잉여의 개별적 배분이 금지되어 있다 하더라도 잔여수익의 할당은 이루어지게 되는 것이다. 윌리엄슨(Williamson, 1983)은 이 논점을 연장시킨다. 즉 비영리 민간조직의 수혜자들은 조직이 잘못 운영되면 가장 많이 손해를 볼 리스크를 가지고 있다. 따라서 그는 수혜자들이 비영리 민간조직에서 '잔여청구권자' 지위를 가지고 있으며, 이사회에 대한 그들의 참가는 이 명분으로 정당화될 수 있다고 본다.

이 논거는 기(Gui, 1991)의 '수혜자 범주' 개념과도 연결된다. 기는 수혜자 범주가 실재적으로 잠재적인 재무 잉여에 대한 권리를 갖는 이해당사자들, 즉 사회적 사명이 대상으로 삼는 이해당사자 집단으로 구성된다고 한다. 예를 들어, 사회서비스를 제공하는 민간단체의 서비스 이용자들, 경제활동을 통한 노동통합 사회적기업에서의 노동자들, 또는 스포츠 클럽에서의 회원들이 이 경우이다. 결국, 집합적으로 할당된 잔여수익은 다양한 형태의 '수혜자 범주'에게 돌아온다(Nyssens and Petrella, 2009).

끝으로, 이윤비분배 제약만으로 비영리 민간단체를 특징짓는 것은 이 분야에서 증가하는 다양성을 설명해주지 못한다. 잔여통제권과 잔여수익권의 할당에 대해 관심을 갖는 것은, 이 권리들이 투자된 자본이나 개별 분배 수익에 연결되지 않음에도 불구하고, 소유권을 가지고 있는 이해당사자 유형에 따라, 그리고 이들 이해당사자들이 집합적으로 결정한 잔여수익의 할당 유형에 따라 비영리 민간조직들의 다양성을 보다 잘 이해할 수 있게 해준다.

지금까지 살펴본 모든 이유들을 통해 우리는 총회의 성원이거나 이사회에서 자리를 가지고 있는 이해당사자들이 잔여통제권을 소유하고, 조직의 사명에 부합하도록 잔여수익 할당을 집합적으로 결정하는 책임을 진다는 점에서 비영리 민간조직들도 소유자를 지니고 있다고 볼 수 있다(Petrella, 2003).

협동조합의 경우[49] 소유권은 협동조합의 출자 지분을 가진 조합원들에게 속한다. 이중지위 원칙에 따르면(Fauquet, 1935; Draperi, 2006), 조합원들은 소유자인 동시에 협동조합 활동의 수혜자라는 의미에서 이용자이다. 그들은 잔여통제권과 잔여수익권을 가지고 있지만, 소유권은 완화된 성격을 갖는다(Ory et al., 2006, p. 126). 잔여통제권의 관점에서 보면, '1인 1표' 원칙이 적용된다. 달리 말하자면, 조합원의 통제권은 보유한 자본에 비례하지 않는다. 잔여수익권에 관련하여 보면, 협동조합은 수익의 일부를 대부분 기간 동안 분배할 수 없는 적립금에 넣는다. 이 적립금은 협동조합의 집합적 자산이다. 한편 수익의 단지 일부만이 조합원들에게 분배될 수 있다. 더욱이 협동조합 출자금은 기명의 성격을 가지고 있으며 주식시장에서 팔릴 수 없고 법과 협동조합 정관에서 정한 조건을 통해서만 양도되거나 이전될 수 있다. 일반적으로 출자금에 대한 보상은 법에 의해 최고 한도가 정해진다. 이처럼 협동조합의 경우 민주적 지배구조와 집합적 자산 구성을 위해 완화된 형태이기는 하지만 개별적 소유와 소유자들이 존재한다.[50]

이러한 소유권 관련 접근은 기(Gui, 1991)의 선구적 작업들을 따라 사회연대경제 조직들을 투자자가 수혜자 범주가 되지 않고, 공공기관이 소유주의 다수를 점하지 않는 조직 전반으로 정의하게 해준다.

이 접근법은 소유의 다양한 형태를 검토할 수 있게 해주는 반면, 왜

---

49. 협동조합에 대해 다룬 이 책 1권의 2장을 참조.

50. 이러한 여러 특성들은 협동조합 정관을 규정하는 법에 의해(프랑스의 경우), 또는 인증기관의 인증에 의해(벨기에의 경우) 인정된다. 벨기에에서 협동조합의 법적 지위는 까다롭지 않으며, 이에 협동조합 전통을 따르기를 원하는 협동조합들은 협동조합 평의회의 성원이 되기 위해 경제 담당 부처로부터 인증을 받거나, 사회적 목적 협동조합 지위를 채택할 수 있다(협동조합 관련 이 책 1권의 2장 참조). (이러한 벨기에 상황은 2019년에 도입되어 2024년부터 전면 실행되는 새로운 협동조합 법적 지위에 의해 변화되었다. 새로운 협동조합 법적 지위는 협동조합 전통에서 요구하는 성격들을 충족하도록 규정하고 있다-옮긴이) 프랑스에서는 협동조합들이 법적 의무 사항 이외에도 협동조합적 운영의 현실에 대해 상세한 방식으로 검토를 받기 위해 최소 5년에 한 번씩 관리감독이 진행된다(사회연대경제 관련 2014년 7월 법).

다른 것이 아닌 특정한 소유 형태(주식회사, 민간단체, 협동조합 등)가 선택되는지는 설명하지 않는다.

1.2.3. 어떤 유형의 이해당사자들에게 소유권이 할당되는가?

코즈의 유명한 정리(Coase, 1960)에 따르면, 소유권이 잘못 정의되었을 때(예를 들어, 명료하게 할당되지 않거나 양도가 가능하지 않을 때) 또는 정보비용이 높아서 더 큰 거래비용을 발생시킬 때, 소유권을 특정 유형의 이해당사자들에게 할당하는 것은 자원배분 효율성에 임팩트를 줄 수 있다. 달리 말해, 소유 형태가 기업이 생산한 부와 이렇게 만들어진 가치를 분배하는 것에 영향을 미친다는 것이다. 한편 소유권에 대한 접근은 소유에 관련된 수익과 비용에 대한 결과를 분석할 수 있게 해준다.

이러한 이론들에 기반하면, 사회연대경제가 효과적인 조직 형태가 되기 위해서 누구에게 소유권이 부여되어야 하는지 궁금해진다.

벤너와 반 후미센(Ben-Ner and Van Hoomissen, 1991)은 '수요' 차원에서의 이해당사자, 즉 서비스 공급에 관심을 갖는 이해당사자들이 시장에서는 취약한 위치에 있지만 그들이 취할 수 있는 순수익이 긍정적일 때 비영리조직을 만들 수 있다고 보았다. 소유자가 되는 것은 품질에 대한 평가가 어려운 재화와 서비스의 공급에서 공급자의 기회주의적 행위라는 리스크를 줄일 수 있지만, 반면 소유에 관련된 비용을 발생시킨다. 이때 이들 이해당사자들은 비영리 형태를 선택하게 되는데, 그들의 주요한 동기부여가 화폐 형태의 잉여를 전유하는 것이 아닌 양질의 서비스를 얻는 것에 있기 때문이다.

여러 유형의 '수요'측 이해당사자들이 비영리조직을 설립하는 데 이해관계를 가질 수 있다. 이용자들과 직원들은 생산물의 품질에 각별히 관심을 가질 수 있지만, 또한 일부 공권력이나 민간 기부자들도 그러할 수 있다. 여기서 벤너와 반 후미센은 제공되는 재화와 서비스에 대한 '집합적' 이해관계를 포함하는, 수요에 대한 상당히 넓은 개념화를 채택하였다. 어린이집의 사례를 예로 들어보자. 부모들이 돌봄의 품질에 대해 일정한 유형적 차원(음식, 청결, 장소, 돌봄 횟수 등) 이상을 평가하기 어려울 때, 어떤 부모들은 공동육아 어린이집과 같이 어린이집을 직접 만들 수도 있고, 기존 어린이집의 이사회에 참여할 수도 있다. 이를 통해 그들은 보다 쉽게 돌봄의 품질을 통제할 수 있다.

이러한 관점에서 서비스 생산 중 이용자들에게 특별한 위치를 부여하는 서비스의 공동생산에 대한 연구를 살펴보자(Verschuere et al., 2012; Brandsen and Pestoff, 2009; Pestoff, 2009). 공동생산이라 함은 시민들(이용자들)이 일정한 재화와 서비스의 생산에 참여한다는 것을 의미한다. 적어도 이론적으로 보면 공동생산은 서비스의 공급을 이용자의 필요에 더욱 잘 적응할 수 있게 해주며, 일반적으로 생산에 참여한다는 사실 자체로부터 만족을 높이게 된다. 또한 시민(또는 이용자)의 관여는 민주적 운영과 투명성을 향상시킨다(Verschuere et al., 2012). 그러나 서비스 생산에 이용자들을 관여시키는 것은 이용자들이 조직 경영에 참여하거나 조직 의사결정 단위에 참가한다는 것을 (즉 '소유자'가 되는 것을) 반드시 의미하는 것은 아니다. 따라서 공동생산은 서비스의 공급에 시민이나 이용자가 협동하도록 하는 다양한 방식들을 가리킨다.

한스만(Hansmann, 1996)은 벤너와 반 후미센의 논리를 연장시켰다. 그는 소비자, 노동자, 공급자 등 서로 다른 이해당사자들에게 소유권을 할당하는 것에 따른 기업의 다양성(민간단체, 노동자협동조합, 이용자협동조합, 은행협동조합…)에 대한 근거들을 체계적인 방식으로 분석했다. 거래 비용 접근법을 채택하면서 한스만은 시장에서 이루어지는 계약 체결에 따르는 비용(예를 들어, 불완전 정보 상황에서 시장을 통해 생산물의 품질이나 가격에 대한 정보를 찾는 비용, 또는 거래에 관련된 특정한 투자를 해야 할 때 기회주의 리스크에 대비하기 위한 계약을 협상하고 만들기 위한 비용)과 소유에 관련된 기회비용(집합적 의사결정을 위한 비용, 통제 및 결과에 대한 리스크를 부담하는 비용)이라는 두 가지 유형의 거래비용을 구별한다. 시장에서 계약을 체결하는 데 드는 비용이 한 유형의 이해당사자에게 너무 높은 상황에서(가령, 이용자들이 구입하기를 바라는 생산물의 품질에 관련한 불완전 정보 상황) 이 이해당사자는 소유에 관련된 거래비용으로 자신이 부담해야 할 비용이 상승하더라도 이를 통해 시장에서의 계약 체결로 인한 비용을 충분히 줄일 수 있다면 기업의 통제를 감당하려고 할 것이다. 달리 말하면, 이 이해당사자가 조직의 통제를 취하기 위해서는 그가 얻는 이익이 있어야 하는 것이다. 우세한 소유 형태는 이해당사자 전체에게 시장에서의 계약 체결에 따른 비용과 소유에 따르는 비용의 합을 최소화하는 것이 될 것이다.[51]

이 다양한 분석들은 사회연대경제 조직들이 어떤 경우에는 여러 이해당사자들 사이의 갈등을 줄일 수 있고, 다른 소유 형태보다 더 지속가능한 소유 형태를 채택하고 있음을 보여준다. 이는 명료하게 정의된 잔여청구권자가 없는 상황에서 사회연대경제 조직들이 효과적으로 생산하기 위해 필요한 인센티브가 없다고 하는 고전주의 경제학의 접근을 반박하고 있다(Alchian and Demsetz, 1972).

여기서 공유자원의 지배구조에 대한 엘리너 오스트롬Elinor Ostrom의 작업들과 흥미로운 대조를 찾을 수 있다. 오스트롬은 공유자원을 관리할 때 전적으로 민간이거나 전적으로 공적인 해법들보다 어느 정도 혼합

---

51. 협동조합에 대해 다룬 이 책 1권의 2장을 참조.

된 성격의 해법들이 더 효과적임을 보여준다(Ostrom, 2010). 전 세계에 걸친 100여 개 사례연구를 기반으로 개인들이 자원을 지속 가능한 방식으로 관리하기 위해 스스로를 조직하는 능력을 가지고 있음을 입증하였다(아래의 '공유자원의 지배구조'를 참조). 사회연대경제에 대한 연구와 엘리너 오스트롬이 수행한 공유자원에 대한 연구는 공통적으로 순전히 민간이거나 공적인 해법들이 가지고 있는 제약에 맞서 제도적 생태 다양성을 인정받도록 하는 데 기여하고 있다.

공유자원의 지배구조 : 사회연대경제와의 대화

공공재와 사유재 사이 : 상호이익 또는 일반이익?

오스트롬이 연구한 공유자원들common pool resources은 총량은 제한되어 있지만 수혜자들의 접근을 배제하기 쉽지 않다. 즉 물, 숲 또는 바다의 어류처럼 이들에 대한 소비는 경쟁적 성격을 띤다. 문제는 각 개인이 자원 이용으로 인한 비용을 집단에 돌리면서 개별적 이용을 극대화하는 방식으로 자원을 이용하는 초과이용의 상황이다. 오스트롬의 분석은 개인들이 이 "공유지의 비극"을 벗어나 자원을 지속적으로 관리하기 위해 스스로를 집합적으로 조직하는 능력을 가지고 있음을 보여준다.

사회연대경제 조직들의 생산물은 많은 경우 어린이 보육, 경제활동을 통한 노동통합, 로컬푸드, 연대금융 등 '준집합적' 재화와 서비스로 규정될 수 있다. 이 활동들은 이용자들에 대한 직접적 혜택 이외에도 사회공동체 전반을 위한 혜택을 만들어낸다(노동시장의 더 나은 작동, 사회적 통합, 지역개발, 공공보건, 지속가능발전 등). 이러한 혜택들은 상호이익에 제한되지 않으며, 일반이익 즉 공익적 성격을 지닌다. 공익의 이러한 차원은 오스트롬이 연구한 공유자원의 경우에 보다 더 강한 자원혼합을 이끌어내는 공공부문으로부터의 재정 충당이 갖는 크게 중요한 역할을 설명한다.

비자본주의 소유 체제들

오스트롬은 자원을 채취할 수 있으면서 스스로 조직되어 있는 "전용자들appropriators"이라 불리는 시스템에 관심을 가진다. 이들 전용자는 일반적으로 해당 자원에 대해 엄격한 의미에서 투자자 관계를 갖지 않으며(즉, 이들은 투입한 자본에 대한 재무적 성과를 최대화하려는 목적으로 자원에 재무적 자본을 투자하지 않는다), 소비자들이거나(가령, 자족적 소비를 위해 물고기를 잡는 어부들) 생산자들이다(가령, 생산물을 판매하는 어부들이나 자신의 경작지에 물을 대기 위해 물을 이용하는 농부들).

소유를 구획될 수 있고, 분리 가능하며, 양도할 수 있는 권리의 일체로 정의하는 이론가들에게 영감을 얻어(특히 Commons, 1893; Alchian and Demsetz, 1973), 엘리너 오스트롬과 그 동료들(Schlager and Ostrom, 1992; Ostrom, 2010)은 소유를 다음과 같은 "권리들의 묶음bundle of rights)"으로 볼 것을 주장한다. 즉, 자원에 대한 접근 권리, 자원의 결실을 전유할 권리, 자원을 관리할 권리, 누가 자원에 접근할 수 있는지를 결정하는 권리, 그리고 마지막 두 권리를 이전하거나 판매할 수 있는 권리(양도할 수 있는 권리)이다. 첫 번째 두 권리와 마지막 권리가 잔여수익권에 관련된다면, 나머지 권리들(경영의 권리와 접근권을 결정하는 권리)은 잔여통제권에 연결된다. 오스트롬에 따르면 이 권리들은 독립적이고 서로 다른 방식으로 조합될 수 있기 때문에 소유 체제들은 다원적 성격을 가진다. 연구된 공유자원의 사례에서는 많은 경우 전용자들이 양도권을 제외한 권리 일체를 소유하고 있었다. 또한 대부분의 경우 이를 통해 지역공동체의 통합을 강화하고 집합적 경영의 성공에 기여했다(Poteete et al., 2010, p. 47).

이처럼 사회연대경제 소유 체제와 공유자원 체제는 잔여통제권과 잔여수익권이 결합된 소유 원칙을 벗어난다.

집합적 지배구조의 성격

지배구조는 오스트롬의 연구와 사회연대경제 관련 연구 모두에서 주요한 쟁점이다. 오스트롬은 집합행동의 지속가능성을 보장하기 위해 집합적으로 규칙을 만드는 것의 중요성을 강조하며, 그의 연구는 상당한 정도의 불확실성으로 특징지어지는 불완전 정보 상황에서 공유자원의 지속가능 경영을 위한 일반 원칙들을 도출한다. 연구는 지역 조건에 적응되고, 구성원 스스로에게 적용되는 규칙들의 위계화된 시스템을 집합적으로 정의하는 것이 구성원 사이의 신뢰를 높이고 시스템의 효율성을 보장하는 데 핵심임을 보여준다. 이 원칙들은 동일한 사회적 목적을 중심으로 모여서 자체적 의사결정과 운영 규칙들을 갖는 자율적이고 민주적 구조를 만드는 시민들에 의해 수행되는 활동으로서 민간단체, 더 일반적으로는 사회연대경제의 원리에 조응한다.

끝으로, 보다 전반적인 시스템에 공유자원 지배구조들이 통합되는 양상을 분석하면, 공유자원과 사회연대경제라는 두 접근법은 이 구조들을 특징짓는 불안정한 균형, 층위를 바꿀 수 있는 능력, 그리고 배타적 사유재산권과 시장에 토대를 둔 자본주의 경제 안에서의 지속성이라는 점에서 우리의 관심을 끈다.

출처 : Nyssens and Petrella (2015) ; Ostrom (2010) ; Schlager and Ostrom (1992)

1.2.4. 다중이해당사자 소유

유럽의 사회적기업 연구들은 하나의 조직 내부에서 다중이해당사자들의 다양성을 구현하는 것에 매우 특별한 관심을 가지고 있다.[52](Bacchiega and Borza, 2003;Petrella,2003;Defourny and Nyssens, 2011;Nyssens and Petrella, 2009) 이용자, 노동자, 지역주민, 민간단체나 공공조직 회원들은 집단적으로 조직을 통제한다. 이들 이해당사자의 일부는 생산된 재화나 서비스의 이용자로서 수혜자 범주에 속할 수 있는데, 가령 자녀들이 다니는 어린이집의 이사회 성원이 되는 부모의 경우가 그러하다. 다른 이해당사자들은 공권력이나 사적 기부자들의 경우와 같이 집합적 이익을 추구한다는 점에서 간접적 수혜자들이다. 이 형태의 소유는 '다중이해당사자 기반' 소유라 불리며, 또한 '파트너 기

---

52. 사회적기업에 대해 다룬 이 책 1권의 6장을 참조.

반 소유'라고도 말한다.

이러한 소유 구조의 장점은 무엇인가? 무엇보다 조직의 소유에서 이용자, 자원활동가, 직원과 공권력의 참여는 부분적으로 이질적인 이해관계를 조화시키고 집합 이익을 구축하는 방식이 될 수 있다. 실제로 이 파트너 기반 조직들에서 행위자들은 일반적으로 준집합적이라고 간주되는 재화, 즉 개별적 성격이지만 공동체를 위한 혜택의 원천이기도 한 재화를 위해 지역적으로 행동하는 의지를 가지고 스스로를 조직에 투자한다. 이 집합적 혜택의 생산은 일부 이해당사자들을 소유관계에 포함시킴으로써 촉진될 수 있다. 사람들이 참여하게 되는 원동력은 이러한 집합적 이익을 추구하는 것에 있다. 이 경우 발생하는 집합적 혜택들은 더 이상 경제활동에 의해 유발된 현상, 즉 외부효과가 아니며 경제활동 당사자들, 즉 직원, 이용자, 민간단체나 공권력의 대표자들이 주창하는 목적의식적 성격을 갖는다(Laville and Nyssens, 2001).

또한 불완전 정보의 상황에 맞서, 정보를 가장 적게 얻게 되는 이해당사자들을 조직 소유관계에 통합시키는 것은 조직의 기회주의적 행동 리스크를 줄일 수 있게 해준다. 이는 무엇보다 이용자들에 관련되는데, 이용자들은 소유에 참여하면서 생산된 재화나 서비스의 품질을 보다 잘 통제할 수 있지만, 또한 벤너와 반 후미센(Ben-Ner and Van Hoomissen, 1991)이 제안하는 것처럼 사회연대경제 조직들이 사회적 목적을 달성하기 위해 도달해야 할 품질의 수준을 결정하는 것에도 참여할 수 있다.

끝으로 바끼에가와 보르자가(Bacchiega and Borzaga, 2001)는 소유관계에 이해당사자들의 다양성을 적용하는 것은, 이 이해당사자들이 조직의 이해에 따라 움직이도록 하는 인센티브 및 특별한 관계 시스템을 구성한다고 한다. 신뢰관계는 이해당사자들이 소유관계에 참여하고 보다 참여적 경영을 실천함으로써 만들어진다. 예를 들어, 잔여통제권을 직원들에게 부여하는 것은 그들이 제공하는 노력을 측정하기 어려울 때 통제에 따르는 비용을 줄이는 방법이 되는데, 직원들이 조직의 결정 과정에 참여하는 것에서 동기를 부여받을 수 있기 때문이다. 이런 방식으로 사회연대경제 조직들은 직원에 대한 통제 메커니즘보다는 이들의 참여를 바탕으로 하는 특별한 인센티브 구조를 가진다.

파트너 기반 소유 형태를 만드는 것은 특히 다중이해를 고려하는 관점에서 보면 조직의 지배구조를 복잡하게 만든다(Glaeser, 2003). 이러한 소유 형태는 집합적 의사결정을 취하고 공통의 목적을 중심으로 (부분적으로 이질적인) 합의된 이해관계를 도출하는 과정에서 추가적인 비용을 발생시킨다. 한스만(Hansmann, 1996)이 강조하듯이, 구성원들이 준집합적 재화나 서비스 생산에 기여하고자 하는 공통의 의지를 공유하고 있다 하더라도 이사회와 총회 등 지배구조에 참여하는 구성원의 수와 다양성이 증가하면 소유에 관련된 비용은 더욱 증가한다. 따라서 조직의 지배구조에 있어서는 집합적 의사결정 비용이 너무 높지 않아 조직의 원활한 작동을 저해하지 않으면서도 다양한 이해당사자들의 이해관계를 조화시키는 것이 결정적이다. 집합적 의사결정 과정은 이사회의 성과에도 영향을 미친다(Green and Griesinger, 1996). 만약 그 과정이 명료하지 않고, 여러 번에 걸친 협상 이후에도 어떠한 합의를 이끌어낼 수 없으면, 집합결정에 따른 비용은 매우 상승할 것이다. 이와 관련하여 브라운(Brown, 2005)은 집합적 결정과정을 실행에 옮기고, 조직에서 정보를 유통시키며, 이해당사자들 사이에 발생할 수 있는 갈등을 관리하는 이사회의 능력이 필요하다고 강조한다.

이러한 유형의 조직에서 쟁점은 모순적이고 서로 긴장을 갖는 다양한 행동 논리들 사이에서 합의를 통해 집합적 이익을 구축하는 데 있

다. 공통의 사회적 목적에 대한 구성원들의 지지, 최소한의 상호신뢰 존
재, 협동하고자 하는 의지라는 사회적 자본의 다양한 측면들은 다양한
이해당사자들이 지닌 이해관계의 이질성을 부정하지 않으면서도, 소유
에 따르는 비용의 과도한 증가라는 리스크를 제한하게 될 것이다. 이런
방식으로 사회적 자본의 존재는 거래비용을 줄이는 데 기여할 것이다
(Ostrom, 2000; Evers, 2001).

　이상의 다양한 논의들은 리스크를 간과하지 않으면서 특정한 재화와
서비스 생산을 위해 이용자, 기부자, 직원, 민간단체, 공권력, 전문가와
같은 다양한 이해당사자들이 소유권을 공유하는 파트너 기반 소유의
채택에 대한 관심을 보여준다(121쪽의 '민간단체 어린이집에서 다중이해당사
자 소유 구조의 장점과 한계'를 참조). 최근 새로운 법적 지위들은 이해당사
자들의 다양성과 연결된다. 특히 이탈리아 사회적협동조합 지위와 프
랑스 공익협동조합 지위가 대표적이다. 이 지위들은 서로 다른 이해당
사자들의 이해관계를 더 잘 고려하기 위해 다양한 내부그룹의 구성(공
익협동조합의 경우 자원활동가, 이용자, 직원, 설립자, 공권력 등)을 규정하고 있
다.[53]

　이 첫 번째 절에서는 이해당사자들을 조율하면서 조직이 추구하는
사회적 목적 아래 이들이 협력할 수 있게 동기를 부여하는 데 적합한 소
유 구조를 규명하였다. 이를 통해 사회연대경제 조직의 설립이 시장에
서의 여러 거래비용을 줄이고자 하는 노력을 통해 정당화된다는 점을
확인했다. 그러나 동시에 소유가 분석에서 고려해야 하는 비용들을 포
함하고 있다는 점도 짚고 넘어가야 할 것이다.

---

53 사회적기업에 대해 다룬 이 책 1권의 6장 참조.

민간단체 어린이집에서
다중이해당사자 소유 구조의 장점과 한계

어린이 돌봄은 그 덕분에 부모들이 일을 할 수 있게 된다는 개별적 혜택을 넘어서서, 이 서비스가 집합적 혜택의 원천이 된다는 점에서 준집합적 성격을 갖는 서비스이다. 사회 공동체는 어린이 돌봄 서비스가 노동시장의 보다 나은 작동, 어린이들 부모의 일자리 유지, (특히 취약계층) 아이들의 사회화에 기여함을 고려하게 된다. 또한 사회공동체에 공공 보건(식량, 영양부족 예방, 학대 예방, 의료적 지원), 양육 지원, 사회적 통합이라는 혜택을 주는 효과를 불러온다는 점을 인정한다. 어린이 돌봄 서비스는 일부 유형적 요소들(돌봄 비율, 위생, 안전 등)을 넘어서는 무형적 품질을 온전히 평가하기 어려운 서비스이다. 돌봄은 관계성이 지배적인 서비스이지만, 부모들은 서비스가 제공되는 시간 동안 부재하며, 많은 경우에 어린이들은 나이가 어리기 때문에 자신들의 만족이나 불만족을 표현할 수 없다. 이러한 조건에서 부모들이 이사회에 참여하는 것은 서비스의 품질을 더 잘 통제하는 방법이다. 마찬가지로 직원들이 어린이와 부모들과 직접 접촉한다는 점에서 이들이 이사회에 참석을 통해 의사결정 과정에 참여하는 것은 서비스 품질을 향상시킬 수 있게 해준다. 이는 동시에 노동 만족도를 높이고, 직원들이 조직에 깊게 관여되어 있다고 느끼게 해준다. 이사회에 공권력이 참석하는 것은 집합적 혜택을 더 잘 고려할 수 있는 방법이다. 이 집합적 혜택은 어린이 돌봄이 취약계층 아동이나 장애아 통합이라는 차원에서, 또한 농촌 지역 일자리, 또는 지자체의 새로운 서비스 개발이라는 차원에서 만들어지는 것이다. 공권력의 존재는 경우에 따라 집합적 혜택의 생산을 촉진할 수 있는 재무적 자원과 인적 자원을 동원할 수 있게 해준다. 이론적 관점에서 다중이해당사자 기반 소유가 장점을 가지고 있는 반면, 실재에 있어서 다중이해당사자 지배구조의 작동은 복잡하고 어려운 것으로 드러난다. (설립 추세가 가속화되는 경향임에도 불구하고) 프랑스에서 지금까지 설립된 공익협동조합의 수가 많지 않다는 점이 증언하듯, 다중이해당사자 구조는 종종 어렵거나 제약적인 성격으로 언급된다.

끝으로 우리는 사회연대경제 조직들에는 직원, 이용자, 자원활동가, 시민 등 다양한 성격의 소유자들이 있음을 확인하였다. 또한 조직이 추구하는 목적의 다양성과 복잡성에 따라 그리고 그 환경에 따라 소유는 다양한 이해당사자들 사이에 나뉘어서 보유될 수 있다는 것을 살펴보았다.

우리가 살펴본 연구들은 불확실한 환경이라는 맥락에서 사회연대경제 조직의 소유권 할당이 자원할당 효율에 영향을 미친다는 점을 보여준다. 특정한 이해당사자에 대한 소유권 할당은 중요한 문제가 되며, 이는 다음 절에서 사회연대경제 조직의 이사회 구성과 작동, 그리고 조직 운영과 사회적 사명 사이의 일관성을 보장하면서 이해당사자들의 다양성을 관리하기 위한 이사회 이외 다른 지배구조 메커니즘에도 관심을 갖도록 해준다.

2. 사회연대경제 조직 지배구조 관련
확장된 접근법

일부 연구들은 이사회의 역할과 책임에 초점을 맞추면서 사회연대경제 조직들의 지배구조, 그리고 이사회가 조직의 활동과 성과에 미치는 영향을 다룬다.[54] 총회가 한 조직의 모든 구성원들을 모아내는 공식적 최고 의결기관이지만 실제로 많은 경우 그 역할이 제한적인 반면, 이사회는 조직 지배구조에서 결정적 역할을 수행하고 있다. 이 연구들의 대부분은 앞서 소개된 경제학 이론들에 기반하고 있으며 심리학, 사회학, 경영학 등의 다른 접근들을 통해 보완하고 있다.

이 절에서는 먼저 이사회의 다양한 미션을 중심으로 한 연구들을 종합적으로 소개할 것이다. 다음으로는 이사회 이외의 지배구조 관련 메커니즘을 분석한다. 이를 통해 우리는 내부적 차원(내부 이해당사자들 사이의 상호작용)과 외부적 차원(외부 환경과의 상호작용)으로부터 동시에 지배구조에 접근할 것이다(Rijpens, 2014).

54 사회연대경제 조직의 성과평가에 대해 다룬 이 책의 4장 참조.

2.1. 이사회의 역할과 책임

이사회의 역할과 책임을 분석하기 위해 우리는 사회연대경제 조직과 관련하여 이사회 작동에 대한 다양한 패러다임의 이론 흐름들을 종합하여 소개하는 스피어와 그 동료들의 연구(Spear et al., 2007) 및 콘포스의 연구들(Cornforth, 2003, 2004)에 주요하게 기반하고자 한다. 콘포스에 따르면 경제학, 심리학, 사회학 또는 경영학 등 다양한 접근법들 각각은 사회연대경제 조직의 지배구조를 설명하고 있지만, 각각은 지배구조의 다양한 차원들 중 일부에만 관련된다는 점에서 부분적 성격을 갖는다고 한다. 이에 콘포스는 사회연대경제 조직에서 이사회의 역할을 더 잘 살펴보고 이를 통해 그것이 갖는 역설과 긴장을 확인하기 위해 다중 패러다임에 기반한 분석틀로 이들 다양한 이론을 모아볼 것을 제안한다.

2.1.1. 대리인 이론: 권한의 위임과 일치하지 않는 이해관계들

대리인 이론은 조직에서 발생하는 권한의 위임 형태를 분석하기 위해 동원될 수 있다. 대리인 이론은 한 개인(위임자)이 자신의 권한 일부를 다른 개인(대리인)에게 위임함으로써 위임자가 설정한 이익을 추구하기 위해 대리인이 위임자의 이름으로 활동하게 하는 관계에 관심을 갖는다(Jensen and Meckling, 1976).

영리기업의 경우 대리인 이론은 조직의 규모가 커서 정보가 복잡하고 주주들이 분산되어 있을 때, 이러한 위임이 갖는 장점을 보여준다 (Fama and Jensen, 1983a). 그러나 대리인 이론은 위임자와 대리인의 이해관계가 큰 차이를 보일 때 위임을 통해 상당한 비용이 발생할 수 있음도 보여준다. 비용에는 먼저 위임자가 대리인을 통제하고 일을 시키는 데 필요한 인센티브, 가령 수익을 직원들과 나누는 것이 포함된다. 여기에 자신들이 위임자의 이름으로 잘 활동하고 있으며 자신들이 약속한 행동을 수행하고 있음을 보여주기 위해 대리인들이 지출해야 하는 '의무' 비용이 덧붙여진다. 끝으로 위임자들이 원했던 것과 대리인이 실제로 수행한 것의 차이에서 오는 손실도 비용에 포함된다(Coriat and Weinstein, 1995).

권한 위임의 첫 번째 수준은 총회 구성원과 총회에서 선출된 이사회 구성원 사이에 이루어진다. 가령 한 민간단체에서 총회 구성원인 기부자들이 자신들의 통제권을 이사회에 위임하고, 이사회에 기금에 대한 선의의 운용을 맡기는 경우를 들 수 있다. 이때 통제와 감시의 메커니즘이 실행되어야 하고, 이 메커니즘은 대리행위에 따르는 비용을 발생시킨다.

대리인 이론은 또한 이사회가 일상적 경영을 위해 자신들의 권한 중 일부를 (종종 유급 책임자를 고용하면서) 집행부에 위임하는 두 번째 수준의 위임을 분석하는 데도 동원될 수 있다. 이때 이사회의 주요한 역할은 집행부가 조직의 이해에 따라 활동하도록 보장하는 것이다. 이사회는 조직 사명에 대한 수호자가 되며, 조직의 사명이 지켜지도록 감시와 통제 시스템을 작동시켜야 한다. 사회연대경제 조직의 간부와 직원들이 일반적으로 고전적인 자본주의 기업보다 조직 목적에 더욱 높은 충성도를 보여준다는 점에서 대리인에 대한 인센티브와 통제 비용이 줄어들 것으로 기대할 수 있다(130쪽의 '사회연대경제 조직에서 직원들의 동기와 인센티브 구조'를 참조).

그러나 예거스(Jegers, 2008)가 강조하듯이, 이사회는 종종 명료하고 동질적인 목적을 추구하면서 조직의 사명을 체화하고 있는 하나의 실체로 간주되곤 한다. 따라서 사회연대경제 조직의 지배구조 특히 파트너십 기반 조직들의 경우, 이사회 내부의 여러 이해당사자들이 추구하는 다양한 이해관계를 고려하기 위해 위임자와 대리인 관계라는 관점이 아닌 여러 위임자들이 관련된 관계라는 관점에서 분석하는 것이 보다 적합할 것이다.

사회연대경제 조직에서 직원들의 동기와 인센티브 구조

동기부여에 대한 심리학 이론들(Deci and Ryan, 1985)로부터 경제학자들(Besley and Ghatak, 2005)은 내재적 동기부여(과업 자체에서 얻어지는 만족감을 통해 노동이 그 자체로서 가치를 얻을 때 역할을 하는 동기)와 외적 동기부여 사이의 구분을 제안한다. 몇몇 연구들은 사회연대경제 조직이 내재적 동기 또는 친사회성 동기를 가진 직원들을 끌어 당긴다고 본다(De Cooman et al., 2011). 이 동기들은 가령 양질의 서비스 생산을 통해 조직의 사회적 사명에 기여하고자 하는 의지에 관련되며, (더 높은 급여나 다른 개별적 이득을 취하는 또는 제재와 같은 부정적 결과를 피하는) 외재적 동기보다 상대적으로 더 중요하다(Benz, 2005).

노동기부 이론(Preston, 1989)에 따르면, 만약 다른 조건이 모두 같다고 할 때, 사회연대경제 조직의 노동자들이 스스로가 사회적 사명에 부여하는 가치를 고려하면서 자신들의 일자리에 더 만족한다면, 더 낮은 보상을 받으면서도 일할 준비가 되어 있다고 한다. 사회연대경제 조직이 친사회적이면서 내재적 동기가 더 강한 직원들을 끌어 당기는 능력은 이 조직들의 경쟁력이 될 것이다. 하지만 내재적이고 친사회적 동기는 취약하며 시간이 흐르면서 새롭게 채워져야 한다(Brolis and Nyssens, 2015).

여러 경험적 연구들은 실제로 사회연대경제 조직의 직원들이 더 낮은 임금, 더 열악한 노동조건, 더 많은 업무량과 이로 인해 발생하는 더 많은 스트레스에도 불구하고 전통적 기업의 직원들보다 자신들의 일에 대한 만족도가 높다는 것을 보여준다(Mirvis and Hackett, 1983; Maisonnasse et al., 2010; Melnik et al., 2013). 보르자가와 토르띠아(Borzaga and Tortia, 2006), 란프란키와 나르시(Lanfranchi and Narcy, 2008), 뫼니에와 동료들(Meunier et al., 2015) 그리고 브롤리스와 니센(Brolis and Nyssens, 2015)은 사회연대경제 조직이 더 많은 자율성, 더 다양한 업무, 다양한 훈련과 직업 개발의 기회, 사회적 사명 추구에 대한 인정과 같은 비화폐적 장점을 직원들에게 제공하고 있음을 보여준다. 끝으로, 사회연대경제 조직에서 더 중요한 임금의 공정성(일반적으로 임금 격차가 고전적 기업보다 작은)이 내재적 동기를 키우고 따라서 만족도의 원천이 되는 중심적 자원이라고 여러 경험적 연구들에서 확인된다.

조직의 사회적 사명은 사회연대경제 조직 직원들에게 동기를 부여하는 차원 중 하나이며, 이를 통해 일에서 더 큰 만족을 느낄 수 있게 해준다. 여기서 대리인의 기회주의적 행동 리스크가 낮아지고, 그 결과 자본주의 기업의 경우에 비해 대리인 비용을 줄일 수 있게 된다(Frey and Jegen, 2001; Leete, 2006). 그럼에도 사회적 사명만으로는 충분치 않다. 인용된 연구들은 사회연대경제 조직이 직원들을 유치하고 충성스럽게 만들기 위해 비화폐적 이익을 주는 인센티브 구조도 가지고 있음을 보여준다.

2.1.2. 관리인 이론 : 파트너십 관점

심리학과 사회학에서 나온 관리인 이론은 대리인 이론에 반대되는 가설에서 출발한다(Davis et al., 1997). 즉 개인들이 자신의 개별적 이해관계만을 추구하는 행위자가 아니라고 보는 것이다. 관리자manager는 조직의 감독자이자 관리인이며, 이들의 목적은 조직의 이익을 위해 일하는 것이다. 관리자는 개별적 이익 추구보다는 집합적 행동과 조직을 위한 협력에 보다 많은 가치를 부여한다. 따라서 이들은 이사회의 신뢰할 만한 파트너로 간주된다.

이 관점에서 이사회의 역할은 관리자들이 조직의 성과 향상을 위해 조직 자원을 더 잘 이용할 수 있는 우호적 조건을 조성하는 것이다. 이러한 전략적 역할을 위해 이사회 구성원들은 그들의 전문성과 관계망을 바탕으로 선택된다.

2.1.3. 민주적 접근 : 구성원들의 중심적 역할

민주적 지배구조를 실행하는 것은 사회연대경제 조직의 토대 중 하나이다. 사회연대경제 조직에서 실천되는 민주적 원칙은 다음과 같다. 총회와 이사회에서 '1인 1표' 원칙, 구성원들로 구성된 총회에서 임원 선출, 지배구조에서 구성원들의 서로 다른 이해관계를 대변, 선출된 구성원들로 구성되어 전략적 방향을 제시하는 이사회와 이 결정을 실행에 옮기는 직원의 구분, 총회에 보고해야 하는 이사회의 의무 등이다.

이사회의 역할은 지배구조의 민주적 작동을 보장하는 것이며, 이를 통해 조직 구성원들의 의지를 대표한다(Spear et al., 2007, p. 183; Cornforth, 2004). 이사회는 정책 전반을 규정하기 위해 조직을 구성하는 다양한 집단들의 이해관계 사이에서 타협을 이루어낼 수 있어야 한다. 이러한 접근에 따르면, 모든 사람들은 (특별한 전문성이 없더라도) 지배구조에 참여할 수 있다. 관리인 이론이나 자원의존 이론(아래 참조)이 주장하는 것과 반대로, 여기서 지배구조는 자신들의 전문성으로 인해 특별히 선택된 사람들만 관련되는 것이 아니다.

2.1.4. 이해당사자 이론 : 다중적 이해관계 고려

이해당사자 이론은 조직이 단지 주주들shareholders이나 구성원들에게만 책임을 지는 것이 아니라, 조직의 정당한 이해관계에 관련되는 보다 폭넓은 이해당사자stakeholders 전체에 대해 책임성을 갖는다는 원칙에서 출발한다(Donaldson and Preston, 1995).

자본주의 기업에 중심을 둔 이 접근법은 기업에 대한 또 다른 전망을 제시한다. 기업은 더 이상 주주의 이익을 위해서만 투입물을 산출물로 전환(주주 모델)하지 않는다. 기업은 조직의 목적 실현에 영향을 미치고 이해관계를 가지며(이해관계자 모델), 또한 보고를 받아야 하는(책임성) 내외부 다양한 이해당사자들과 상호작용하고 이들에게 책임성을 갖는 실체가 된다. 이런 방식으로 이해당사자 이론은 기업과 사회의 관계를 재고찰한다.

민주적 접근과 반대로, 이 접근법은 조직 구성원들의 이해관계에만 집중하지 않으며, 조직 외부 이해당사자들의 이해도 고려한다.

이처럼 투자자, 다른 재정조달자(공권력, 기부자), 공급자, 직원, 이용자, 생산되는 재화와 서비스에 관심을 갖는 지자체, 관련 있거나 로비의 대상이 되는 다양한 민간단체들 그리고 사회 전반이 사회연대경제 조직의 이해당사자로 간주될 수 있다. 사회연대경제 조직은 자원 제공자에만 책임성을 갖는 것이 아니라 이용자와 같은 직접적 수혜자 그리고 지자체 및 사회 전반과 같은 간접적 수혜자에 대해서도 책임성을 가진다.

따라서 쟁점은 사회연대경제 조직이 실제로 책임성을 가져야 하는 이해당사자들이 누구인지 확인하는 것과 이들이 추구하는 다양한 이해관계를 관리하는 것이다. 이처럼 이사회는 다중적 이해관계에 우선순위를 매기고, 다양한 내외부 집단들과 협상을 하며, 필요한 경우 이해관계 사이의 갈등을 해결하고, 조직의 목표를 규정하기 위해 다양한 이해관계의 타협을 이끌어내는 정치적 역할을 하게 된다. 또한 조직 구성원이 아닌 외부 이해당사자들의 이해를 어느 정도까지 그리고 어떻게 고려할 것인가가 문제로 제기된다.

이해당사자들에 대해 책임성을 가지거나 이들과 상호작용한다는 것은, 다중이해당사자 지배구조의 이사회에서 이들이 반드시 대표된다는 것은 아니다. 이후에 살펴볼 것처럼, 이사회에 보다 다양한 이해당사자들을 참여시키는 것이 다중적 이해관계를 더욱 잘 고려하기 위해 가능한 방법 중 하나이지만, 다른 방법도 찾을 수 있다. 더욱이 이 해법은 집합적 의사결정 실행에 관련되는 추가적 비용의 원천이 되기도 한다.

2.1.5. 자원의존 이론: 포섭^{cooptation} 모델

자원의존 이론(Pfeffer and Salancik, 1978)은 조직은 생존을 위해 필요한 자원들(노동력, 재무적 자원 등)을 주변 환경에서 얻는다는 점에서 자신의 환경에 의존적이라는 사실에서 출발한다. 이 접근법에 따르면, 조직은 특히 지도자들을 통해 주변 환경에 영향을 미침으로서 환경에 대한 의존을 최소화할 수 있다. 좀 더 정확하게 말하자면 불확실한 환경 속에서 조직과 그 지도자들은 조직에 결정적인 자원과 정보에 대한 접근을 가능한 많이 통제하려고 한다. 따라서 하나의 조직은 주변 환경과 상호 의존적 관계를 갖게 된다.

페퍼와 살런시크(Pfeffer and Salancik, 1978)가 강조하듯이, 이사회는 조직에 있어서 불확실성을 줄이는 핵심 경로이다. 이러한 관점에서 보면 이사회 구성원들은 사회연대경제 조직이 핵심 자원이나 정보에 접근하는 것을 촉진할 수 있는 진정한 '전략적' 자원으로 고려될 수 있다. 따라서 이 이론은 조직에 있어서 전략적 리더십의 중요성을 강조한다 (Gasley et al., 2010). 또한 이사회는 "조직의 경계를 확장하는 데" 기여한다("boundary spanning", Cornforth, 2004). 이사회 구성과 그 다양성, 이사들의 능력, 이사들이 다른 조직과 다양한 사회적 네트워크에 소속된 정도는 조직을 위한 전략적 자원을 다각화하여 동원하며, 외부환경의 변화와 위협에 맞설 수 있도록 이사회의 역량을 높여줄 수 있는 차원들이다. 이는 '관리인 이론'에서 입증된 것과 같은 이사회의 성격과도 연결된다.

2.1.6. 경영진 헤게모니 이론: 인준^{validation}의 역할

조직의 소유자와 이를 실제로 통제하는 사람의 분리라는 리스크에 대한 벌과 민스의 선구적 연구작업에 따르면(Berle and Means, 1932), 많은 경우 조직의 실제적 통제가 관리자들의 손에 달려있다고 볼 수 있다. 실제로 사회연대경제 조직 대부분이 경험하는 전문직종화, 조직 규모의 증가와 사용되는 경영 도구의 복잡성 증가는, 조직을 잘 경영하기 위해 전문적이고 기술적 자격을 가진 유급 관리자들을 고용하는 방향으로 이끌고 있다. 이 경우 이사회의 역할은 관리자의 결정을 인준하고 (고무도장, 즉 말 그대로 "도장만 찍는") 일정한 정당성을 부여하는 것에 국한된다. 특정한 능력이나 전문성을 보유하지 않은 사람들이 이사회에 참여하는 것은 집행부가 취한 의사결정을 효과적인 방식으로 통제하는 능력에 관련하여 문제가 제기된다. 따라서 이 이론은 조직의 실질적 통제가 더 이상 소유자들이 아닌 관리자들에게 귀속되는 경우들을 검토한다.

* * *

이상의 다양한 이론적 관점들을 동원하면서 콘포스(Cornforth, 2003, 2004)는 이사회의 다양한 역할을 분류하는 다차원적 분석틀을 제안하는데, 이 분석틀은 이론들 사이에 존재하는 긴장과 역설을 간과하지 않는다. 우선 이사회는 사회적 목적의 수호자로서 역할을 한다. 이사회는 감시와 통제의 논리(위임 모델)에서 또는 보완성이나 파트너십 논리(파트너 모델)에서 관리자들이 조직의 사명에 충실하도록 보장해야 한다. 또한 이사회는 조직 내외부 다양한 이해당사자들의 이해관계를 대표하는 역할을 맡고 있으며('이해당사자' 모델), 조직이 민주적으로 잘 작동하도록 보장해야 한다(민주적 모델). 한편 이사회는 조직을 위해 전략적 자원을 동원하는 역할을 맡는다. 따라서 이사회 구성은 새로운 자원을 동원하고, 사회적 및 정치적 네트워크를 확장하며, 환경에서 조직의 위치를 견고하게 해줄 수 있어야 한다(포섭 모델). 끝으로, 일부 활동 부문에서 또는 조직의 규모가 너무 커질 때, 기술적 능력이 보다 더 필요한 경우, 이사회는 관리자들이 수행한 행동을 더 이상 효과적으로 통제할 수 없으며, 관리자들의 의사결정에 대한 평가를 하지 못한 채 이를 인준하는 역할만 하게 될 뿐이다(인준 모델). 이들 다양한 모델은 표 1에 정리되어 있다.

2. 2. 내외부 상호작용을 조절하는 시스템으로서 이사회 이외 지배구조 장치

여러 경험적 연구들은 이사회가 그 구성, 권한과 미션을 통해 조직의 활동과 성과에 영향을 미친다는 것을 보여준다(Jegers, 2008; Brown, 2005). 이사회에 중심을 둔 이러한 접근법들은 조직을 운영하기 위해 사회연대경제 조직에서 실행되는 다른 메커니즘들을 제대로 살펴보지 않는다. 이사회뿐만 아니라, 조직의 지배구조 전반은 무엇보다 조직의 가치를 담보하는 사명을 실행하는 것에 그 토대를 둔다. 따라서 사명은 이사회뿐만 아니라 내부 이해당사자 전체가 함께 수행해야 하는 것이다. 한편 지배구조는 이해당사자들 사이의 상호작용을 조절하고, 공통의 이해관계를 구축하며, 신뢰와 상호호혜의 분위기를 조성할 수 있는 집합적 규칙 시스템을 만들어낸다. 다양한 지배구조 메커니즘, 장치, 작

이론	이해관계	이사회 성원	이사회 역할	모델
대리인 이론	이사회와 집행부의 이해관계 불일치	비영리 성격을 갖는 사명에 대한 수호자	일치시키는 역할 • '소유자들'의 이익을 옹호 • 집행부(관리자) 감독 • 법률의 준수와 적용 보증	위임 모델
관리인 이론	이사회와 집행부의 이해관계 일치	전문가	성과 향상 역할 • 전략적 의사결정 향상 • 집행부에 대한 지지(파트너십)	파트너십 모델
민주주의적 관점	구성원들의 이해관계. 다중적 이해관계 고려	이사회가 모든 사람, 심지어 특별한 전문성이 없는 사람들에게 개방	정치적 역할 • 구성원들의 이해관계 방어 • 조직의 전략 규정 • 인력자원 통제	민주주의 모델
이해당사자 이론	이해당사자들의 이질적 이해관계	이해당사자들의 대변인들	정치적 역할 • 불일치하는 이해관계 조화 (균형을 찾는) • 조직의 전략 규정 • 집행부에 대한 통제	'이해당사자' 모델
자원의존 이론	외부 이해당사자들과 조직 사이의 이해관계 불일치	조직을 위한 핵심 이해당사자(전략적 선택, 영향을 미치는 능력)	조직 경계를 확장하는 역할 • 자원 확보 • 이해당사자들과의 관계 관리 • 외부로 향하는 전략적 비전	포섭 모델
경영진 헤게모니 이론	이사회와 집행부의 이해관계 불일치	형식적 이사회	상징적 역할 • 의사결정 비준 • 조직에 정당성 부여 (상근임원이 모든 권력을 가짐)	인준 모델

출처: Cornforth, 2003

표 1 이사회 작동의 다양한 모델들

업그룹, 참여 형태, 보상 시스템, 지표들이 조직에 의해 실행된다. 가령, 재정을 조달하는 기관의 요구에 따라 한 민간단체의 임원이 직원 및 이용자 대표자들과 함께 조직 내부 평가과정을 개발할 때, 그는 집행부, 직원과 서비스 이용자들이 함께 참여하는 지배구조 장치를 만들 수 있다. 이는 평가과정의 후속작업을 보장하고, 평가를 통해 도출되는 권고들을 구체적으로 실현할 수 있도록 이들 세 이해당사자(집행부, 직원, 이용자)로 구성된 상설 평가위원회 구성으로 이어질 수 있다. 이 또한 조직의 프로젝트와 그 실행 사이에 일관성을 보장하고, 조직에서 의사결정과 통제를 돕는 지배구조 메커니즘인 것이다.

한편 지배구조는 조직과 그 주변 환경과의 관계에도 관련된다(Charreaux, 1997; Rijpens, 2010, 2014). 따라서 아래에서 살펴볼 것처럼 조직에 부과되는 법적 틀과 규제 틀은 간접적 방식이긴 하지만 지배구조에 영향을 미치게 된다.

2.2.1. 지배구조 메커니즘의 다양성

표 2는 지배구조 메커니즘의 다양성을 보여주기 위해 샤로가 처음으로 제안했고(Charreaux, 1997, p. 427), 이를 라비(Labie, 2005)와 라이펜스(Rijpens, 2010)가 사회연대경제 조직에 재적용한 분류법을 보여준다. 이 분류법은 메커니즘의 특정성과 의도성이라는 두 가지 기준으로 만들어진다. 첫 번째 기준은 메커니즘이 작동하는 범위에 대한 것이다. 어떤 메커니즘들은 조직 내부에서 실행되며, 따라서 해당 조직에 특정한 것이다(미시 수준). 두 번째 기준은 지배구조 요소가 조직에 도입되는 방법에 대한 것이다. 어떤 메커니즘들은 의도적으로 채택되지만, 반면 다른 것들은 자연스럽게 등장하기도 한다.

특정적이면서도 의도적인 메커니즘은 조직이 채택한 구조적이면서도 경영적인 여러 장치들을 가리킨다. 예를 들어 노동권과 체결된 단체협상을 존중한다는 전제 아래, 조직은 가장 높은 급여와 가장 낮은 급여 사이의 임금 격차를 줄이거나 보너스를 자발적으로 제한하는 것같이

	특정한 메커니즘	특정하지 않은 메커니즘
의도적인 메커니즘	구성원들의 직접적 통제(총회) 이사회와 지도부 선출 보상 시스템, 단체 보너스 공정임금 공식 구조(수직적 또는 수평적) 내부 평가(직원, 서비스 또는 생산물 품질에 대한) 운영위원회 직원위원회 이용자위원회 직원 대표자 작업그룹, 팀모임 조직화	법적 및 규제적 환경 (가령, 노동법, 재무규칙) 단체협상 인증, 라벨 연합회, 사업연합, 중간조직 노동조합과 고용주 조직
자연발생적 메커니즘	조직의 사회적 목적에 대한 지지 사회연대경제의 가치(연대, 참여, 민주주의, 상호호혜 등) 신뢰의 비공식적 네트워크 기업문화 …	재화와 서비스 시장 노동시장 훈련 시장 제도적 환경 '사회구조적' 환경 언론 환경

출처:Charreaux(1997, p. 427)를 응용

표 2 지배구조 메커니즘 유형

의도적으로 실행하는 특정한 보상 시스템을 채택할 수 있다. 보상 시스템은 조직이 스스로의 목적과 일관성을 갖도록 방향을 제시하고 감독하는 데 기여하기 때문에 지배구조 메커니즘의 하나로 볼 수 있다.

구성원들 사이의 참여, 상부상조, 연대 문화와 같이 특정적이면서도 자연발생적 메커니즘들은 이미 채택된 장치들을 강화할 수 있다.

조직 수준에서 특정되지는 않지만 의도성을 갖는 메커니즘들은 지배구조를 틀 짓는 데 있어서 중요한 역할을 한다. 이는 공공 및 법정 기관 또는 연합회, 사업연합, 중간지원조직과 같은 직종 조직들이 지배구조를 포함한 다양한 주제에 관하여 조직의 활동에 관여하는 규제들이다. 이 메커니즘들은 특히 노동권이나 재무적 규제에 관련된 규칙들을 존

중하도록 한다. 또한 지배구조 방식에도 영향을 미칠 수 있는 인증과 같은 메커니즘들도 있다. 이때 인증은 조직 운영에 대한 차원을 포함하거나 관련한 품질 규범을 제시한다.

특정적이지 않고 자연발생적인 메커니즘들은 조직이 위치하고 있는 제도적 또는 경쟁적 환경에서 비롯된 제약이나 기회를 통해 조직 지배구조에 영향을 미친다. 예를 들어 조직의 주변 환경은 지배구조 메커니즘에 영향을 미치는 동형화 과정을 발생시킬 수 있다(아래 참조). 이러한 방식으로 조직 구성원들의 집합적 삶을 규정하는 규범과 합의에 영향을 미친다.

이러한 분석틀은 사회연대경제 조직의 지배구조가 이사회의 구조와 작동에 국한되지 않으며, 더욱 광범위한 구조와 장치들 전반을 통해 조직 내외부 이해당사자들 사이의 관계를 규정하고 있음을 보여준다. 더나아가 이 분석틀은 지배구조 시스템은 그것이 포함되어 있는 제도적이고 경쟁적인 환경에 영향을 받는다는 상황적 성격도 보여준다.

지금까지 소개된 이론들은 제도적 환경의 중요성에 거의 관심을 갖지 않았지만, 가령 표 2에서 제시된 것처럼 제도적 환경은 법적 및 규제적 요구에 부합하는 규칙과 도구들을 통해 이사회뿐만 아니라 더욱 광범위한 지배구조 메커니즘에 변화를 가져올 수 있다.

2.2.2. 제도적 동형화 과정

신제도주의적 접근은 제도적 동형화라는 개념을 통해 제도적 환경의 영향을 분석할 수 있게 해준다(DiMaggio and Powell, 1983; Meyer and Rowan, 1977). 이 이론을 제안하는 저자들은 제도적 환경이 "행위자들로 하여금 세계와 구조, 행동과 사고 범주를 이해하는 데 선입견을 갖

게 하면서" 조직들에 침투하고 영향을 미친다고 한다. 메이어와 로완
(Meyer and Rowan, 1977)은 "강력한 제도적 규칙의 표현물이자 상당한
정도로 합리화된 신화로서 작동하는 현대 조직들의 입장, 정책, 프로그
램과 절차"에 대한 것이라고 세노석 환경을 설명한다. 제도적 환경은
가능한 것과 가능하지 않는 것, 정당한 것과 정당하지 않은 것을 결정함
으로써 조직의 행동에 영향을 미친다. 이러한 제도적 환경에 대한 조직
의 반응에 따라 조직은 하나의 조직모델 영역organizational field에서 정당성
을 얻을 수도 있고 얻지 못할 수도 있다.

디마지오와 파월(DiMaggio and Powell, 1983)은 조직들이 어떻게 점차
적으로 동질화되고 소위 "동형화"라 불리는 압력의 효과로 비슷한 관행
을 채택하게 되는지를 연구한다. 동형화는 조직들이 환경에서 비롯된
동일한 제약에 맞서기 위해 동일한 행동을 취하는 과정이다. 저자들은
동형화의 제도적 차원에 관심을 기울인다. 조직들은 시장에서 지분을
확보하기 위해서만이 아니라 제도적 정당성을 얻기 위해서도 서로 경
쟁한다. 이 과정에서 강압적 동형화, 모방적 동형화, 규범적 동형화라는
세 가지 형태의 제도적 동형화를 확인할 수 있다.[55]

사회연대경제 조직들은 공공정책이 내포하고 있는 요구와 규범을 따
라야 하는데, 그 결과 서로 다른 성격의 제도적 동형화 과정이 발생한
다.[56] 가령 사회연대경제 조직은 공공기관의 강한 추동으로 인해 민간
영리부문에서 도입한 경영과 통제 도구들을 점점 더 자주 이용하고 있
다. 이러한 변화는 보다 높은 수준의 투명성, 통제와 수익성을 요구하는
제도적 압력에 대한 응답으로 나타나기 때문에 모방적 또는 강압적 과
정의 결과물로 보일 수 있다. 이러한 경향에 영향을 받아 이사회는 기술

---

55. 이 개념들의 정의에 대해서는 이 책 1권의 2장을 참조.

56. 공공정책에 대해 다룬 이 책의 2장 참조.

적 또는 경영적 능력을 기준으로 임원들을 임명하거나 이러한 능력을 가지고 있는 임원들을 고용함으로써 마찬가지의 방향으로 발전하게 될 리스크를 가진다. 이러한 경영 마인드의 압력은 서비스와 생산물의 품질, 나아가 직원들의 성과에 대한 새로운 평가 메커니즘으로 이어질 수도 있다. 민간 산업부문에서 처음 이용되었던 인증 과정이나 규범화 과정에 대한 수요가 증가하는 것은 모방적이면서도 규범적인 동형화 과정을 보여준다. 이처럼 분야에 따라 조금씩 다른 제약적 성격을 갖는 법적 및 규제적 틀을 통해 제도적 환경이 조직 지배구조 메커니즘에 어떻게 영향을 미치는지를 잘 볼 수 있다.[57]

2.2.3. 제도적 기업가정신

환경의 제약에 적응하는 방식으로만 조직의 진화를 바라보고, 조직들이 유사한 행동을 채택하게 되는 압력을 경험한다는 관점은 과도하게 결정론적이며, 동일한 조직모델 영역에서 발견되는 조직 형태의 다양성을 설명해주지 못한다. 이러한 이유로 신제도주의 이론의 최근 연구들은 제도적 기업가의 역할에 주목한다(Garud et al., 2007; Pascal et al., 2013). 변화의 주체로서 기업가에 중심을 두는 이 작업들은 흥미로운 분석 관점을 열어준다. 이 분석 관점은 행위 주체들이 의도적으로 자신들의 제도적 환경에 영향을 미칠 수 있다고 보면서, 배태된 행위자의 역설paradox of embedded agency을 넘어설 수 있게 해준다.[58] 이 역설은 다음과 같이 설명된다(Garud et al., 2007, p. 961). "자신들에게 (규제적, 규범적 또는 인지적) 제약을 가하고, 이런 제약 속에서 자신들의 이해관계를 주

---

57. 연대경제에 대해 다룬 이 책 1권의 5장 참조.
58. 공공정책에 대해 다룬 이 책의 2장 참조.

조하게 되고, 정체성에 영향을 미치는 제도적 환경에 행위자들이 배태되어 있다면, 이 행위자들은 어떻게 새로운 실천들을 고안할 수 있고 이를 다른 사람들에게 전파할 수 있는가?" 따라서 제도적 기업가정신은 "일정한 제도적 환경에 영향을 받으면서도 새로운 제도를 만들거나 기존의 제도들을 변화시키기 위해 자원을 동원하는 행위 주체들의 활동들"을 가리킨다(Maguire et al., 2004, p. 657). 행위 주체들이 자신들의 이해관계를 추구하면서 기존 제도를 변화시키거나 새로운 제도를 만들어내고자 기존 제도들의 압력으로부터 거리를 둘 수 있다는 점에서, 이 역설은 극복될 수 있다. 어떤 연구들은 "제도를 새로 만들고, 유지하거나 뒤흔드는 것을 목적으로 하는 행위자와 조직의 의도적 행위"를 가리키기 위해, "제도적 작업"이라는 표현을 사용하기도 한다(Lawrence and Suddaby, 2006, p. 215). "제도적 작업"이라는 개념은 영웅적 기업가라는 비전에서 벗어나 다양한 행위자들에 의해 수행되는 제도적 변화의 집합적이고 복잡한 차원을 강조하게 해준다(Slimane and Leca, 2010). 140쪽의 '그룹화 과정을 통한 민간단체들의 제도적 작업'은 "제도적 작업"이라는 접근법을 설명하기 위해, 사회 및 보건사회 부문에서 민간단체들 사이에서 작동하는 그룹화 흐름이 어떻게 제도적 변화에 기여할 수 있는지를 보여준다.

그룹화 과정을 통한 민간단체들의 제도적 작업

민간단체들의 그룹화가 갖는 당초 목표가 비용을 합리화하고 조직의 규모를 증가시킴으로써 '규모의 경제'를 실현하는 것이라면(이는 모방적 또는 강압적 동형화의 결과일 것이다), 그룹화를 통해 다른 목적을 추구하고 제도적 변화에 기여할 수도 있다. 그룹화는 실무자들을 기존 세부 활동 영역을 넘어서서 여러 활동 영역을 넘나들며 운용할 수 있게 해준다는 점에서 인력 운용을 전반적으로 향상시킬 수 있다. 예를 들어, 한 가사도움 관련 민간단체가 간호돌봄 서비스를 제공하는 다른 민간단체와 연계하여 함께 작업치료사를 고용하는 것은 일반적으로 구분되어 있는 사회적 지원과 보건 관련 지원의 제도적 틀에 영향을 미친다. 한편 그룹화나 협동은 민간단체들이 공공부문과의 협상에서 더 큰 무게를 가지고 공공정책의 공동생산에 참여할 수 있게 해준다는 점에서 민간단체들의 사회정치적 기능을 강화하는 목적도 갖게 된다. 가령 지역 네트워크나 연합회의 형태로 구성된 민간단체 그룹은 주요하게 자신의 구성원들이 '공공정책 생산'에 기여할 수 있게 해주는 매개 역할을 주요 사명으로 갖는다. 구성원들의 목소리를 전달하고 대안적 방식의 공적 개입을 가능케 하면서 이들 민간단체 그룹은 제도적 변화 과정에 기여한다. 마리발과 그 동료들(Marival et al., 2016)은 10여 개의 그룹화 과정에 대한 연구를 바탕으로 지배구조 영역에서 발생하는 중요한 변화들을 보여준다. 연구사례의 대부분에서 그룹화는 민간단체 프로젝트의 중요성을 재확인하고 이 프로젝트에 부합하는 새로운 지배구조를 확립하는 기회가 되었음을 확인할 수 있다.

결론: 사회연대경제 조직의 지배구조 관련 쟁점들은 무엇인가?

이 장은 민간 영리기업의 지배구조와 비교하여 사회연대경제 조직의 지배구조가 갖는 특수성을 확인하였다. 즉, 사회연대경제 조직의 사회적 목적은 종종 복잡하고 다차원적이며 동시에 조직의 이해당사자들이 갖는 비교적 폭넓은 다양성으로 인해 다중적 이해관계를 고려해야 한다는 것이다.

결론적으로 세 가지 쟁점을 확인할 수 있다. 첫 번째는 이사회의 복잡한 역할과 구성, 그리고 조직에 의해 채택된 다른 지배구조 메커니즘과의 상호작용에 대한 것이다. 앞서 살펴본 다양한 이론들은 일부 이해당사자들에게 우선권을 할당하는 것의 중요성에 동의하지만, 이사회의 기능과 구성원에 관련해서는 서로 다른 권고를 하고 있다(Spear et al., 2007). 두 번째 쟁점은 보다 큰 규모의 사회연대경제 조직들에서 이루어지는 조직의 합병과 이로 인해 증가하고 있는 새로운 혼합적 소유 형태에 대한 것이다. 이러한 전개는 조직의 운영과 사회적 프로젝트 사이의 일관성 그리고 민주적 지배구조의 유지와 갱신에 대한 질문을 제기한다. 마지막으로 세 번째 쟁점은 제도적 환경의 변화에 대응하는 조직들의 주도적 구성 능력에 대한 것이다. 첫 두 쟁점에서 기술된 지배구조관련 변화는 사회연대경제 조직이 자신의 정치적 프로젝트를 촉진하고 제도적 변화에 기여할 수 있는 능력에 대해 문제를 제기하고 있다.

이사회의 구성: 정치적 논리와 경영적 논리 사이의 긴장

이 장에서 소개된 접근법들은 이사회에 부여된 미션의 복잡성과 이 미션 전반을 동시에 수행하는 것의 어려움을 강조한다. 이사회는 정치적 기능 또는 '윤리적' 기능, 대리인에 대한 통제, 감독과 인센티브 기능, (조직 전략에 영향을 미치는 경험, 능력과 자원을 모으는 데 이바지한다는 의미에서) 전략 개발 기능 또는 '인지적' 기능을 수행하고 있는가? 어떻게 이들 서로 다른 기능들을 조화시킬 것인가? 우선순위가 부여된 기능에 따르면, 어떤 적절한 이해당사자들(이용자, 직원, 투자자, 기부자, 공공재원 조달자, 일반인, 전문가 등)과 소유권을 공유해야 하는가? 더욱 폭넓은 관점에서, 이들 이해당사자 전체의 이해를 고려하고 집합적 이해관계를 추구하기 위해서는 이사회 이외에 어떠한 지배구조 메커니즘을 실행하는 것이 좋은가?

(은행협동조합, 의료보험을 담당하는 상호공제조합, 사회서비스나 보건사회서비스 기관 등과 같이) 지도자들의 기술적 능력이 요구되는 분야에서 사회연대경제 조직이 전문화되고 발전함에 따라 이런 질문들이 더욱 중요해지고 있다. 이러한 변화는 무급 자원활동 임원들이 주요하게 이바지하는 민주적 참여와 평등, 연대와 같은 가치의 차원과 주로 집행부에 의해 이루어지는 양질의 서비스 공급에 관련된 기술적이고 경영적 차원이 점점 더 강하게 분리되는 것으로 이어진다. 이렇듯 민간단체 안에서 정치적, 전략적, 기술적 능력이라는 서로 다른 "책임영역"이 정의될 수 있다(Hoarau and Laville, 2008). 데로쉬에 의해 1969년부터 잘 설명되었던 것처럼, 이 책임영역들의 관계는 긴장 상태로 접어들 수 있다. 실제로 이사회 구성원들이 담당하는 조직의 정치적 축과 집행부 및 일상적 경영을 담당하는 조직 구성원들에 의해 대표되는 기술적 축 사이에 긴장

이 나타날 수 있다. 이러한 아이디어는 루소(Rousseau, 2004)가 다시 주목하여 민간단체 사례에 적용했다. 루소는 민간단체 프로젝트의 추동력인 활동가 논리와 서비스 생산 모델 변화를 주도하는 경영 논리 사이의 긴장을 확실히 드러냈다. 이러한 긴징은 조직 내에서 두 논리의 분열로 이어지면서 의미와 가치의 위기를 발생시키고 조직을 위험에 빠뜨리게 된다. 따라서 쟁점은 사회정치적 차원을 뒤로 밀어내는 기술적이고 경영적인 일탈을 피하기 위해 이 두 기능을 다시 연결하는 것이다. 어떤 이사회들이 점점 더 '전문가'들로 구성되는 반면, 집행부는 무엇보다도 정치적이고 운동적 입장에 머물면서 긴장이 반대 방향으로 작동할 수도 있음을 언급할 필요가 있다.

전문성과 프로페셔널리즘에 부여되는 중요성은 특히 이사회 구성에 있어서 다양한 함의를 가질 수 있다. 역사적으로 보면 이사회는 주요하게 기술적 능력보다는 조직을 통해 공유하고 지키고자 하는 사회적 목적을 명분으로 참여하는 자원활동가들로 구성된다. 또한 많은 사회연대경제 조직들은 조직의 사회적 프로젝트에 강한 동기를 지니면서 초기부터 상당한 정도로 조직에 열정을 쏟고 굳은 심지를 갖는 대표자나 경영자를 가지고 있다. 많은 경우 이 사람들은 조직 지배구조의 변화를 받아들이는 데 어려움을 겪는데(Labie, 2005, p. 121) 이는 특히 공식적 경영 도구와 같이 영리부문에서 착상을 얻은 지배구조가 실행되거나 조직에서 '전문가들'에게 보다 많은 자리를 부여할 때 더욱 그러하다. 오늘날 지배구조의 구성원이 변화하는 과정에서 어떻게 프로젝트의 정신을 계승할 것인지의 문제가 중요해진다.

업무가 너무 심하게 기술적이어서 이사들이 더 이상 관리자들의 활동을 효과적으로 통제할 수 없을 때 어느 정도까지 이사회의 권한을 관리자들에게 위임할 수 있는가? 여기서 이사들의 부적합한 역량 때문에 그 역할이 '인준' 기능에 국한되는 이사회가 되는 리스크를 다시 발견할 수 있다. 이는 많은 사회연대경제 조직들이 자원활동 이사들에게 역할을 잘 수행하는 데 필요한 기술적 능력을 획득하도록 하는 훈련을 제안하는 이유이다. 어떤 조직들은 기술적 관점에서 보다 역량 있는 사람들을 이사회에 포함시키기 위해 이사회 구성을 변경한다. 이러한 변화를 통해 평범하지만 서비스 이용을 통해 구체적 경험을 가지고 있고, 이를 통해 양질의 서비스 공급과 향상에 기여할 수 있는 지역주민, 수혜자 또는 이용자에게 이사회의 어떤 역할을 맡길 수 있을까?

이사회에서 또는 보다 넓게는 조직 전반에서, 직원 및 조직의 재화와 서비스 생산에 참여하는 자원활동가들과 관련하여 '전문가들'의 자리는 무엇이 될 것인가? 이러한 변화는 다양한 이해관계를 고려하는 데 있어서 정치적이고 윤리적 기능의 후퇴를 반영하는 것은 아닌가?

'규모의 효과' 추구: 재창조되어야 할 지배구조 형태들?

비용을 줄이고 규모의 경제에서 혜택을 얻기 위해 '규모의 효과'를 추구하는 것은 사회연대경제 조직이 제도적 환경의 변화 특히 민간 영리기업과의 경쟁이 강화되는 것에 맞서기 위해 점점 더 빈번하게 채택하는 전략이다.

규모를 키우는 것은 조직이 규모의 경제, 특정한 서비스의 상호공유, 시너지 강화 등을 통해 비용을 최소화할 수 있게 해준다. 이러한 논리는 조직의 적응 나아가 생존 과정으로서 설명될 수 있지만, 또한 지역에 흩어져 있는 작은 지역 수준 활동들을 지속시키고, 이들이 공익에 기여하고 있음을 인정받게 하려는 의지에 의해 추동되는 것으로도 설명될 수 있다. 또한 규모를 키우는 것은 사회연대경제 조직들의 가시성을 높여주고, 이를 통해 공공정책을 발전시키는 데서 공권력의 필수적인 대화 상대자가 되도록 해준다(Marival, 2011). 그러나 규모의 효과를 추구하는 것에 리스크가 없는 것이 아니다(Petrella and Richez-Battesti, 2012). 실제로 더 큰 규모와 보디 글로빌한 선략의 채택은 큰 규모의 조직들이 지역적 수요에 부응하지 못하게 되는 리스크를 가진다. 더욱이 조직들은 경쟁적 환경에서 증가하는 동형화 압력에 종속될 수 있고, 그 결과 (민간 영리부문 또는 공공부문과 같은) 다른 부문의 관행들을 도입하게 된다. 끝으로 민주주의 프로젝트에 기반하는 초기 지배구조 형태를 유지하는 것에 대해 문제가 제기된다. 조직이 수천의 조합원(은행협동조합들의 경우처럼) 또는 수천의 회원(상호공제조합의 경우, 또는 민간단체의 그룹화와 합병의 결과)을 가지게 되었을 때, 민주적 과정과 집합적 프로젝트의 공동생산에서 어떻게 다양한 이해당사자들의 참여를 보장할 것인가? 내부 민주주의 메커니즘과 집합적 의사결정 과정은 이러한 변화를 반영하기 위해 갱신되고 재창조되어야 한다.

규모의 효과를 추구하는 것은 종종 사회연대경제 영역 외부의 기업과의 동맹 또는 파트너십 체결로 연결되곤 하는데, 이는 지배구조의 관점에서 그리고/또는 동원되는 자원의 관점에서 혼합적 성격의 조직 형태를 채택하는 것으로 나타난다. 혼합적 조직 형태의 채택은 기존 조직들의 전환을 통해, 또는 새로운 조직의 설립을 통해 이루어질 수 있다(Spear, 2011). 어떠한 경우든지 혼합 형태는 지배구조라는 관점에서 여러 질문을 던진다. 가령 현재 프랑스에는 사회적 관광이나 경제활동을 통한 노동통합 분야에서 역사적 주체들인 민간단체들이 주식회사나 유한회사를 설립한 경우들이 존재한다. 이 민간단체들은 기업의 지분(전체, 다수 또는 거부권 행사할 수 있는 소수)을 보유하고 있다. 자본주의 기업 지위는 조직의 발전을 촉진하고, 매우 경쟁적 환경에서 결정적 규모에

이르기 위해 다양한 유형의 기금들(특히 연대기금)이 자본으로 투자될 수 있게 해준다. 여러 민간단체 사이에서 그리고/또는 기업들과 함께 만드는 이들 새로운 구조에서는 새롭거나 변화된 지배구조 형태를 채택해야 한다. 지배구조는 프로젝트를 재정의하거나 그룹을 구성하는 다양한 구조 사이에 권력을 재분배한다는 점에서, 또한 민주적 작동의 관점에서 기업 변화 과정의 주춧돌이 된다.

협동조합에서도 비슷한 움직임이 전개되어 왔다(Spear, 2011). 일부 협동조합들은 고전적인 자본주의 기업 모델에 접근하면서 자신들의 법적 지위를 수정하거나 지주회사를 설립하는 반면, 다른 협동조합들은 조합원들에 의한 민주적 통제의 원칙을 강화했다. 협동조합과 관련된 이러한 변화는 이 책 1권의 2장에서 다루어진다.

사회연대경제 조직 지배구조와 제도적 작업
: 정치적 프로젝트는 무엇인가?

위에서 살펴보았듯이 조직과 주변환경의 변화라는 맥락에서 사회연대경제 조직 내부의 지배구조 문제가 중심에 놓인다고 할 때, 사회연대경제 조직에서 민주적 이상을 추구하는 것은 이러한 문제를 넘어서는 것이다. 프로젝트의 사회적 목적 추구 보장을 미션으로 하는 임원, 자원활동가, 직원들은 조직의 프로젝트와 그것이 추구하는 사회정의와 연대라는 가치를 방어하기 위해 조직의 틀을 넘어서서 보다 광범위한 정치적 역할을 담당한다.[59] 이 장에서 살펴본 사회연대경제 조직 지배구조의 형태 변화는 점점 더 경쟁적이고 특히 재무경영 분야에서 점점 더

---

59. 이 정치적 차원은 연대경제에 대해 다룬 이 책의 1권 5장에서 분석의 중심이다.

규제에 의해 제약되는 환경 속에서 자신의 정치적 프로젝트를 발전시키려는 사회연대경제 조직의 능력에 대해 과제를 던지고 있다. 제도적 환경의 변화는 적어도 규제가 좀 더 강한 부문들에서 사회연대경제 조직이 공공입찰에 참여하는 과정을 통해 경영적 역할에 더욱 충실하도록 요구한다. 새로운 게임의 규칙에 적응하면서 민간단체들은 공권력의 기대를 충족시키려 하게 되고, 그 결과 자신들의 프로젝트와 현장의 지식을 결합한 독창적 해결책을 제안하기보다는 공권력의 요구에 대해 틀에 박힌 응답을 하게 되는 리스크를 갖는다. 이러한 '진부화' 과정 또는 제도적 동형화 과정은 대부분의 공공서비스 위탁 사례에서처럼 서비스 제공자의 위치에서 어떤 차이도 만들어내지 못하고, 이에 따라 사회연대경제 조직 형태의 어떠한 특성도 인정받지 못하는 맥락에서 나타나게 된다. 사회연대경제 조직의 진부화와 공권력에 의한 도구화 리스크는 상당하며, 사회연대경제 조직의 구성적 능력과 제도적 변화에 기여할 수 있는 가능성에 의구심을 갖게 만든다.

이러한 변화들은 사회연대경제 조직과 공권력 사이의 상호작용 형태, 특히 새로운 형태의 공적 행동, 즉 오늘날 공공정책 거버넌스라 부르는 것에 대한 보다 심도 깊은 연구의 필요성을 제기한다(Muller, 2005; Lascoumes and Le Galès, 2007). 이는 바로 이 책 2장의 주제이기도 하다.

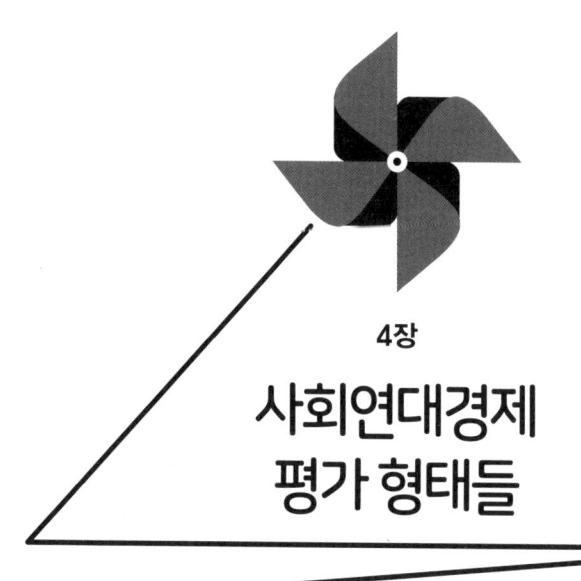

4장

사회연대경제 평가 형태들

로랑 가르댕, 플로랑스 자니–까트리스, 사뮈엘 피노 지음 | 엄형식 옮김

1. 성과측정과 평가 그리고 사회경제적 변동들

2. 공공정책에 대한 평가 : 공익에서 사회적 유용성으로

3. 사회연대경제의 사회적 유용성 평가

서론

오늘날 평가는 민간 영리부문뿐만 아니라 공공서비스 분야(Bezes et al., 2011; Bezes, 2009; Ogien, 2010, 2013)와 민간단체 부문(Chessel and Nicourd, 2009, p. 6; Chauvière et al., 2009; Hély, 2009; Hoarau and Laville, 2008)에서 경영 관행의 하나로 확산되고 있다.

넓은 의미에서 평가는 사람들이 자신들의 프로젝트, 추구하는 목표 또는 목표로부터 기대되는 바에 비추어 현재 상태가 어디에 있는지를 직관적이거나 보다 공식적 방법으로 파악하고자 한다는 간단한 사실을 의미한다. 먼저 '평가하다'는 표현은 가치를 하나의 행위 및 그 결과에 적용하고, 그 행위가 포함된 프로젝트와의 일관성을 측정하는 것을 의미한다.

이렇게 이해한다면, 이 장에서 살펴볼 것처럼 평가 관행이 현행 자본주의에서 확산되고 있다고 단언하는 것은 적절하지 않을 것이다. 실제로 평가 관행은 언제나 존재했던 것이다. 다만 평가의 형태들은 근본적으로 변화해왔다. 가장 단적인 변화는 평가 과정의 제도화와 표준화이다. 경영의 관점에서 영감을 받은 도구들이 개발되었는데, 이 도구들은 평가 대상의 다양한 측면을 포괄하고자 하는 지표들을 만들어내고 있다. 이 평가 과정을 둘러싸고 빈번히 발생하는 긴장은 일반적으로 이해당사자, 특히 직원의 목소리를 고려하는 데 따르는 어려움에 대한 것이다. 이러한 전반적 맥락 속에서 사회연대경제 주체들은 어떻게 영향을 받고 있는가? 자신들의 활동에 대한 대안적인 평가 과정을 제안하고 있는가? 만약 그렇다면, 어떻게 실행에 옮기고 있는가?

　이러한 질문들은 다양한 수준의 정책에서 제기된다. 유럽의 '단일시장을 위한 행동계획 II(Commission européenne, 2012)'는 사회연대경제의 구조화 또는 적어도 관련된 행동 계획을 통해 사회연대경제의 특수성을 인정하고 '사회적기업들'을 지원하겠다는 유럽기구들의 의지를 보여주고 있다. 다음과 같은 사회적기업에 대한 정의는 사회연대경제 평가에 대한 현재적 쟁점들을 이해하는 데 중요하다. "정관이나 다른 설립문서 형태로 표현되는 사회적기업의 주요 목적은 측정 가능하며 긍정적인 사회적 효과를 생산하는 것이다."(유럽의회에서 2013년 채택된 사회적기업가 기금 관련 규칙 제안) 이처럼 현재 유럽에서 진행되는 논쟁의 한 부분은 '사회적 임팩트'를 측정하기 위한 방법과 이 평가에 이해당사자들이 참여하는 방식에 대한 것이다(Baudet, 2013).

　이 장에서 우리는 프랑스의 사례를 통해 사회연대경제 평가에 대한 문제를 분석하고자 한다. 한 국가의 상황에 대한 분석이지만, 이러한 접근법은 현재 유럽 차원의 논쟁에서 불거진 쟁점들을 보여줄 수 있다. 지난 수십 년 동안 프랑스에서 사회연대경제에 대한 성찰의 일정 부분은 사회연대경제 주체들이 수행한 활동의 생산물에 대한 평가를 중심으로 구체화되었다. 이 질문은 사회연대경제 주체들이 공공정책 생산에 점점 더 참여하는 것과 민간단체로의 공적 자원 이전이 줄어들고 대신에 다양한 형태의 계약 방식이 도입되는 제도적 맥락 속에서 이해된다(Tchernonog, 2013).

　프랑스에서는 '사회적 유용성'이라는 개념이 점차 사회연대경제의 '생산물'에 관련된 쟁점이 되었던 반면, 다른 국가들에서는 '사회적 임팩트' 개념을 채택하였고, 이는 곧 유럽 차원에서도 채택되었다. 사회적 유용성을 중심으로 이루어지던 논쟁은 이중적 질문을 떠오르게 했다. 먼저 그 내용에 있어서, 사회적 유용성이라는 표현을 사용한다는 것이 사회연대경제가 만들어 내는 가치가 전통적인 경제적 지표들로 평가될 수 없으며, 따라서 '다른' 어떤 가치를 생산하는 것을 전제하는가에 대한 질문이다. 또 다른 질문은 그 지위에 대한 것이다. 사회적 유용성은 사회정치적 합의의 산물(Gardrey, 2004, 2006), 즉 특정 프로젝트의 일관성과 프로젝트에 부여해야 할 가치에 대해 논쟁하는 다양한 이해당사자들 사이의 협상 결과물이다. 사회적 유용성 개념을 사용하는 것은 사회연대경제 주체들과 공공기관 사이의 관계와 협약 형태를 다시 생각하기 위한, 다시 말해 공적 행동[60]을 다시 생각하기 위한 기회로서 일정한 정도 검토되었다(Fraisse, 2006; Richez-Battesti et al., 2008).

사회적 유용성 개념은 공공정책에 대한 평가가 공공서비스 성과에 대한 평가로 변화하는 것에 연결된다. 최근까지 공공정책에 대한 평가는 "공공정책의 성공과 정당성에 대해 과학적으로 방어할 수 있고 사회적으로 정당화할 수 있는 판단을 만드는 방법론적 과정"(Perret, 1989)으로 확장되어 왔다. 이러한 관점에서 보면, 평가를 수행하기 위해서는 우선 집합적 과정을 통해 인지적-규범적 틀을 만들어야 하며, 이를 통해 집합적 판단을 위해 정당한 합리적 공간을 갖게 된다. 하지만 이러한 구성주의적 관점은 주류 경제에 들어맞는 공리에서 출발하는 관점에 점점 더 자리를 내주고 있다. 이 공리에 따르면 진지한 과학적 방법론에

---

60. 원문의 표현은 action publique으로, 공적인 성격을 갖는 행동 특히 국가기관과 공공부문에 의해 수행되는 활동을 의미한다. 일반적으로는 공공정책의 방식으로 실현되지만, action publique라는 표현을 통해 보다 다양하고 광범위하며, 전통적인 공공정책의 방식을 넘어서는 활동들도 포함하고자 한다는 점에서 공적 행동이라고 번역한다. - 옮긴이

의해 평가되고[61] 도구적 합리성에 의해 작동하는 국가만이 합리적으로 행동하고 좋은 국가가 되는 기회를 갖는다. 페라치와 와스메르(Ferracci and Wasmer, 2012)의 책에서 설명하듯이, 국가는 근대화되고 효율적으로 되기 위해 변화를 받아들여야 한다. 국가가 스스로의 행동과 정책, 달리 말해 그 성격을 변화시켜야만 이들 행동과 정책이 정확하게 측정될 수 있고, 그 결과 시민들이 국가 운영의 효율성에 대해 알 수 있을 것이다. 즉, 시민들은 국가의 행동과 그 효과 사이의 '인과성'에 대한 수치화된 증거를 가지게 되는 것이다. "따라서 공공정책의 목적을 단순화하고, 가능하다면 계량화할 수 있는 적은 수의 지표로 제한하며, 법의 주창자들이 그 결과에 대해 책임질 수 있도록 해야 한다."(Ferracci and Wasmer, 2012) 이러한 국가의 성과 측정에 대한 급진적 접근법은 현재 추세들이 가지고 있는 이중적 증상을 보여준다. 먼저 논쟁의 여지가 없는 적은 수의 지표들에 기반하고자 한다는 점에서(Porter, 2000), 그리고 이것이 국가의 행동 범위를 협소하게 만든다는 점에서 그러하다(Ogien, 2013, p. 62). 이렇듯 사회연대경제 주체들은 공적 행동의 재구성이라는 폭넓은 맥락 속에 위치해 있다.

  프랑스의 사례들은 '보조금' 논리에서 공공기관과 민간단체 사이의 '파트너십' 논리 또는 (준)시장 논리로의 이동이라는 역동성을 상징적으로 보여준다(Tchernonog, 2013). 공공서비스 위탁, 공공시장, 경제적 공익서비스 등[62] 계약 형태의 다양화가 그 구체적 사례이다. 국가가 사회연대경제 주체를 일방적으로 또는 상호적으로 규제하는 형태가 다양해지면서, 생산된 서비스에 대한 평가 과정에서도 변화가 나타난다. 이러

---

61. 데로지에르(Desrosières, 2008)가 제시하듯이, 주류 경제학자들은 '측정하다'는 표현을 우선적으로 사용한다.

62. 공공정책에 대해 다룬 이 책의 2장 참조.

한 상황에서 프랑스에서는 공익[63] 창출에서 정당한 역할을 하는 다양한 주체들이 공통의 목표를 정의하기 위해 사회적 유용성이라는 개념을 점점 더 동원하고 있다. 이때 공익은 좀 더 지역적 수준에 토대를 두면서 정의된다. 국가의 행동이 더 이상 그 지위만으로 단순히 정당화되지 않는 것과 마찬가지 방식으로 민간단체 전반의 정체성 역시 더 이상 민간단체가 하고자 하는 활동(의도와 의지)이 아닌 이들의 생산물을 감안하여 평가되는 경향을 보이고 있다.

사회연대경제 평가에 대한 현재적 쟁점들을 이해하기 위해, 첫 번째 절에서는 경제활동 평가 형태에 대한 사회경제적 변동의 영향, 특히 서비스 활동의 증가에 대해 심도 있게 살펴볼 것이다. 두 번째 절에서는 프랑스의 사례로부터 몇 가지 제안을 도출하고, 일반론적 수준에서 사회연대경제 평가에 관련한 성찰이 공적 행동 방식의 변화와 사회적 유용성 개념의 등장이라는 맥락에서 어떻게 위치하고 있는지를 보여줄 것이다. 마지막으로 세 번째 절에서는 사회연대경제의 사회적 유용성 평가에 관련된 다양한 형태와 이용되는 방법론들이 내포하고 있는 민주주의 관련 쟁점들에 대해 살펴보겠다.

---

63. 원어는 intérêt général로 '일반이익'으로 번역될 수 있으나, 이해의 편의를 위해 한국 맥락에서 유사한 개념으로 사용되는 '공익'이라는 표현으로 번역한다. - 옮긴이

1. 성과 측정과 평가 그리고 사회경제적 변동들

사회연대경제 활동의 성과 측정에 대한 현재 쟁점들을 이해하기 위해서는 경제적 활동을 두 가지 역사적 과정의 맥락에서 이해할 필요가 있다. 하나는 수익의 계량화를 통해 산업에서의 효과성 평가라는 영역이 발전한 과정이고, 또 다른 하나는 민간 영리기업에서 시작된 경영논리가 시장영역이 아니었던 영역에 점진적으로 침투하는 과정이다. '산업주의적'이고 '시장적/상업적'인 이중적 영감은, 그것으로 단순 환원될 수는 없지만, 공공영역과 사회연대경제 영역에서 성과평가 논리의 핵심에 놓인 것으로 보인다.[64] 이 절에서는 20세기 전반에 걸쳐 경제성장의 요인이었던 산업적 생산성이 오늘날 변화된 생산적(서비스 활동의 증가) 및 사회적(활동의 외부효과에 관련된 쟁점들) 지형에 잘 부합하지 않는, 역사적으로 특정한 시기에만 유효한 개념이라는 것을 보여주고자 한다.

1.1. 생산성과 활동의 성과 측정

성과평가에 대한 현재적 쟁점들을 다루기에 앞서, 이 장에서 사용될

---

64. 평가 관행의 발전을 이해하는 데에는 이러한 산업주의적이고 시장적인 영감이 아닌 다른 논리들도 존재한다. 사회적경제 관련해서는 특히 노동에 대한 심리학 연구(Déjour, 2003; Gori, 2009)나 경영에 대한 사회학 연구(de Gaulejac, 2005)에서 유용한 보완논리를 찾을 수 있다.

몇 가지 서로 다른 개념들에 대한 정의를 살펴보자.

1.1.1. 생산성에서…

개념적으로 볼 때, 생산성은 생산과정의 효율성을 측정하는 것으로 '산출물output'이라 부르는 생산 영역과 '투입물input'이라 부르는 노동과 자본, 즉 생산요소를 연결하는 것이다. 효율성이라는 표상의 전제들이 "생산하는 힘"을 기술하기 위해 프랑수와 케네가 1758년부터 사용하면서 중농주의자들에 의해 정의되었다면, 20세기 경제학자들과 경영자들은 그 사용을 널리 전파했다. 산업노동에서 생산성에 대한 객관화된 지표들은 노동자들이 투여한 시간 대비 생산된 산업 생산물의 양에 대한 것이었다. 효율성에 대한 이러한 물질주의적 또는 기술적 이해는 미시경제학에서 시작하여 파레토의 관점에서 규정된 효율이라는 보다 광범위하고 모델화된 이해로 대체된다.

파레토가 애당초 '최적'도 '효율'도 전혀 언급하지 않은 채 "최대한의 효용ophelimity"을 정의했다는 점에서, 단순히 파레토 "효율"이라 부르는 것은 적절하지 않다(Berthonnet and Delclite, 2013). 파레토는 이 최대한의 효용을 경쟁적인 일반균형 상태에서 개별적 유용성 각각이(다른 말로 하자면, 개별적 복리 각각이), 사회 다른 구성원들의 유용성(또는 복리)을 고려하면서 최대가 되는 상황으로 정의한다. 이를 확장하면, 파레토의 관점에서 효율은 다른 사람의 복리를 저해하지 않고서는 더 이상 한 개인의 복리를 증가시킬 수 없는 상황 또는 다른 요소를 저해하지 않고서는 더 이상 하나의 요소를 향상시킬 수 없는 상황으로 정의된다. 따라서 파레토 관점에서 효율은 할당적 효율, 즉 자원 할당에서의 효율을 포함한다는 점에서 기술적 효율이나 단순화된 효율(주어진 산출물 대비 투입물을 최소화하는 것)보다 넓은 의미를 가진다.

파레토 효율이 나타난 것은 파레토의 작업 이후인 1971년에 애로우와 한(Arrow and Hahn, 1971)의 저술을 통해서이다. 애로우와 한은 '효율'이라는 표현을 사용함으로써 '최적'이라는 개념이 암묵적으로 내포하고 있는 윤리적 성격을 배제하고, 기술적이고 과학적이며 탈정치적인 성격만을 부여할 수 있을 것으로 생각했다. 이에 따라 효율이라는 표현은 암묵적 규범성이 매우 강한 '최적'과 '최대'라는 표현을 점차 대체하게 되었다. 베르토네과 델클리트(Berthonnet and Delclite)는 이러한 어휘의 변화를 신자유주의적 지배성의 진화, 그리고 사회과학의 해석적이고 규범적인 성격을 제거하는 경제학적 숙청 과정과 연관시키고 있다.

1.1.2. ⋯ 성과로

주로 경영학에 관련된 많은 연구들은 투입물(가령 노동시간), 활동이나 산출물(즉각적인 생산물) 그리고 이 활동의 보다 장기적인 효과(결과물) 사이를 명확히 구분하면서 서비스를 이해할 것을 제안한다. 이러한 구분은 '3E'라고 불리는 성과의 세 차원, 즉 효율성efficiency(투입물 대비 산출물 또는 기술적 효율), 수익성economy(투입물 비용 대비 산출물), 효과성effectiveness[65](투입물 대비 결과물)을 계산할 수 있게 해준다. 기업의 전반적 성과를 확인하는 도구들은 많은 경우 이 개념들에서 영감을 얻고 있다.[66]

생산의 투입물과 결과물의 구분을 목표로 하는 이들 '3E'는 우선 서

---

65. 파레토 관점에서의 효율과 구별되어야 한다.

66. 전반적 성과에 대한 도구들은 특히 많은 컨설팅 기관들에 의해 활용되고 있다. 이사벨 브뤼노와 엠마뉘엘 디디에의 연구를 참조하라(Isabelle Bruno and Emmanuel Didier, 2013).

비스 공급자인 민간기업에 적용되었으며, 다음으로 상업적 서비스에도 적용되었다. 이 개념들은 다양한 영역, 특히 사회정책에서 많이 사용되었다(Knapp, 1984). 많은 경우 민간 전문가들(컨설턴트, 경제학 전문가 등)의 도움을 받으면서 국가도 공공서비스의 성과를 측정하고, 나아가 공공정책을 평가하기 위해 이 개념들을 이용하였다(Perret, 2001). 이러한 방식으로 전반적 성과는 기술적 효율의 차원efficiency, 수익의 차원economy, 효과성의 차원effectiveness이라는 세 가지 차원을 포괄하고자 한다(도식 1).

- 효율성 또는 기술적 효율은 산업적 의미에서의 생산성에 가장 근접한 비율이다. 이는 투입물 대비 즉각적 산출물(다시 말해, 생산총량)을 가리킨다.
- (경제적) 수익성은 재무적 의미의 비율로서, 활동의 경제적 비용 대비 즉각적 산출물을 뜻한다.
- 효과성은 수단과 (앵글로색슨권에서는 outcomes 또는 결과물로 불리는) 장기 효과의 관계를 설명한다.

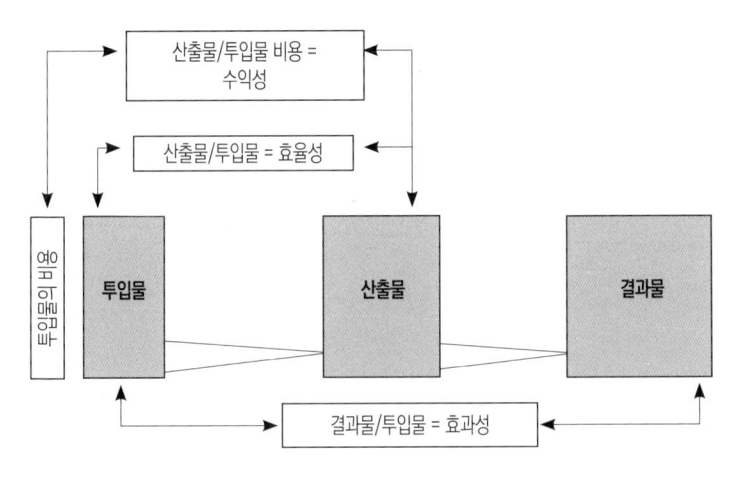

출처 : 저자(Knapp 1984 참조)

도식 1 전반적 성과 : 효율성, 수익성, 효과성 모든 상황에서 활동과 결과에 대한 이들 서로 다른 차원들을 확인할 수 있다는 중심적 가설 자체에는 이견이 거의 없다(아래의 '자료포락분석 방법'을 참조).

'자료포락분석' 방법

행동과학(경영, 마케팅, 경제학 등)의 도구인 자료포락분석Data Envelopment Analysis, DEA은 1950년대 개발되어 1970년대 말에 대중화되었다. 이 방법론은 성과를 하나의 방법으로 측정하기에는 복잡한 문제를 우회하기 위해 상대적 성과를 측정하는 것이다. 이를 수행하기 위해, 참조기준이 되는 생산단위(가령 성과가 좋은 것으로 간주되는 프랜차이즈 내의 한 사업체)를 식별하여 (일종의 경영 모범사례로서 '최적의 상황'에 상응하는) 효율성 또는 기술적 효율의 '기준'을 설정한다. 이 참조기준 생산단위(그 자체도 매개변수 가설, 예를 들어 수익성의 수준에 따라 정의되는)는 '생산의 경계'에 나란히 있게 된다. 그 다음으로 참고기준 대비 다른 생산단위들과의 거리를 측정한다. 이 경험적 생산의 경계에 대한 다른 생산단위들의 거리는 이들의 비효율성에 대한 측정치가 된다.

이러한 방법론은 종종 (상업 프랜차이즈, 은행 지점들, 우체국 사무소들과 같은) 다중행위자, 다중장소의 상황에 적용된다. 이 방법론의 장점 중 하나는 주어진 기술적 효율에 기반하여 작동한다는 것이다. 따라서 서비스 활동에서 다중투입물과 다중산출물을 가진 조직들의 성과를 측정하기 위해, 예를 들면 (하나의 서비스를 제공하는) 비용, 품질 및 기한 사이에 도달해야 하는 균형을 정하기 위해 동원된다.

이러한 유형의 방법론을 주장하는 사람들은 실용적 성격을, 그리고 다양한 산출물의 가중치들이 (변동적인 것으로 간주되는) 가격 시스템의 지배를 받지 않는 점을 강조한다. 그러나 이 방법론은 투입물과 산출물의 확인과 측정이 갖는 복잡성의 문제를 전혀 해결하지 못한다. 투입물과 산출물은 종종 단순화된 지표들을 통해 확인되는데, 이는 주요하게 생산량을 반영하며, 일반적으로 경영자들이나 측정을 수행하는 연구자들에 의해 정해진다.

1.2. 사회연대경제에서의 서비스 활동 증가
: 손으로 잡을 수 없는 '생산물'

　균질의 생산물과 요소들에 적용될 때, 생산성 개념(즉, 산출물/투입물 비율)과 그러한 생산물과 요소들을 토대로 하는 제도들은 상대적으로 합의하기 쉽고, 조절이론이 잘 분석한 포디즘적 합의에 이르게 된다(Boyer, 2004). 투여된 노력을 통해 생산된 것에 대한 분배만이, 즉 부가가치의 분배에 대한 쟁점들이 토론, 협상 그리고 합의의 주제가 되었다.

　그러나 경제의 산업화 과정 정점에서 만들어진 이 '생산성' 개념을 서비스 활동, 그리고 표준화된 대량생산이 아닌 생산과정에 동일한 방식으로 적용하는 것은 여러 가지 이유로 문제가 있음이 드러났다.

　먼저, 대부분의 서비스 활동에서 생산과정과 생산결과 사이에 혼동이 존재한다(Baily and Gordon, 1988; Gadrey, 1996). 산업(제조업)활동의 '생산물' 산출 과정에 투입된 투입물을 확인하는 것[67]과 이에 대한 통제 및 보고가 상대적으로 쉬운 반면에 보건, 교육, 컨설팅, 연구조사, 법조, 가사도움 등 분야의 생산물 측정은 심각한 문제를 가지게 된다. 생산의 대용물[68]로서 (투입물이지만 생산되는 것이 무엇인지는 알려주지 않는) 노동시간의 빈번한 사용은 이러한 혼동이 야기하는 증상을 보여준다. 가령 연구자의 노동시간은 그 자체로 생산이 아니다. 또한 자원활동 시간은 이 시간들이 '생산한' 것, 그리고 그 효과와 혼동되어서는 안 된다.

　이러한 관점은 과거에 비해 '생산된' 것 자체에 대한 해석이 더욱 필요한 이유를 보여준다. 보건이나 교육 분야에서도 노동시간이 계량화

---

67. 투입물은 종종 노동시간으로 표현되며, 생산물은 제조업 분야 기업이 생산하는 것과 같은 가시적이고 표준화된 생산의 결과물이다.

68. 여기서 대용물(proxy)은 측정하기를 원하는 것에 대한 계량화된 대략치를 제공하는 지표를 의미한다.

될 수 있지만, 이 분야에서 생산되는 것 자체에 관심을 가지면 사정이 다르다. 보건 분야의 경우 돌봄 행위의 양을 보아야 하는가(이 경우 어떻게 확인할 것인가?), 아니면 건강한 인구수를 보아야 하는가? 교육 분야의 경우 교육 받는 사람들의 고용능력을 높이는 것을 목적으로 하는가 아니면 시민의식을 높이는 것을 목적으로 하는가?

산출물과 투입물의 내용을 확인하는 데 어려움을 겪는 경우에 종종 적용되는 해법은 산출물을 노동 투입물을 통해서 추정하는 것이다(즉, 상담 활동을 상담이 제공된 시간의 양, 가사돌봄 활동을 돌봄 노동자의 노동시간으로 계산). 이 경우 생산성의 향상은 저평가되거나 나아가 전혀 없어지게 된다. 다시 말해, 추가적으로 제공된 노동이 서비스의 품질 향상(또는 생산물 품질 향상)을 위해 쓰일 때, 이는 종종 양적인 의미에서 '생산성'이라고 부당하게 불리는 것의 저하로 해석된다. 이처럼 무엇이 '생산되는가'를 정의하는 것은 매우 민감하다. 이러한 이유로 서비스 성과에 대한 문헌들에서는 '서비스의 양'을 산출물과, 그리고 서비스 제공의 효과를 결과물과 연결 짓고 있다.

한편 서비스 활동의 생산물이 자연발생적으로 주어지는 것이 아니기 때문에, '생산물'이 무엇인지 정의하는 것을 둘러싸고 판단과 협상이 나타나게 된다. 서비스의 일부는 경제학적 의미에서 '경험재' 또는 '신뢰재'로 간주될 수 있다. 경험재란 정보가 불완전하여 소비를 한 후에만 그 품질을 확인할 수 있는 재화를 뜻한다. 신뢰재는 소비 이후에도 불확실성이 지속되는 재화를 가리킨다. 또한 어떤 서비스들은 (서비스 관계라고 종종 불리는(Gardrey, 1996)) 특정한 사회적 관계 속에서 공동생산된다. 이러한 공동생산에서는 기대되는 생산물의 품질에 관련하여 생산과정에 일정한 방식으로 개입하는 소비자 또는 이용자와 일정 정도 합의가 필요하다.

서비스 활동은 또한 거장의 미술 작품, 좋은 포도주 또는 변호사의 용

역과 같은 독창적이고, 비교 불가능하며, 유일하다는 의미에서 '특이재
biens singuliers'로 간주될 수도 있다(Karpik, 2009). 서비스의 특이성은 다음
과 같은 세 가지 특징에서 비롯될 수 있다. 1) 관계적 상황에서 노동자
들이 입증해야 하는 지속적 적응 능력(특정한 상황의 위급성, 예측 불가능성
또는 특이한 관계[69]를 다루는 능력). 2) 실험이 필요한 기술적 상황이나, 결
과를 불확실하게 만드는 지속적인 시행착오의 복잡성. 3) 생산물에 대
한 불확실성에 응답하는 장치로서 작동하는 서비스 관계의 특수성. 이
서비스 관계는 표준화에 대한 저항으로 작동하면서 동시에 기대를 표
출하고, 교정활동을 동반하며, 신뢰보증을 얻도록 해준다(Jany-Catrice,
2012). 특정한 성격을 객관화하는 장치가 이미 있는 경우를 제외하면,
서비스 활동이 갖는 특이성들은 안정적인 인지적 지표와 연결하기 어
렵다. 이 문제가 바로 품질 표시 및 다른 인지적 장치들이 다루고자 하
는 쟁점이다(Karpik, 2009). 공유된 신뢰의 원천으로서 인지적 장치들은
생산물 품질을 규정하는 데 사용되고, 공통의 선호에 대한 지표를 만들
어낸다.

1.3. 경제활동에서 '결과물'에 대한 고려

결과물에 대한 측정은 활동의 장기적 효과를 확인하는 것을 목표로
한다. 어떤 효과들은 공공정책과 사회연대경제 조직의 활동 목표가 되
지만, 다른 효과들은 의도하지 않은 것으로서 경제학적 의미에서 외부
효과로 간주되기도 한다.

---

69. 즉, 각 개인이 타자에 대해 다른 방법으로 반응한다는 점에서 관계는 본래 개별적인 특이성을 갖는다.

1.3.1. 외부효과의 고려

경제학자들은 '생산'과 '소비'라는 두 가지 중심 활동으로부터 경제활동을 설명한다. 이러한 활동들은 외부효과, 즉 다양한 상태에 대해(자연에 대해, 사회에 대해, 지역사회에 대해, 개인에 대해) 의도하지 않았던 결과물들을 발생시킨다. 기업의 전통적 회계 시스템에서는 계산되지 않는 이러한 외부효과들은 긍정적일 수도 부정적일 수도 있다. 생산 또는 소비 활동의 비용이 시장에 반영되지 않은 채 제3의 경제활동 주체에 해로운 부수효과를 가져올 때 외부효과는 부정적 성격을 갖는다. 이 해로운 영향은 회계계정에서 간과된다. 산업활동으로 유발된 공해나 생물학적 다양성의 상실, 또는 일정한 상황에서 한 기업이 지역에 자리잡으면서 발생시킬 수 있는 사회적 통합의 훼손 등을 예로 들 수 있다(참조 Giraud and Renouard, 2012[70];Vivien,1994). 반대로 산업활동이 제공한 생산물이나 서비스 이상으로 목표 대상자가 아닌 다른 행위자들이나 나아가 공동체 전반에 부가가치나 혜택을 줄 때, 외부효과는 긍정적이다. 긍정적 외부효과는 삶의 질 향상, 사회적 통합 강화, 불평등 축소, 환경적 유해성의 감소를 가져올 수 있다. 순수하게 경제주의적 관점에서 보면, 사회연대경제의 사회적 기여는 긍정적 외부효과로 간주될 수 있다. 그러나 이 지점에서 외부효과와 결과물을 혼동해서는 안 된다. 사회연대경제의 경우처럼 외부효과가 목표로 내재화될 수 있다면, 이는 더 이상 외부효과가 아니라 조직의 의도적인 목표인 것이다.

이러한 분석틀에서 보면, 국가의 개입은 외부효과에 관련된 비용의 전부 또는 일부를 적절한 재정정책을 통해 '내재화하는 것'을 목적으로 한

---

70. 저자들은 특히 가난한 나라들에 다국적기업들이 진출하면서 사회적 환경에 미치는 영향에 관심을 기울인다.

다(Gadrey et Jany-Catrice, 2012를 참조). 이는 일반적으로 공동체가 치루는 사회적 비용만큼을 부정적 외부효과 발생자에게 조세로 부과하는 것이다(Eme et al., 2000). 경제학자들은 다양한 방법들을 통해 외부효과의 (경제적) 비용을 평가하려고 한다. 이러한 방법들에는 관찰 가능한 경제적 영향에 대한 측정, 회피한 경제적 비용에 대한 평가(가령, 장기 실업자가 일자리로 돌아갈 때 절감할 수 있는 실업수당 비용), 예방 비용에 대한 평가, 가격 형성에 개입되는 조변수의 추정, 원하지 않는 외부효과를 겪는 것을 피하기 위해 개인이 지불하는 데 동의하는 금액 또는 긍정적 외부효과를 발생시키는 경우 이로부터 발생하는 혜택을 보상하는 보조금에 대해 동의하는 금액을 추정하는 헤도닉 방법론 또는 조건부 가치측정법 등이 있다.

1.3.2. 인과성의 문제

경제학자들이 제시하는 가장 최근의 평가 방법은 다른 조건들이 동일하다고 할 때, 효율의 측정은 의도된 행위와 그 결과 사이의 (단순한 근접성이나 병존이 아닌) 순인과성을 통해서만 정해질 수 있다고 본다. 이러한 평가 방법에 가장 부합하는 접근법은 모든 정책(또는 모든 행위)이 부재한 가운데 행위주체가 겪어야 하는 상황을 추정하고, 정책이 집행된 상황과의 차이를 측정하는 것이다('순효과'). 이를 통해 평가자들은 '가상'의 논리를 도입한다.[71] 이러한 방식으로 '가상'('통제그룹')을 구축하기 위해 다양한 방법론들이 실험되었으며, 특히 자연과학과 의학에서 가져온 통제된 무작위 실험들이 진행되었다(Jatteau. 2013 그리고 169쪽의 '통제된 무작위 실험과 사회 프로그램'을 참조).

---

71. 다시 말해, 질문에 대답하고자 하는 논리는 '정책이 없다면 어떤 일이 생기겠는가?'이다.

성과 측정 시스템, 즉 성과를 확인하고 측정하며 인센티브와 연결시키는 것을 목표로 하는 방법들의 발전은 공적 행동 방식의 변화와도 연결된다(Jany-Catrice, 2012). 따라서 공공정책 평가에 대한 현재의 쟁점들을 살펴볼 필요가 있다.

통제된 무작위 실험과 사회 프로그램

무작위 평가 방법은 특히 개발 관련 문제들과 사회연대경제 프로젝트(경제활동을 통한 노동통합, 빈곤 대책 활동 등) 평가를 위해 발전했다. 경제학자들로 구성된 팀이 이 유형의 실험 하나를 수행했다. 이들은 노동통합 활동을 통한 최저소득보장Revenu minimum d'insertion 프로그램에 참여하는 실업자들에 대한 밀착 사례관리 프로그램을 통해 일자리를 찾는 효과를 평가하고자 했다. 이 노동통합 프로그램은 다음과 같이 진행된다. "프로그램 위탁 수행자는 각각 노동통합 대상자가 최소한 일주일에 한 번 만나야 하는 대상을 지정해주어야 한다. 노동통합 대상자는 9개월까지 참여할 수 있고, 위탁 수행자는 다음과 같이 네 번에 걸쳐 위탁 보조금을 받게 된다. 노동통합 대상자가 프로그램을 시작할 때(2,200유로), 노동통합 대상자가 일자리를 찾아서 최소 3개월 동안 고용 상태일 때(1,600유로), 6개월까지 고용 상태를 유지하고 있을 때(500유로)와 9개월까지 유지할 때(500유로)"(Behaghel et al., 2013). 노동통합 활동을 통한 최저소득보장 수혜 자격자 17,666명 중 4,430명을 통제집단으로(즉, 사례관리 프로그램의 수혜를 받지 못하는), 13,236명을 실험집단으로(즉, 사례관리 프로그램 수혜를 받은) 할당하였다. 여러 가지 이유 때문에 최종적으로는 실험 집단 17%, 2,500명만이 실제 밀착 사례관리를 받게 되었다. 전체적으로 보면 프로그램이 참여한 사람들의 고용에 미치는 영향은 매우 적었다. 연구에 참여한 연구자들은 그 이유로 이전 사회학 연구들을 통해 상당한 정도로 뒷받침되는 결론인 "일자리를 찾기 매우 어려운 집단은 효과적으로 돕는 것이 어려우며, 노동통합 활동을 통한 최저소득을 받은 기간이 짧을수록 사례관리 프로그램의 효과성이 높아진다"고 설명하고 있다(Behaghel et al., 2013). 이 연구에 대한 비판으로는 Jatteau(2013)을 참조하라.

2. 공공정책에 대한 평가
: 공익에서 사회적 유용성으로

　서비스 경제 및 관련 성과평가 문제의 발전과 동시에, 공적 행동 방식의 변화와 공익 생산 과정에 관련되는 이해당사자들의 증가는 공적 행동의 결과물의 평가에 대해 질문을 제기한다. 제도적 틀 역시 공적 행동에서의 새로운 역할 배분, 특히 국가와 사회연대경제 사이 역할 배분이라는 재구성으로 특징지어진다. 이러한 재구성 과정이 사회연대경제 평가에 미치는 영향을 잘 이해하기 위해, 국가의 공공서비스와 사회연대경제 행위자 사이의 점점 더 밀접해지는 협력 과정에 초점을 맞추어 보자. 아래에서는 프랑스의 사례를 통해 공공정책과 사회연대경제 평가 형태의 변화에 앞서 사회적 유용성 개념의 등장과 함께 제도적 틀이 어떻게 변화했는지를 살펴본다.

2. 1. 공적 행동의 재구성과 사회연대경제의 특수성

　2차 세계대전 이후 고도성장 기간에 사회국가가 출현할 수 있었던 것은 사회서비스 공급에 대한 공공부문의 개입에 기반하고 있다. 다원적 경제 또는 '혼합 복지welfare mix'라는 관점에서 이해된 것은 최근이지만 (Evers, 1995), '복지'의 생산은 언제나 다양한 기여에 의존해왔다. 그러나 종교단체나 노동운동이 설립한 단체들과는 다르게, 국가가 언제나 사회적 필요에 응답하기 위해 개입하는 첫 번째 주체였던 것은 아니다. 또한 국가의 개입은 경제적, 정치적, 문화적 이유로 점점 더 문제시되고 있다.

프랑스에서 공익interêt général의 개념은 역사적으로 에밀 뒤르켐Émile Durkheim의 사회학 이론에서 영감을 받은 레옹 뒤귀Léon Duguit의 법학 이론 관점에서 국가 행동의 정당성을 지지하기 위해 사용되었다(Donzelot, 1994). 공공서비스는 개별 이해들을 충족시키는 것을 넘어서서 국가적 통합에 대한 관심에서 그 정당성을 찾는다. 이를 위해 공익의 유일한 보증인으로 간주되는 국가의 작동을 뒷받침하기 위해 공무원들[72]에게 특별한 지위가 부여되었다. 적어도 1970년대 초까지는 이러한 공적 행동의 효과가 의문시되지 않았다. 공익을 명분으로 정당성을 찾게 되는 공공정책 운영에 대한 논쟁들이 결과에 대한 책임성을 강조하는 정책의 효과보다는, 수단에 대한 책임성을 강조하는 자원할당 방법에 보다 초점을 맞추고 있었기 때문이다.[73]

그러나 공익과 공공재 공급의 유일한 담보자라는 프랑스 국가의 역할은 수정되었다. 국가는 점차 그 성과를 측정해야 하는 여러 다른 서비스 공급자들 중 하나로 변화했다(Jany-Catrice, 2012). 민간단체와 공권력 사이의 관계에 대한 1975년 1월 27일자 지침은 "국가와 공공기관은 더 이상 공공재에 대해 독점권을 갖지 않는다. 많은 경우 필요에 응답할 수 있는 것은 우선 민간주체들이다"라고 적시하면서 국가가 다른 주체들과 마찬가지로 여러 주체 중 하나라는 생각을 처음으로 공식화하였다.

---

72. 활동의 결과물에 대한 어떠한 고려도 없이 독립적인 보상을 받는 공무원 지위는 이들이 공익을 목적으로만 행동하도록 강제한다.

73. 제공된 서비스의 질(결과에 대한 책임성)은 이 결과물의 일부이다.

1975년 6월 30일 법은 지자체와 사회 및 보건분야 민간단체들 사이의 파트너십을 강조하였고, 이후 1982~1983년 분권화 관련 법률들은 공익의 공동생산 경향을 강조하면서 이러한 흐름을 강화했다(Hély, 2009, p. 35).

이는 다양한 지위의 행위자들(공공서비스, 영리조직 또는 비영리조직) 사이의 새로운 조율 방식을 만들어 냈다.

2.2. 사회적 유용성의 공적 형성 : 프랑스의 경우

유럽에서 '사회적기업'과 이에 대한 공적 인정을 통해 제기된 사회적 기업의 '사회적 임팩트' 측정을 둘러싼 질문들처럼(Alix and Flynn, 2012; Baudet, 2013), 프랑스에서도 사회연대경제 조직들의 사회적 유용성과 그것의 계량화에 대한 문제는 사회연대경제 주체들과 공권력 사이의 협력에 관련된 쟁점들을 구체화시켰다. 프랑스에서 사회적 유용성 개념과 그 측정 및 평가에 대한 질문은 공적 행동이 다양한 지위의 행위자들 사이 상호작용을 통해 나오는 상황에서 등장하였다. 사회연대경제 주체들이 특정한 정책 수단에 접근하고 재무적 혜택을 받기 위해서는 공통의 정체성이 필요하게 되었다. 특정 단체가 지역을 위한 경제적, 사회적, 환경적 활동을 할 때 이들에 대한 '지원'이 어떻게 정당화될 수 있는가?[74] 사회적 유용성 평가 방법을 다루기에 앞서, 공익의 공동생산이 등장하는 조건을 이해하기 위해 '사회적 유용성' 개념이 프랑스 법률 체계에 점진적으로 포함되어온 과정을 살펴보고자 한다.

---

74. 입법기관의 관점에서는 이러한 지원을 정당화하는 데는 제도적 정체성(조직이 민간단체, 상호공제조합 또는 협동조합이든 관계없이)만으로는 충분하지 않았다.

프랑스에서 사회적 유용성 개념은 세제 혜택을 받고자 하는 민간단체들로 하여금 그들이 제공하는 서비스가 시장에 의해서 제공되지 않거나 시장에 의해 더 낮은 가격으로 제공되지 않는다는 것을 입증하도록 하는 1973년 최고행정재판소 판결을 통해 처음으로 법률체계 속에 등장하였다. 이 판결을 통해 민간단체가 갖는 (비영리 및 사리사욕 없는 경영이라는) 법적 지위가 부여하는 특징으로는 더 이상 충분치 않게 되었으며, 민간단체들은 점차 자신들의 특별한 기여, 즉 사회적 유용성을 입증해야 하게 되었다(Trouvé, 2007, p. 121). 재무당국은 "시장에 의해 일반적으로 또는 충분하게 채워지지 않는 필요를 충족시키는" 서비스에 대해 사회적 유용성을 가진다고 인정하였다(Euillet, 2002).

4반세기 후인 1998년 재무당국은 1973년 최고행정법원의 결정을 구체적으로 명시하였다. 먼저 비영리조직들은 경영이 개인들의 사리사욕 없이 이루어지는가를 검토함으로써 세제 혜택의 수혜를 받을 수 있다. 경영에 사리사욕이 없다면, 다음으로 재무당국은 '생산물produit', '공공성public', '가격prix', '광고publicité'라는 이른바 '4P' 기준에 따라 해당 조직이 영리부문과 경쟁을 하는지 아닌지 검토한다. 마지막으로 기업 활동을 수행하는 민간단체는 상업 관련 세제를 따른다.

재무적으로 볼 때, 활동의 사회적 유용성은 '생산물'과 '공공성' 측면에서 분석된다. 1998년 재무 지침에 따르면, "사회적 유용성은 시장에 의해 전혀 충족되지 못하거나 충분히 충족되지 못하는 필요를 만족시키고자 하는 활동에 관련된다." '생산물'은 이러한 방식으로 사회적 유용성을 확인할 수 있다. 공권력이 부여하는 다양한 인가들도 한 조직의 사회적 유용성을 평가하는 데 기여할 수 있다. 목표로 삼는 '공공성'도 고려된다. 경제적, 사회적 상황을 고려하여 특정한 혜택의 부여가 정당화되는 사람들(특히 실업자나 장애인)을 위해 주요하게 수행되는 유료 활동은 사회적 유용성을 가진다고 할 수 있다. 다른 두 가지 'P'는 사회적 유용성을 평가하는 기준으로는 사용되지 않지만 지침에는 언급되어 있다. 이에 따르면 "(제공되는 서비스에 대한) 대중의 접근성을 높이기 위한 노력, 특히 확실히 낮은 가격으로 제공하려는 노력을 통해 영리기업이 제공하는 유사한 성격의 서비스와 구별되는지"를 분석할 필요가 있다. 이러한 '가격' 기준은 사회적 성격을 반영한 요금표를 만드는 방식으로 구체화될 수 있다. '광고'와 관련해서는, 해당조직이 "경쟁 환경 속에서 대중을 향해 상업광고를 활용하지 않으면서도 제공하는 서비스에 대한 정보"를 알리고 있는지 검토하게 된다.

사회적 유용성에 대한 재무당국의 이러한 평가에 대해 민간단체들은 "현실적 또는 가상적 경쟁의 관점에서 민간단체의 주요 구별 요소를 찾는다"(Dutheil and Durant, 1997)는 점에서 과도하게 제약적인 것이라고 판단하고 꾸준히 이의를 제기했다. 민간단체 관련 전국평의회Conseil national de la vie associative, CNVA는 민간단체라는 지위 자체와 사회 전체에 대한 기여, 즉 "보다 민간단체적인 특징"을 고려할 필요를 주장한다. 평의회는 10가지 기준을 제시했는데, 이는 이후에 다음과 같이 5가지, 즉 "수행하는 경제활동 자체보다는 해당 단체 목적의 우선성", "비영리성과 사리사욕 없는 경영", "민간단체의 사회적 기여", "민주적 작동", "인가"로 요약되었다.

이러한 논의를 바탕으로 국가는 사회연대경제 조직이 다양한 공공정책 수단이나 세제 혜택에 접근할 수 있도록 하는 다양한 사회적 유용성 평가 도구를 만들었다. 국가가 제공하는 서비스에 있어서, 대상 활동이 시장과 관련하여 어디에 위치해 있는가가 사회적 유용성 인정을 통한 세제 혜택이나 보조금 지원 일자리 확보에서 중심 기준이 된다(175쪽의 '고용정책에서 사회적 유용성 인정'을 참조).

고용정책에서 사회적 유용성 인정

사회연대경제 조직들이 고용 '활성화'라 불리는 정책의 중요한 주체가 되어 가면서 고용정책은 점진적으로 사회연대경제 조직의 사회적 유용성을 인정하는 새로운 동력이 되어 왔다. 실업에 대한 사회정책을 통해 프랑스 국가는 사회연대경제, 특히 비시장이라 여겨지는 부문에서 공공부문과 민간 영리부문에 의해 충족되지 않는 활동을 통해 고용을 창출하는 실업대책 수단을 발전시켰다. 이는 동시에 충족되지 않고 있는 집합적 수요에 응답하는 것이다. "새로운 서비스, 청년 일자리" 정책에서 사회적 유용성이라는 표현은 "대상 조직"의 법적 지위만을 가리키는 개념인 "집합적 유용성"을 대체했다. 1997년 10월 16일 97-940 법은 "새롭게 등장하거나 충족되지 않는 필요에 부응하고 특히 스포츠, 문화, 교육, 환경, 근린활동 분야에서의 사회적 유용성을 보여주는 청년 일자리 창출 활동의 발전"을 언급한다(노동법 L. 322-4-18). 이때 사회적 유용성은 수행되는 활동 분야(스포츠, 문화, 교육, 환경, 근린서비스)와 활동의 성격(새롭게 등장하는 또는 충족되지 않는 필요에 부응하는 활동)에 따라 정의된다.

2012년 10월 26일 2012-1189 법에 의해 만들어진 "미래 일자리"에서도 사회적 유용성은 수행된 활동 분야에 의해 평가된다. 국가와 광역도région 지방정부를 연결 짓는 광역도 단위 기본계획schéma d'orientation régional이 해당 분야들을 규정한다. 관련해서 고용주들도 제안을 할 수 있다. 사업 수행단체들의 전국 네트워크가 국가와 협약을 직접 체결할 수 있지만, 결국 사회적 유용성의 성격을 갖는 활동을 정의하는 중심적 주체는 국가이다. 미래 일자리 프로그램의 10%는 시장부문, "특히 친환경 및 혁신 분야"에 할당되지만, 창출된 일자리에 대한 지원은 보다 약하다. 다른 특징과 관계없이 26세 이하 청년들에게 주어지는 청년 일자리와 달리, 미래 일자리는 학력이 낮거나 취약 도심 지역이나 농촌 활성화 지역에 거주하는 청년들을 대상으로 한다.[75]

---

75. "미래 일자리는 사회적 또는 환경적 유용성을 보여주거나, 일자리 창출을 위한 중요한 잠재력을 가지면서, 지속적인 고용의 전망을 제시할 수 있는 활동들에서 개발되었다. 예시로서 친환경 및 디지털 분야, 사회 및 보건사회 부문, 대인 도움 부문, 문화여가 부문, 관광 등을 언급할 수 있다. 각 지역의 지역적 방향 계획은 미래 일자리와 특히 이들 미래 일자리의 발전을 위해 우선적인 분야, 무엇보다 고용 창출의 높은 잠재력을 보여주거나 새로운 활동 개발의 전망을 제공하는 부문들을 위한 지역 전략을 정의한다. 지역 차원에서 우선적인 분야를 확인하는 것은 다른 부문에 속한 비시장부문 고용주들이 미래 일자리 공급을 제안하는 것을 금하지 않는다." 노동부 '미래 일자리'. http://travail-emploi.gouv.fr/. 2013년 2월 4일 업데이트.

　사회연대경제 주체들은 민주적 작동 방식과 비영리 경영을 중심 기준으로 내세웠다. 어떠한 경우든 간에, 모든 토론은 사회연대경제 주체들이 성장과 발전에 유리한 다양한 혜택을 받을 수 있게 해주는 지표를 어떻게 구축할 것인가에 대한 것이다.

　사회적 유용성이 중요한 규제 능력을 가지고 있다는 점에서, 사회적 유용성을 정의하는 과정에서 국가의 자리가 줄어들수록 사회연대경제 주체들이 얻을 수 있는 혜택도 줄어든다. 이러한 상황은 기업의 사회적 목적에 대한 인정이 기업 스스로 발행하는 보고서로만 이루어지는 벨기에 사회적 목적 기업에서 관찰된다. 사회적 목적 기업 자체에 대해서는 별도의 혜택이 없으며, 따라서 보조금을 확보하기 위해서는 노동통합기업과 같이 특정한 인가를 받아야 한다(Lemaître and Nyssens, 2012, p. 157). 또한 2001년 도입되어[76] 사회적 유용성을 인정받은 프랑스 공익협동조합société coopérative d'intérêt collectif, SCIC 지위의 경우에도 유사한 상황을 발견할 수 있다. 공익협동조합은 직원, 수혜자, 자원활동가, 지자체, 재정지원 기관, 기타 다른 파트너 등 다양한 이해당사자들을 포괄하며, "사회적 유용성의 성격을 보여주는 공익적 재화와 서비스의 생산 및 제공"을 목적으로 한다. 공익협동조합 관련 2002년 2월 21일 2002-241 시행령은 제3조에 "공익협동조합이 갖는 사회적 유용성의 성격을 평가하기 위해, 도지사는 해당 공익협동조합 설립 프로젝트가 새롭게 생겨나거나 충족되지 않는 필요, 사회적 및 직업적 자활, 사회적 통합 증진, 재화와 서비스에 대한 접근 능력에 가져오는 기여를 고려한다"고 규정하고 있다.

　그러나 2012년 3월 22일 2012-387 법은 공익협동조합에 대한 도지

---

76. 2001년 7월 17일 2001-624법.

사의 인가 과정을 삭제했다.[77] 이를 통해 프로젝트의 사회적 유용성을 보증하는 것은 더 이상 공공기관이 아니라 협동조합 조합원 스스로가 해야 하는 것이 되었다. 공익협동조합이 조직과 작동의 법적 조건들을 더 이상 충족하지 못하면, 관련자들은 관할 법원에 '협동조합'이라는 명칭을 삭제할 것을 요청할 수 있다.

재무당국의 4P 기준과 직접적 관계없이 사회적 유용성 개념에 호소하는 것은 사회연대경제 관련 2014년 7월 법률을 통해 더욱 결정적이게 되었다. 사회연대경제 기본법에서 사회적 유용성은 상업기업들을 사회연대경제 범위에 포함시키는 동시에, 연대 예금에 기반을 둔 다양한 금융 도구에 접근할 수 있는 특수 지위로서 '사회적 유용성 연대기업 entreprise solidaire d'utilité sociale'이 되기 위한 중심적 기준들의 하나이다. 이법에 따르면, "기업이 사회적 유용성을 추구한다는 것은 적어도 다음의세 가지 조건 중 하나를 주요한 사회적 목적으로 두어야 함을 뜻한다. 1) 취약한 상황에 있는 사람을 돕는 것을 목적으로 하는 활동. 이때 취약한 상황에 있는 사람들은 이 기업의 직원, 이용자, 고객, 회원 또는 수혜자일 수 있다. 2) 사회적 배제와 보건, 사회, 경제, 문화 불평등에 대한 투쟁, 대중교육을 통한 시민의식 교육, 사회적 관계의 보전과 발전, 지역적 통합의 유지와 강화에 기여하는 것을 목적으로 하는 경우. 3) 활동이 이상의 목적들 중 하나와 연결된다는 전제 아래, 지속가능개발 또는 국제적 연대를 위한 것인 경우."

사회연대경제는 이런 방식으로, 특히 사회연대경제 조직의 사회적 유용성 인정을 통해 프랑스 법률체제에 포함되었다. 한편 사회적 유용성을 정의하기 위한 방법은 이와 관련된 평가 개념에 상당 정도 의존하고 있다.

---

77. 행정 간소화로 간주되는 이러한 전개는 공익협동조합이 설립되는 때부터 지자체가 지분에 참여할 수 있도록 해주었다. 이전에는 인가를 얻은 후에만 가능했다.

2. 3. 평가를 만들어 내는 과정

사회적 유용성과 공공정책 평가가 서로 연결된다는 점은 점점 더 분명해지고 있다. 국가는 내부적으로 평가 과정을 점점 더 제도화하는 주체로, 또는 다른 주체들과 마찬가지로 공익의 생산과 보전을 위한 주체들 중 하나로 간주된다. 다시 말해 공익의 공동생산자가 되는 것이다.

이에 우리는 공공기관이나 사회연대경제 주체들의 발언과 실천에서 사회적 유용성 개념의 제도화 과정을 관찰할 수 있다. 이때 이 개념을 보다 분명하게 정의하기 위해 검토되는 방법은 무엇인가? 누가 이러한 사회적 유용성 측정 도구를 규정하는가? 기준들은 어떻게 선택되는가? 사회적 유용성과 사회연대경제 성과의 기준과 지표를 만들어내는 과정에 어떤 주체들(가령 전문가나 다른 이해당사자)이 참여하는가?

2.3.1. 사회연대경제 평가에 관련된 민주주의 문제

사회연대경제 성과평가 방법에 대한 쟁점을 이해하기 위해서는, 먼저 사회적 실체의 수치화가 갖는 특징을 살펴보고, 특히 일부 경제학자들이 강조하는 측정의 "현실적 이해"에 대해 토론할 필요가 있다. 이를 위해, 데로지에르가 도입한 "측정하는 것"과 "계량화하는 것" 사이의 차이를 다시 살펴보는 것이 흥미로울 것이다(Desrosières, 2008; 2011). "자연과학에서 영감을 받은 측정이라는 아이디어는 어떤 것이 이미 존재하고 있는 실체이며, 도량형학을 통해 측정될 수 있다는 것을 암묵적으로 가정한다."(Desrosières, 2011) '계량화하다'는 표현은 특정한 실체를 수치로 나타내는 것이 계량화 과정에서 명시적으로 이루어지는 많은 약속과 선택의 결과물이라는 아이디어를 표현하고 있다. 이렇듯 계

량화 작업을 이해하기 위해서는 "'계량화하다'라는 동사를 '합의하다'
와 '측정하다'라는 두 순간으로 나누어야 한다. '계량화하다'라는 동
사는 계량화 과정이 갖는 사회적으로나 인지적으로 창조적인 성격에
주목하게 한다. 계량화는 (통상적인 방법론의 관점에서) 세상을 반영할 뿐
만 아니라 세상을 다른 방식으로 재구성하면서 변환시키기도 한다."
(Desrosières, 2011) 실제로 평가 기준은 대상물의 형태에 기반하고 있는
동시에 이를 주조하는 역할도 한다. '합의하다'라는 개념은 기준을 발전
시키는 단계와 기준을 지표로 전환하는 과정 자체에 주목하게 해주며,
따라서 현실을 수치화하는 과정에 내포된 모호함, 논쟁들 그리고 역관
계를 고려하도록 한다. 활동의 성과를 보여주는 지표의 경우, 계량화 과
정은 가치평가의 대상이 되는 활동의 차원 자체를 정의하는 단계를 거치
게 되는데, 이는 전체 과정에서 중심적 역할을 한다. 결국 "가치를 부여
하기"(Desrosières, 2008) 위한 판단으로 이루어지는 계량화 단계는 활동
자체를 이해하고 인정하는 과정에 직접 개입하는 것이다. 성과와 결과
계산에 대한 형태들이 단일화되면서, 모방이나 상응을 통해 동일한 분야
내에서 또는 더 폭넓게는 특정 영역을 넘어서서 확장되는 경향에 있다는
점에서 이러한 계량화 과정에 관련된 쟁점들이 보다 중요해질 것이다.

계량화에 관련된 또 다른 쟁점은 성과 지표 확산에 관련된 역작용의
영향에 대한 것이다. 역작용이라는 표현은 계량화 과정의 결과가 계량
화 과정을 구성하는 여러 가설 및 신중한 고려로부터 분리되어 무언가
분명한 것인 것처럼 보이게 될 때, 평가 과정의 수단과 목표 사이의 도
치가 종종 발생하는 것을 말한다. 평가도구가 성찰적 능력을 상실하면
서 실제로 여러 유형의 일탈이 발생한다. 가령, 실업정책이 실업에 대
한 수치의 정치로, 청소년 탈선방지 정책이 탈선에 대한 수치의 정치로
전환되는 것이다. 알려지지 않은 실체에 대한 관찰(평가 목적)을 위해 사

용되어야 할 지표들(평가 수단)은 그 적절성에 대해서는 질문 받지 않은 채 그 자체로 가치를 부여받고 있다. 평가받는 조직들은 지표가 '현실에서' 사용되는 형태에 맞추려는 전략을 채택하게 되고(제약들을 내재화하는 전략), 이를 통해 활동의 첫 단계부터 성과 수치에 영향을 미치려고 한다. 이러한 방식으로 성과를 높이기 위해 초반부터 특정한 정책의 수혜자들을 (성과에 도움이 되지 않는 다른 사람들을 배제하면서) 선택할 수 있고, 몇몇 노동통합 조직들이 일자리에 대해 고착된 목표율 달성에만 매달리는 것처럼 고정된 목표를 기계적으로 달성할 수 있게 해준다. 그 결과 조직의 활동은 민간이나 공공부문 통계를 통해서 확인되는 영역에만 집중된다.

이러한 맥락에서 보면, 성과 지표에 대해 토론하는 것은 측정에 대한 "실체적" 이해가 갖는 문제와 역작용의 효과에서 오는 일탈에 대한 보호막으로서 역할을 할 수 있다. 민주적 토론은 측정 대상에 내재된 불확실성을 다시 확인함으로써 일부 평가 방식이 지닌 자동적 성격에 대해 문제를 제기할 수 있게 해준다. 또한 성과 지표에 대한 민주적 토론은 평가 자체를 목적으로 하기보다는, 평가를 통해 집합행동이 갖는 목적에 대해 질문하도록 이끌어준다.

2.3.2. 전반적 성과의 평가

성과평가의 쟁점들은 성과와 관련된 여러 체제들이 드러나게 해준다. 이 체제들은 역사적 시기와 조직에 따라 어느 정도 상호공존하는 것들이다. 두 가지 결정 요인이 성과 지표 개발에 대한 대조적 과정을 만들어낸다. 먼저 하나는 성과 기준이 단일한지 또는 다차원적인지에 대한 것이다. 다른 하나는 이 기준들을 발전시키는 과정의 성격, 즉 누군가에 의해 계획되어 이용자들은 단순 이용만 하는가 아니면 이용자들 스스로 협상을 통해 발전시키는가에 대한 것이다. 이 두 기준을 교차시키면 전제적, 포디즘적, 경영적, 숙의적이라는 네 가지 체제를 얻을 수 있다. 성과평가가 비옥한 과정이 되기 위해서는 숙의적 체제, 즉 다차원적 기준들과 이 기준들을 정하는 과정의 협상적 성격이 교차하는 체제에서 흥미로운 실험의 공간을 만들어 낼 수 있을 것이다. 이 체제는 성과 지표들을 목적 자체로 보기보다는, 지표를 만들어내는 과정과 민주주의 문제를 연결시키는 흥미로운 체제이다. 숙의적 체제는 "서비스 발전에 있어서 다양한 관련 주체들이 적절한 평가 기준이라고 합의하는 것에 기반하여 규칙을 조건으로" 공공재정을 지원하는 "협의적 규제" 유형이라 할 수 있다(Laville and Nyssens, 2001, p. 250; Fraisse, 2006).[78]

평가의 성격 / 과정의 성격	단일한 성격 (측정이 인지적으로 단순화하는 역할을 하면서 작동)	다차원적 성격 (측정이 다양한 현실을 드러내는 역할로 작동)
계획됨 (단순하고 수치화된 측정으로 표현)	예 : 단일하고 부과되는 지표들 (전제적 체제)	예 : 프랑스 lolf 제도 (경영적 체제)
협상됨 (양적이고 질적인 분석틀로 표현)	예 : 포디즘적 임노동 관계에서의 시간당 생산성 (포디즘 체제)	예 : • 조직의 경제적 및 사회적 유용성 평가 • 특정 지역에서 숙의를 바탕으로 지표 개발(숙의적 체제)

출처 : Jany-Catrice(2012)

표 1 성과 체제

78. 공공정책에 대해 다루는 이 책의 2장을 참고.

3. 사회연대경제의 사회적 유용성 평가

이 절에서는 사회적 유용성 평가를 이해하기 위해 먼저 사회연대경제 주체들이 주장하는 사회적 유용성이 무엇인지 확인하고자 한다. 다음으로는 사용된 다양한 방법론들, 즉 주장된 사회적 유용성에 걸맞는 방법론을 살펴볼 것이다. 마지막으로 평가 과정에서 전문가와 이해당사자가 자리한 위치를 중심으로 살펴보면서, 보다 숙의적인 체제에 기반한 평가를 둘러싸고 이루어지는 토론들을 검토한다.

3. 1. 사회연대경제 주체들이 주장하는 사회적 유용성

사회연대경제 주체들은 자신의 활동이 갖는 사회적 유용성을 인정하도록 요구하면서, 특히 공공부문이나 민간 영리부문 활동과 비교하여 자신의 활동이 갖는 특수성을 잠재적 재정공급자들(국가 및 재단)에게 인정받도록 노력한다. 사회적 유용성의 인정에 관련한 쟁점의 일부는 공권력으로 하여금 사회연대경제 주체들이 생산하는 긍정적 외부효과에 대해 보상하도록 하는 것(즉, 보상을 재정지원에 내부화하는 것)을 목표로 한다. 경제적 의미에서 말하자면, 사회연대경제 주체들은 사회적 유용성을 주장하면서 긍정적 외부효과를 이해당사자들이 인정하는 진정한 결과물로 만들고자 한다. 사회적 유용성은 사회연대경제 당사자, 연구자 또는 컨설턴트의 네트워크에 의해 수행된 많은 연구들의 주제였다. 가드레(Gadrey, 2006)는 사회적 유용성에 대해 수행된 다른 연구작업들에 기반하여 사회적 유용성에 대한 여러 차원의 유형화[79]를 제시한다.

- 사회적 유용성의 주요한 경제적 요소는 활동을 통해 창출된 또는 절약된 경제적 부라는 관점에서 이해할 수 있다. 이는 먼저 일부 서비스에서 발생하는 집합적 비용이 사회연대경제에서는 공공부문이나 민간 영리부문에 비해 덜 발생한다는 사실을 입증하는 것에 관련된다. 이러한 측면은 좋지 않은 임금조건이나(Hély et al., 2011) 왜곡된 자원활동에 의지하는 것으로 해석될 수 있다는 점에서 비판의 대상이 되기도 한다. 다른 방법은 경제적 비용을 줄이는 것에 대한 간접적 기여를 입증하는 것이다. 예를 들어 실업수당이나 기초생활수당 등 공공지출을 줄이거나 대인서비스 분야에서 비공식 노동의 감소를 보여줄 수 있다. 또한 어린이 돌봄 시스템 수혜 여성들의 경제활동률 증가 또는 직업훈련 확대, 그리고 새로운 활동의 창출을 통해 지역경제 역동성에 기여하는 것은 사회연대경제의 입증된 중요한 경제적 요소이다.
- 사회적 유용성은 사회적 차원을 통해서도 확인되며, 특히 노동통합 대상자들이나 서비스 이용자들과 같이 활동의 대상에 관련된다. 이는 불평등과 빈곤에 대한 투쟁, 특정한 재화와 서비스에 대한 접근성, '역량' 개발, 즉 아마티야 센이 주목했던(Sen, 2001, pp. 233~236) 집합적이면서 정치적 성격을 갖는 자율행동 능력의 개발 등으로 이해할 수 있다. 사회구조적 차원은 이러한 사회적 차원의 연장이며, 사회적 관계, 협력적 네트워크, '사회적 자본'의 발전 또는 지역발전과 지역 민

---

79. 사회연대경제 조직들의 사회적 유용성에 관한 장 가드레의 보고서는 2000년 초기에 DIES 와 MIRE 를 위해 제출된 각 지역에서의 사회연대경제 관련 연구 프로그램을 통해 수행된 작업에 기반하고 있다.

주주의에 대한 기여로 표현된다.

- 사회연대경제 주체들은 또한 환경보호와 같이 사회 전반이 누리는 집합적 혜택의 논리로 사회적 유용성을 주장한다. 이는 사회연대경제 조직의 활동 목적이나 일상 실천이 지속가능발전의 다양한 차원에 연결되고 있음을 보여준다. (일부 사회연대경제 조직을 포함하여) 기업들이 부정적 외부효과를 만들어내고 이에 대한 비용을 공공이 집합적으로 부담한다고 지적되는 반면, 사회연대경제 활동은 생태적 프로젝트 자체를 자신의 목적으로 삼는다. 실제로 사회연대경제 조직은 폐기물 관리나 자연공간 보존과 같은 여러 환경 관련 부문 및 오늘날 (재이용 전략에 기반한) 순환경제라 불리는 영역에서 선구자였다. 환경적 차원은 조직의 특정한 목적이 아니더라도 구매정책 등 일상의 활동을 통해 실천되기도 한다.

- 사회적 유용성은 마지막으로 사회연대경제 그 자체의 정치적 차원으로 주장된다. 이러한 접근은 사회적 유용성이 사회연대경제 조직 자체에 내재된 것임을 보여주는 데 있다. 이를 입증하기 위한 첫 번째 유형의 지표들은 비영리성, 무사무욕, 자원활동이다. 두 번째 유형 지표들은 정관을 통해 확인할 수 있는 조직의 민주적 작동에 대한 것이다. 이는 조직 내부의 변화를 넘어서서 특히 공공정책의 변화를 이끌어냄으로써 사회혁신을 이루게 하는 능력이 된다. "집단으로 조직될 수 있을 때, 이 조직들은 공공정책에 영향을 미칠 수 있고 더 나아가 사회연대경제 조직들의 사회적 유용성을 인정하는 활동 영역을 공권력이 구축하는 과정에 참여할 수 있다."(Fraisse et al., 2001)

국제연대에 대한 기여나 문화적 다양성과 같은 다른 주제들도 고려될 수 있다. 그러나 여러 사회적 유용성 차원들은 객관화하기 어렵다는 내재적 성격을 갖는다. 사회적 유용성 차원이 공공부문과 사회연대경제 이해당사자들 사이의 관계에 기반한 사회적 구성물이며, 평가 방법을 통해 선택과 적응이 이루어진 결과물이기 때문이다.

3. 2. "고전적 방법론들"

숙의적 과정에 충실한 사회적 유용성 평가 방법을 검토하기에 앞서, 경제활동 평가에 자주 이용되는 도구들을 살펴보면서 사회연대경제가 이를 어떻게 응용하고 더 나아가 도구들의 발전에 기여했는지를 살펴보자.

3.2.1. 경영적 평가도구와 사회연대경제 특수성에 맞춘 조정

많은 경우 경제활동은 협소한 의미에서 시장활동을 통한 이윤 실현을 목표로 한다고 이해된다. 이러한 관점에서 보면 회계는 자본주의 기업의 핵심 도구이다. 회계는 기업의 자산, 비용, 생산물, 결손 또는 잉여, 그리고 수익의 일부를 투자하고 주주에게 분배할 가능성을 측정한다. 이 도구는 사회연대경제의 특수성, 특히 결사체적 성격 및 자원활동의 참여, 재무의 흐름을 넘어서는 공공정책에 대한 지원 등을 고려하지 않는다. 그러나 프랑스에서는 1999년 이후 민간단체와 재단의 연간회계보고 작성이 새롭게 규정되었다.[80] 이에 따르면 민간 영리기업의 성과와 민간단체 성과를 구별하기 위해, 민간 영리기업에서 '이윤'과 '손실'이라 불리는 것을 민간단체에서는 '잉여'와 '결손'이라 부른다. 다

---

80. 프랑스 1999년 5월 4일 공보. 민간단체와 재단의 연간회계보고 작성 방법 관련 회계규정 위원회 1999년 2월 16일 99-01번 규칙의 승인에 관련한 1999년 4월 8일 시행령 참조.

른 회계 원칙들은 민간단체의 특징적인 자원, 특히 공적 부문에서 오는 자원과 자원활동에서 유래하는 비화폐 자원의 가치를 보다 잘 확인하게 해준다. 이와 관련하여 운영보조금에 대한 처리와 재정지원 관련 계약에 대한 처리는 상세한 기록을 통해 이루어져야 한다. 특히 투자 관련 보조금은 '민간단체 기금' 항목에 채무로 기입되어야 하며, 보조금이 여러 회계 항목에 관련되면 '특정목적 기금' 항목으로 상세 내용과 함께 기입되어야 한다. '공개 모금을 통한 자원', '현물 자원' 그리고 '유산과 기부'에 대한 처리도 표시된다. 끝으로 '자발적 현물 기여'는 이 새로운 회계방식에서 매우 혁신적 항목들 중 하나이다. "사람, 동산과 부동산을 활용한 자원활동 및 배분되고 소비될 수 있는 현물 기부에 대한 것이다. 이러한 기여들이 의미 있는 정도라면, 그 성격과 중요성은 별지에 기록되어야 하는 정보가 된다. 충분히 신뢰할 수 있는 계량적 정보가 없을 경우 질적 정보를 활용한다. 민간단체가 이들 자발적 기여를 계량화하고 가치 부여할 수 있는 정보 및 이를 위해 신뢰할 만한 기록 방법을 가지고 있다면, 이를 회계장부에 기장할 수 있다."[81]

사회적 결산서는 회계결산서를 보완한다. 사회적 결산서는 사회연대경제만 사용하는 것은 아니지만, 프랑스에서는 노동자협동조합들이 1968년 협동조합 총회에서 규정한 협동조합 결산서를 시작으로 그 개념 정의를 위해 꾸준히 활동한 첫 번째 기업들이다. 1977년 법은 이 사회적 결산서를 300명 이상 직원을 고용한 기업들에 의무적으로 적용하도록 했다. "사회적 결산서는 사회적 차원에서 기업의 상황을 평가할 수 있고, 실현된 결과물을 기록하며, 해당 연도 및 해당 연도 전 2년 동안에 있었던 변화에 대한 수치화된 정보를 하나의 문서에 담는다. 이를

---

81. 상동. 또한 민간단체 관련 전국평의회 문서(CNVA, 2000) 참조.

협동조합 점검

프랑스 노동자협동조합들은 매년 회계연도를 마친 후 6개월 이내에 자신들의 활동에 대한 일련의 정보를 노동부에 보고해야 하고, 매 5년(회계감사가 없는 유한회사 지위 노동자 협동조합은 매년) 협동조합 점검 보고서를 제출해야 한다. 이를 수행하지 않으면 협동조합 지위가 무효화되거나 노동부 노동자협동조합 목록에서 삭제된다.

협동조합 점검 과정은 협동조합 원칙에 대한 준수, 협동조합 결산서, 경영에 대한 관리 감독, 다른 비교 가능한 기업과의 경제적 및 재무적 결과에 대한 분석 비교의 내용으로 진행된다. 관련 부처 대표자들, 해당 분야에서 역량을 고려하여 선정된 두 사람, 그리고 협동조합고등평의회의 네 명의 대표자로 구성된 인정위원회에서 인정받은 점검위원 réviseur에 의해 수행된다. 이러한 점에서 협동조합 점검은 공공기관뿐만 아니라 협동조합 주체들을 참여시키는 정책 도구이다. 점검위원이 작성한 점검 보고서는 해당 협동조합 정기총회 적어도 15일 이전에 조합원들에게 제출된다.

출처 : Peretti (1997, p. 159)

통해 사회적 결산서는 고용, 급여, 부차적 비용, 위생과 안전 관리, 기타 노동조건, 교육, 노사관계, 직원과 그 가족들의 회사 관련 생활 여건에 대한 정보를 포함한다."(노동법 438-3항) 이때 '사회적' 차원은 제한된 의미로, 즉 기업 내부 차원과 노사관계에 관련해서 정의된다.

일반 기업에서 직원들은 노사위원회를 통해 제출된 의견서를 통해서만 사회적 결산서에 대해 의견을 표명할 수 있다. 사회적 결산서의 또 다른 한계는 토론이나 기업 내 다양한 주체들이 만날 기회를 만들지 않고 단순한 행정적 서식으로만 작성된다는 데 있다. 또한 기업의 다른 파트너들은 사회적 결산서와 관련되지 않는다.

3.2.2. 소셜임팩트의 화폐가치화

사회연대경제 조직의 결산서가 비화폐적 요소를 포함하여 경제활동에 대한 분석을 제공하기는 하지만, 그들의 '임팩트', 즉 장기적인 영향은 측정하지 못한다. 유럽집행위원회는 "사회적기업의 주요한 목적은 사회, 환경 그리고 지역사회에 강한 임팩트를 가져오는 것"이라고 규정한다(Commission européenne, 2012, p. 4). 프랑스에서 사회적 유용성 측정에 대한 논의가 이미 시작된 것처럼, 이제 임팩트 측정은 점점 더 지배적인 흐름이 되고 있다(Alix and Flynn, 2012). 이러한 맥락에서 사회연대경제 조직들은 공권력과 (재단을 통한) 민간부문의 재정 충당을 통해 이루어진 자신들의 활동을 보고하기 위해 관련 비용과 이를 통해 발생하는 긍정적 효과를 화폐가치화하기 위한 복잡한 방법들을 실행하고 있다.

이미 1983년 꼴리농과 월모는 경제활동을 통한 노동통합 활동 관련 화폐가치화 방법론을 제시하였다. 이 방법론은 노동통합 조직에 대한 지원을 정당화할 수 있는 경제적 논거를 공공정책 결정자들에게 제공하는 것을 주요 목적으로 한다. "노동통합기업에 대한 공권력의 개입은 핵심적으로 세 가지 기준에 따라 평가된다. 즉, 상업적 성과에 대한 효과, 고용과 실업에 대한 효과, 공공재정에 대한 효과"이다. 이에 따라 노동통합기업 활동 관련 비용과 편익의 측정은 다음과 같은 세 지점에서 이루어진다. 먼저 노동통합기업 수준에서의 즉각적인 효과인 산출물(즉 대상 집단을 위해 만들어진 일자리의 수)을 파악한다. 다음으로 해당 활동 분야에서 다른 기업들에 대한 영향, 즉 노동력 이동에 대한 영향을 분석한다. 마지막으로는 거시경제적 효과를 살펴본다. 그럼에도 불구하고 전체 결산은 과소평가된 것으로 나타났다. 실제로 "훈련 서비스에서 발생하는 이점들은 결산에 포함되지 않았는데, 이들 서비스가 장기적 투자의 성격을 가지기 때문에 상당한 정도로 임의적 방식을 취하지 않고는 장기적 결과를 평가할 수 없기 때문이다."(Collignon and Ullmo, 1983)

이러한 유형의 도구는 다양한 평가, 특히 경제활동을 통한 노동통합 분야에서 이용되어 왔지만, 많은 경우 단순화되고 경영적인 방식을 취했다. 가령, 사회투자수익률social return on investment, SROI 방법론은 앵글로색슨 지역에서 전파되었는데, 다양한 이해당사자들과 함께 투자 대비 결과 비율을 산출함으로써 사회적기업가들의 프로젝트에 대한 재정 투입 임팩트를 민간재단들에게 보여주고자 한다. 이 도구는 유럽에서, 특히 경영학과 등을 통해 폭넓게 확산되었다(186쪽의 '투자에 대한 사회적 성과'를 참조).

사회적 임팩트에 화폐가치를 부여하는 방법은 일련의 한계에 봉착한다. 첫째는 인식론적인 것인데, 화폐가 아닌 것들을 수치화하기 위해 화폐에 기반한 언어를 사용하는 한계를 갖는다. "화폐는 재화의 양을 증가시키는 목적을 갖지 않는 활동을 포함하여 모든 것에 대한 단위로 이용된다. 사회적 연대, 기관의 효율성, 사회와 사람들의 통합성 증가 등의 목적을 갖는 곳에서도, 합리화라는 주제에 연결되는 순간 그들의 성과를 측정하기 위해 비용편익 분석의 다양한 방법에 호소하게 된다. […] 이처럼 화폐는 화폐만으로는 달성할 수 없는 목적을 위한 분석을 위해서도 이용된다."(Baum, 1976)

사회투자수익률 social return on investment, SROI

"SROI는 사회적, 환경적, 경제적 비용과 혜택을 포함하는 가치의 확장된 개념을 측정하고 고려하기 위한 분석틀이다. 이는 사회적 불평등과 환경파괴를 줄이는 동시에 삶의 질을 향상시키는 행동을 촉진하는 것을 목표로 한다.

SROI는 변화가 어떻게 만들어지고, 이 변화를 통해 달성된 사회적, 환경적, 경제적 결과를 어떻게 측정하며, 비용/편익 비율을 계산하기 위해 이 결과를 화폐가치로 어떻게 표현하는가를 설명한다. 가령 3/1 관계는 1유로의 투자가 3유로의 사회적 가치를 가져온다는 것을 보여준다. SROI는 화폐 이상의 가치를 이야기한다. 화폐는 공통적으로 사용하는 측정단위이자 가치를 표현하기 위한 실용적이고 광범위하게 받아들여지는 방법일 뿐이다. '사업계획'이 재무계획 외 정보들을 포함하고 있는 것과 마찬가지로 SROI는 단순한 숫자 이상으로 의사결정에 도움을 주는, 질적 · 양적 · 재무적 정보 전체를 포함하는 변화의 역사인 것이다."

출처 : ESSEC (2011)

두 번째 한계는 실천적인 것이다. SROI에서는 사회현상에 대한 화폐가치 환산을 '가치 게임'에, 또는 시장에서 교환되는 재화의 가격으로부터 가치 환산을 추정하는 '현시선호revealed preference'라는 기술에 의존한다. 가령, 장애인 한 명의 사회화를 표시하는 가치는 클럽이나 사회적 네트워크에 소속되는 비용, 수입에서 여가를 위해 일반적으로 사용되는 금액의 비중, 심리상담사와의 상담에 필요한 비용과 같은 화폐 대응물을 통해 계산하는 것이다(ESSEC, 2011, p. 36). 선택된 대응물에 따라 SROI의 비율은 크게 달라진다. 또한 성평등 문제 및 일반적인 불평등 문제와 같은 보다 집합적 성격의 질문들은 거의 다루어지지 않는다.

마지막으로 활동의 목적에 대한 토론 없이, 그리고 해당 기업을 경제적, 사회적 또는 정치적 환경 속에서 고려함 없이 효율과 수익에만 초점을 맞춘다는 한계가 있다. 이처럼 특정 업종 내에서의 노동력 이동 효과와 그것이 가져오는 비용의 문제(가령, 하나의 노동통합기업에 의해 유발되는 민간 영리기업들과의 경쟁)는 회피된다. 또한 가드레가 강조하듯이(Gadrey, 2006, p. 257), 경제적 차원에서 보아도, 사회적 유용성에 대한 화폐 대응물 계산은 따져볼 문제들이 있다. 가령 실업수당 관련 공공지출의 감소를 '이익'으로 간주한다면, 실업수당을 적게 주는 사회보장 시스템에서는 그 '이익'이 더 낮게 나타날 것이다. 다시 말해, 이러한 평가 방식은 사회보장 시스템의 수준과 함께 고려될 필요가 있다.

이러한 도구의 장점은 모금활동을 하는 재단들이 재정을 후원하는 대기업 등 상대방에게 수치화된 결과를 제공한다는 데 있다. 또한 공공예산 제약이라는 상황에서, 화폐가치 환산 도구의 전파는 경제적 논거를 통해 사회적기업을 지원하도록 공공정책 의사결정자를 설득하는 것을 목표로 삼게 한다. 다른 화폐가치 환산 성과평가와 비교하여 SROI는 양면적 성격을 갖는다. 즉, 단순화된 지표를 부과하는 경향을 가진 비용편익 계산을 위한 고전적 수단인 동시에, 그 실행에 있어서는 다양한 이해당사자들을 동원함으로서 성과평가의 숙의적 체제에서 사용되는 협상과정을 인정하고자 시도한다(표 1 참조).

3.2.3. 사회적 및 사회구조적 지표들의 수립

기업의 사회적 임팩트는 화폐 환원주의 없이도 이해될 수 있다. 이는 사회적 결산서의 연장에서 1990년대 중반 프랑스에서 "환경 관련 기업 결정의 임팩트를 평가하는 수단에 대한 회원들의 증가하는 요구에 대

답하고자 했던"(Capron and Leseul, 1997, p. 33) 사회적경제 청년경영자
센터Centre des jeunes dirigeants de l'économie sociale, CJDES가 시작한 사회구조적
결산서의 목표이기도 하다. 이 프로그램의 이론적 영감은 협약주의적
접근법에 기반하고 있다(Boltanski and Thévenot, 1991). "프로그램은 조
직에서 발견되는 다양한 행동 논리와 정당화 논리를 확인하고 조직의
모든 행위자들이 의식적으로 이 논리들을 관리할 수 있도록 하고자 한
다."[82](Capron and Leseul, op.Cit., p.34)

사회구조적 결산서[83]가 다루는 주제들은 사회적경제 청년경영자들
이 제시한 아이디어와 제안으로 구성되었다. "CJDES는 기업들이 비재
무적 가치, 즉 시민적, 환경적, 인도적, 민주적 가치들을 고려할 수 있는
전반적 절차를 구조화하였다…" 사회구조적 결산서의 목록은 사회적
결산서와 비슷하지만, 질문의 내용은 훨씬 많다. 사회구조적 결산서 작
성에 기여하는 평가 기준은 15개이다. 이 기준들은 생산/서비스 및 고
객관계, 경제적 경영, 예견/혁신/전망, 노동과 생산 조직화, 인적 자원
관리, 기업의 내부 행위자, 인적/사회적/제도적 환경, 생물리학적 환경,
목적/가치/윤리와 같은 9가지 주요 분야에 관련된 450여 개의 질문이
담긴 질문지로 구체화된다. 질문지는 협동조합, 민간단체 등 다양한 사
회연대경제 조직들에 맞추어 개발되었다. "평가과정에 전반적으로 관
련되는 내부 이해당사자들은 집행부, 이사, 위임자와 수임자, 직원과 직

---

82. 볼탕스키와 떼브노는 다양한 성격의 분쟁과 논쟁에 대한 경험적 연구를 토대로 논쟁 상황에서 제기
되는 여섯 가지 주요 논리 또는 정의 모델을 확인한다. 영감의 논리(logique inspirée)는 초월적 가치를
가리킨다(심미성, 예술, 창조성). 가사의 논리(logique domestique)는 근린 및 신뢰 관계를 앞세운다(함
께하는 즐거움, 지속적 관계…). 평판의 논리(logique d'opinion)는 명성과 공적 이미지에 대해 호소한
다. 시민의 논리(logique civique)는 공익을 우선시한다. 산업의 논리(logique industrielle)는 효율성을
중시하며, 시장의 논리(logique marchand)는 정복에 대한 야심, 경쟁 논리, 부의 추구에 의해 특징지워
진다. 이들 서로 다른 논리들의 조율은 평가를 둘러싼 합의 및 특정 상황에 대한 타협의 토대가 된다.

83. http://www.cjdes.org/1093-Le_Bilan_Societal.

ISO 26000 규범

ISO 26000은 자신의 결정과 활동의 임팩트에 대한 책임을 지고 이를 보고하고자 하는 모든 유형의 조직에게 주요 방향을 제시한다. 사회적 책임은 한 조직의 결정과 활동이 사회와 환경에 미치는 영향에 대하여 갖는 책임성으로 정의된다. 이는 투명하고 윤리적인 행동으로 표현되는데 이러한 행동은 a) 건강한 사회와 삶의 질 향상을 포함한 지속가능발전에 기여하고, b) 이해당사자들의 기대를 고려하며, c) 현행법과 국제적 규범을 준수하고, d) 조직 전반에 내재되어 있을 뿐 아니라 조직이 맺는 여러 관계 속에서 실행된다.

ISO 26000 규범은 사회구조적 책임성에 대한 두 가지 근본적 실천을 제시한다. 즉, 1) ISO 26000의 중심적 문제들에 대하여 조직의 결정과 활동의 임팩트를 확인하는 것, 2) 이해당사자들을 확인하고 이들과 대화하는 것이다.

이러한 두 가지 실천은 조직으로 하여금 다음의 분야에서 행동의 우선순위 영역을 정하도록 한다. a) 가치사슬 전반(활동, 생산물, 서비스의 생애주기)에 대한 임팩트, b) 7가지 중심적 질문에 대한 체계적인 고려(조직 지배구조, 인권, 노동관계 및 조건, 환경, 공정한 운영, 소비자 관련 문제들, 지역사회 관여와 지역발전), c) 영향을 미치는 영역에서 책임의 범위, d) 이해당사자.

출처 : 프랑스 규범화 협회 (Association française de normalisation, AFNOR Groupe, www.afnor.org)

원대표 등이다. 외부 이해당사자들은 고객(또는 조합원, 회원 등), 공급자, 하청회사, 지역 정치인이다."(Bodet and Picard, 2006) ISO 26000과 같은 사회구조적 결산서는 조직들의 사회구조적 책임 규범을 실행에 옮기기 위한 도구로 이해될 수 있다. ISO 26000은 기업의 사회적책임CSR이 아닌 조직의 사회적책임OSR이라는 표현을 사용하고 있으며, 이를 통해 사회연대경제도 포괄하게 된다(Heslouin, 2011).

3.3. 사회적 유용성에 대한 숙의적 평가체제로

이해당사자들의 참여 문제는 다양한 평가도구들에서 점점 더 강조되어 왔으며, 이는 '협상된 성과평가 체제'(표 1 참조)로 향하는 경향을 만들어낸다. 그러나 당사자를 동원하는 다양한 방법과 이 과정에서 평가자들의 다양한 위치를 '참여'라는 단어 뒤에 감추어서는 안 된다. 이와 관련된 논의는 사회연대경제에서 인증에 관련된 도구와 사회적 유용성 지표에 대한 다양한 토론을 통해 이루어져왔다.

3.3.1. 인증과 숙의

인증과 라벨을 이용하는 도구들에 관련하여, 규제 담당자들이 사회연대경제 프로젝트 자체와 민주적 작동 방식이 아닌 그 결과물에만 관심을 기울인다고 비판받는다. "진정으로 민주적인 사회연대경제를 위한 호소문"은 "논쟁의 여지가 있는 효율과 유용성을 명목으로 사회연대경제를 인증하려는 시도는, 실제로는 사회연대경제 주체들을 고분고분한 사업수행자로 전환시키는 것을 목적으로 한다. 보다 일반적으로 (라벨을 붙이는 것은) 인적 결사체로서의 조직 지위를 약화시키고, 사회연대경제의 정신과 반대로 규범화된 사회적 질서를 수립하는 데 기여한다."[84]고 쓰고 있다. 호소문의 저자들에 따르면, 사회연대경제는 이러한 방식으로 공공정책에 길들여지고, 통제와 인증, 라벨을 부여받는 수행자가 되기 위해 민주적 토론에 참여하는 사회운동의 차원을 상실하게

---

84. "진정으로 민주적인 사회연대경제를 위한 호소문"(2012)은 지역관리기업 전국네트워크(Comité National de Liaison des Régies de Quartier, CNLRQ), MINGA 및 시민단체 일동에 의해 서명되었다. (http://www.associations-citoyennes.net/)

된다⋯. 다른 사회연대경제 네트워크들은 라벨 붙이는 것 자체에 대해 서는 문제제기 하지 않으며, 보다 기술적 관점에서 인증과 라벨 취득을 위한 비용이 "조직 당사자들에 의해, 무엇보다 작은 조직들에 의해 지불되어서는 안 된다"[85]는 점을 강조한다.

공정무역과 유기농, 로컬푸드 영역에는 다양한 평가 도구들이 공존 하며, 서로 경쟁을 할 수도 있다(Rodet, 2012). 여기서 제3자에 의한 인 증과 참여적 시스템 보장이라는 두 가지 서로 다른 접근법을 확인할 수 있다. 가령, 제3자에 의한 인증은 국가가 승인한 독립기구들이 인증하 고 통제하는 (유기농 인증 라벨과 같은) 공적 라벨 형태로 존재한다. 이해 당사자들의 참여를 보장하는 인증 시스템은 주요하게 민간부문이 만든 라벨에서 찾을 수 있다. '자연과 진보Nature et Progrès'의 경우를 들 수 있 는데[86], 이 시스템에서 생산물은 "생산자, 소비자, 가공자를 포함하는 참여위원회에 조사결과를 보내는 유기농 컨설턴트들"이 수행한 조사에 의해 보증된다(Rodet, op. cit., p. 202). 첫 번째 경우에 소비자들은 생산 물에 부여하는 신뢰에 대한 결정을 제3자에게 맡긴다면, 두 번째 경우 에는 소비자들이 유효한 '전문성'을 갖춘 시민으로서 역할을 한다. 여러 연대경제 네트워크들이 "진전을 위한 숙의평가démarches de progrès"를 강 조하는 것도(196쪽의 '연대경제에서 진전을 위한 숙의평가'를 참조) 두 번째 경 우의 도구들에 관련된다.

---

85. 연대경제를 위한 지방정부 네트워크(Réseau des collectivités Territoriales pour une économie solidaire, RTES) (2012), 사회연대경제 법안 관련 의견서, 11월 22일 p. 2.

86. 이러한 방식은 국제유기농운동연합(International Federation of Organic Agriculture Movements, IFOAM)에 의해 국제적으로 인정되었다. May (2008) 참조.

연대경제에서 "진전을 위한 숙의평가"

연대경제 주체들Acteurs pour une économie solidaire, APES의 네트워크가 정의한
"진전을 위한 숙의평가"

"연대경제에서 '진전을 위한 숙의평가'는 서비스와 생산물의 품질, 조직운영, 주변과의
관계, 연대경제의 가치와 원칙 및 APES 헌장과의 관계에 대한 질문을 통해 조직들의 질
적 진전을 돕는 것을 목적으로 한다." 이러한 접근법에 따르면, 법적 지위에 관련된 조직
들의 민주적 작동은 실현된 활동을 평가하는 데 충분치 않다. 하지만 '진전을 위한 숙의
평가'를 활동에 대한 새로운 규범으로 확장시키지도 않는다. 자율평가를 강조하며, 목
표는 실천방식을 개선하는 것이지 제재하려는 것이 아니다. 제3자는 이러한 평가 과정
에서 동반자 역할을 한다. 방법적 측면의 의무가 결과에 대한 의무에 우선하며, 과정이
결과물보다 중시된다.

출처: APES 노르빠드깔레

지역관리기업에서 '진전을 위한 숙의평가'

'진전을 위한 숙의평가'의 진행은 세 가지 원칙에 기초한다.

- 지역관리기업의 사업계획에 명시된 계획, 설립문서(헌장, 메니페스토), 지역관리기업이
  처한 상황, 지역관리기업이라는 명칭을 인증받는 과정에서 합의된 약속들과 관련하
  여 진행된 활동들이 얼마나 일관성을 유지했는지를 살펴보는 자율평가 작업
- 지역의 쟁점과 필요에 더욱 잘 응답하기 위한 사업계획의 집합적 재구성과 재활성화
- 숙의평가 과정은 진전의 축을 확인하고 공식화하며, 활동의 결과와 지역에 대한 임팩
  트를 더욱 잘 파악하기 위해, 달성된 진전을 측정하는 데 적절한 도구와 지표들을 갖
  추도록 한다.

출처 : 경제활동을 통한 노동통합 지원 및 자원동원 전국센터(Centre national d'appui et de ressources de l'insertion par
l'activité économique, CNAR IAE)

3.3.2. 사회적 유용성 지표와 숙의

평가의 대상에 대해 이해당사자들이 동의를 하면, 측정에 대한 문제 역시 기술적 관점을 넘어서는 쟁점이 된다. 숙의 방식은 사회적 유용성을 평가하는 과정에도 개입한다. 측정 방법은 평가할 대상의 성격, 내외부 규제가 관심을 갖는 다양한 쟁점, 그리고 이해당사자의 참여 방식에 따라 다양하게 된다. 예를 들어, SROI 방법은 지표 측정방법 발전 과정에서 이루어지는 일련의 선택을 정당화하기 위해 이해당사자들과의 토론을 강조한다. 마찬가지로, 다양한 층위에서 이루어지는 협의/자문 방법들은 협의/자문 과정 자체가 참여의 과정으로서 이해당사자들에게 미치는 영향을 강조한다. 또한 지표 채택, 다양한 임팩트에 대한 중요성 부여 그리고 선정된 지표의 이용에 대해 숙의 방식이 영향을 미치게 됨을 강조한다(아래의 '사회적 유용성 인정을 위한 참여민주적 과정'을 참조).

사회적 유용성 인정을 위한 참여민주적 과정

현장 주체들과 연구자들을 연결시켰던 Corus ESS[87] 프로젝트는 사회연대경제의 세 분야(로컬푸드, 연대금융, 참여주택)에서 다양한 방법의 실험을 통해 사회연대경제의 사회적 기여를 파악하는 방법에 대해 묻고자 하였다. 로컬푸드 영역에서는 사회적 유용성 기준과 측정을 개발하기 위해 참여민주적 과정이 채택되었다.

다양한 생산자 대표들(전통적 농민, 유기농 생산자, 노동통합기업 등), 소비자 대표들(소비자단체, 구매자 그룹 등), 지자체(의원과 공무원)가 모인 지역 수준 협의조직은 로컬푸드의 유용성이 갖는 다양한 차원들(경제, 관계, 환경, 보건 등)을 확인할 수 있게 해주었다. 또한 협

---

87. "사회연대경제에서 사회적 유용성 이해와 인정(Connaissance et reconnaissance de l'utilité sociale de l'économie sociale et solidaire"의 줄임말

의조직은 로컬푸드 발전에 참여하는 이해당사자 사이의 논쟁을 무시하지 않으면서 실천과 임팩트에 대한 분석틀의 기준과 지표를 집합적으로 개발할 수 있음을 보여주었다. 평가도구는 다음과 같이 다양하게 이용될 수 있다. 1) 로컬푸드 주체들이 자신의 실천을 평가하기 위한 '내부적' 사용, 2) 지역의 주체들이 서로를 이해하고 자신들의 실천을 정당화할 수 있는 집합적 사용, 3) 로컬푸드 분야 사회연대경제 발전 지원을 위한 공공정책을 정의하는 과정에서 이해당사자들의 협의 결과를 반영.

출처: Branger et al. (2014)

결론

사회연대경제의 평가는 매우 양면적인 과정이다. 한편으로는, 사회연대경제에서 평가도구들의 사용은 경제 영역 전반에서 관찰되는 경영 논리의 확장 운동과 밀접한 관계를 갖는다. 다른 한편으로, 사회연대경제 활동에 대한 평가도구들은 사회연대경제의 특수성을 보여준다. 이 도구들은 민간단체 회계, 사회적 결산 또는 사회적 유용성 평가와 관련하여 비시장적/비화폐적 생산물에 가치를 부여하고자 한다. 기본적인 아이디어는 이러한 비화폐적 가치를 반드시 (가령 보조금 형태로 공권력이 지불하는 방식의) 화폐적 형태로는 아니더라도, 적어도 (가령 민간단체 회원들 또는 공중의 의견에 의해) 상징적으로 인정받게 하려는 것이다. 한편, 이 장에서 제시된 평가도구들은 많은 경우 가치를 부여해야 하는 대상에 관계되는 다양한 이해당사자 사이에서 대화의 자리를 만들어주고자 한다. 다시 말하면, 사회연대경제 조직의 주요한 특징으로서 민주적 차원은 평가도구 사용의 증가에도 불구하고 보전될 수 있다. 이는 평가 과정의 정당성에 관련된 중요한 지점을 짚어준다. 실제로 다른 경제 영역에서 중시되는 (외부에 있기 때문에 불편부당하다고 간주되는) 전문가들의 정당성은, 평가 과정에서 전제된 해석과 협상의 문제를 이해당사자들과 함께 민주적으로 풀어가는 민주적 과정의 정당성에 의해 문제가 제기될 수 있다.

프랑스에서 사회연대경제의 '사회적 유용성' 측정을 둘러싼 토론은 공권력과 사회연대경제 주체 사이의 관계를 규제하는 문제에 있어서, 전문가 중심 과정과 민주적 협의 중심 과정 사이의 긴장을 상징적으로 보여준다. 사회적 유용성 개념은 그 개념 정의에 있어서의 불확실성과 사회정치적 협약의 성격을 통해 관련 주체들로 하여금 그 내용에 대한 토론을 하도록 이끌며 이를 통해 공적 행동의 목적에 대한 성찰로 발전하였다. 이처럼 사회적 유용성 평가를 둘러싼 토론은 사회적기업가 정신이 만들어 내는 사회적 임팩트에 관련된 유럽 차원의 논의들 그리고 보다 일반적으로 공유재의 공동생산 방법에 관련된 쟁점들의 이해를 돕고 있다.

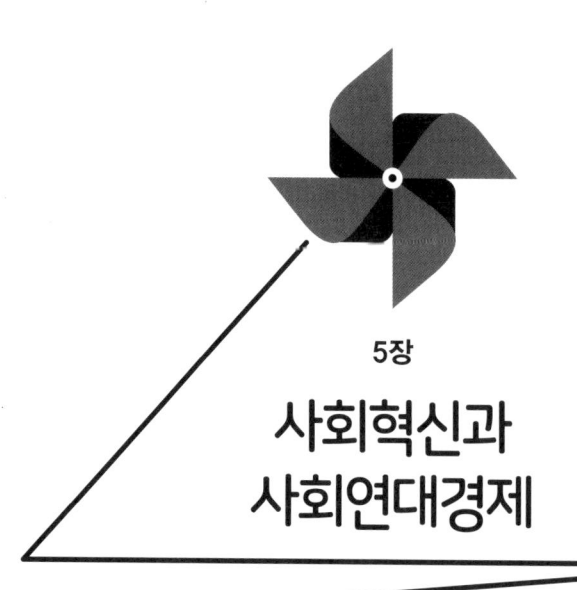

5장

사회혁신과
사회연대경제

마리 J. 부샤르, 브누아 레베끄 지음 | 엄형식 옮김

1. 사회적경제 연구에서 사회혁신에 대한 접근법들

2. 혁신에 초점을 두는 접근법:사회혁신의 자리는 어디인가?

서론

사회적경제와 관련하여 사회혁신에 대한 문헌 분석은 적어도 두 가지를 확인해준다. 첫째, 지난 30여 년 동안 사회적경제는 점점 더 명시적으로 사회혁신과 연결되었는데, 이는 새로운 현상이다. 사회적경제는 19세기의 기원에서부터 조직과 제도 측면뿐만 아니라 추구하는 목적에서도 명백히 혁신적 성격을 보여주었다. 하지만 사회혁신이 빠지지 않는 개념으로 이용되는 최근 현상으로 인해 사회혁신 개념의 발전에 관련된 쟁점들, 그리고 사회혁신이 갖는 사회전환 잠재력에 대한 새로운 질문을 제기하지 않을 수 없게 되었다.[88] 둘째, 사회적경제와 관계없이 사회혁신 개념은 혁신에 대한 일반이론에서도 다루어지는데, 이 혁신에 대한 이론들은 사회적경제에서 등장하는 사회혁신을 분석하는 데 흥미로운 개념들을 제공한다. 행위자-네트워크, 혼합, 혁신 시스템 및 개발모델 등과 같은 개념들이 그 예이다.

이 장에서는 두 가지 연구 흐름을 다룬다. 첫 번째 것은 사회적경제 및 관련 개념들(연대경제, 사회적기업)과 관련한 혁신에 대한 연구들이다(1절). 두 번째는 혁신 자체를 주요 연구대상으로 삼는 연구들이다(2절). 이 두 연구 흐름은 이론적 관점에서 동질적이지 않으며, 도리어 각각의 흐

---

88. 지난 몇 십 년 동안 사회적경제, 연대경제, 사회적기업에 대해 연구한 모든 연구자들은 이러한 인식을 공유하고 있다. 이중 일부는 이 주제에 대한 종합적 분석을 제안하기도 했다(Klein et al., 2014; Lévesque, 2006 and 2013; Moulaert et al., 2013).

름을 깊이 살펴보면 상당한 정도로 대조적인 이론적 접근들을 찾을 수 있다. 이 두 연구 흐름과 이에 영감을 주는 여러 이론들 중 어느 하나를 무시하면서 혁신과 사회적경제의 관계를 이해하는 것은 가능하지 않다. 이 장에서는 이늘 이론 전부를 살피지는 못하더라도 사회혁신과 이것이 제기하는 쟁점들, 특히 사회전환이라는 관점에서의 쟁점들에 대해 이해하고자 한다. 이 장을 통해, 사회적경제나 사회적기업을 주요한 연구 대상으로 삼는 연구자들은 자신의 분석 도구를 발전시킬 수 있을 것이다. 마찬가지로, 혁신에 대한 일반이론을 구성하고자 하는 연구자들도 자신의 접근법에 사회적경제를 포함하는 이론틀을 발전시킬 수 있을 것이다. 이 장의 내용을 통해 사회적경제와 사회혁신이 갖는 관계 및 사회전환을 위한 이들 각각의 기여를 보다 잘 이해할 수 있으리라 기대한다.

1. 사회적경제 연구에서 사회혁신에 대한 접근법들

사회적경제와 사회적기업에서의 사회혁신에 관심을 갖는 연구들로부터, 우리는 두 가지 경향을 도출할 수 있다. 하나는 사회혁신을 개입이라는 관점에서 보는 것이다. 이 관점에서 보면 사회혁신은 사회적기업가 정신에 의해 만들어지는데, 사회적기업가 정신 그 자체는 주요하게 자선활동과 시장에 의해 뒷받침되고, 사회적 필요의 충족과 사회발전에 기여하는 것에 대한 새로운 비전에 중심을 두고 있다(1.1.). 다른 주요 흐름은 사회혁신을 제도적 및 조직적 변화의 관점에서 보는 것이다. 이때 사회혁신은 시민사회의 민주적 참가 요구와 시민사회가 제도적으로 인정받는 것에 의해 이루어진다(1.2.). 우리의 분석에서는 이 두 접근법들을 채택했는데, 이는 이 두 접근법에 관련된 많은 출간물, 연구센터와 연구자 그룹들의 명성 그리고 이들이 제공하는 경제 및 사회발전에서 사회적경제가 행하는 혁신적 역할에 대한 설명 때문이다. 하지만 각 접근법이 사회변화와 이를 위해 사회혁신이 동원하는 수단들에 대한 대조적 비전을 보여준다는 점도 살펴볼 것이다.

1. 1. 사회적 및 환경적 필요에 응답하는 기업가적 개입

사회혁신과 사회적경제를 연결하는 방법 중 하나는 이들을 공공서비스(보건, 교육, 에너지 등)에 대한 접근성 향상, 탄소 발생 축소, 빈곤 퇴치와 같은 주요 사회문제의 해법을 위한 행동과 연결하는 것이다(Murray et al., 2010). 혁신의 사회적 차원은 조직의 목적이나 사회적 '가치' 창출에 관련된다(공공 이익의 증가 또는 사회적 비용의 축소, Phills et al., 2008 참조).

사회혁신은 시장의 결핍, 공적 행동의 불충분함, 자선활동의 제약성에 대한 응답으로 구상된다(Mulgan et al., 2007). 이러한 분석에 따르면, 시민사회와 국가는 오늘날 복잡성과 사회 및 환경 문제의 확대에 봉착하고 있다(Murray et al., 2010). 먼저 국가와 공공부문의 상황을 보면, 여러 나라와 여러 방면에 걸쳐 발생하는 문제들은 이에 대처해야 할 공공재정이 감당할 수 없을 만큼 증가한다는 것을 차치하고서라도, 칸막이로 나뉘어 조직되어 있는 공공부문의 특성상 그 해결에 어려움을 겪는다. 시민사회 역시 보다 광범위하게 적용될 수 있는 해법을 개발하기 위한 자원(재원과 역량)을 가지고 있지 않다. 이제 목표는 '시민부문'의 조직들을 통해 '사업적' 그리고 시장을 통한 해법들을 찾는 것이다(Drayton and Budinich, 2010). 자선적 성격이든 상업적 성격이든 간에 개입의 목적은 제시된 해법의 임팩트를 키우는 것이다. 이러한 관점에서는 보다 광범위한 차원을 지닌 해법으로서의 잠재력을 가진 사회혁신을 고려하게 된다.

이 경향은 빌 드레이튼과 그가 설립한 아쇼카 재단, 그리고 미국과 영국에 기반을 둔 재단들(NESTA, 록펠러 재단, 슈왑 재단, 스콜 재단, 영 재단)이 뒷받침하는 일련의 연구와 상당 부분 연결된다. 이 경향의 연구자들은 미국에서는 하버드 비즈니스 스쿨의 사회적기업 이니셔티브(Dees et al.,

2004)나 스탠포드 사회혁신 리뷰Stanford Social Innovation Review를 간행하는 스탠포드 대학 비영리경영연구소(Phills et al., 2008) 그리고 영국에서는 사회혁신 익스체인지Social Innovation Exchange, SIX(Caulier-Grice et al., 2010; Mulgan, 2006)와 같은 기관을 중심으로 모여 있다. 이렇게 수행된 연구들은 기업가나 기업이 가지고 있고 타인에 대한 도움이라는 관점에서 동기 부여되는 사회적 목적에 대해 강조한다(Richez-Battesti et al., 2012). 혁신은 효율과 효과성을 증가시키기 위해 시민사회와 공공부문 조직에 시장과 민간 영리부문에서 영감을 받은 방법을 이식하고 채택하는 사회적기업가들의 능력에 달려 있다(Phills et al., 2008). 일부 저자들은 사회적기업의 개념을 다양한 조직 유형으로 확장시키는데, 영리이건 비영리이건 상관없이 "새로운 종류의 자본주의"를 위해 참여하면서 사회문제에 헌신하면 된다는 것이다(Acs et Sany, 2009; Martin et Osberg, 2007).

이 접근법은 몇몇 주요 개념들을 통해 설명된다.

1.1.1. 사회적기업가

이 경향의 연구에 따르면, 사회적기업가는 사회변화에 대한 의지에 의해 움직이는 개인이다. 이 "비전을 가진 개인visionary"은 덜 이용되고 있는 자원을 파악하고 동원하는 능력과 이를 통해 새로운 필요에 보다 광범위한 차원에서 대응하는 능력을 가지고 있다. 사회혁신에 대한 이러한 접근은 국가가 재정 충당을 못하거나 더 이상 공급할 수 없는 재화나 서비스, 또는 소득 피라미드 최하층에 있는 사람들bottom of the pyramid, BOP이 접근할 수 없는 재화나 서비스를 위한 '시장' 또는 준시장을 창출하는 데 주목한다. 기업가정신이 공익적 목적을 갖는다는 점에서 '자선' 정신이 기업가정신에 덧붙여진다(Sibille, 2011). 사회적기업가의 상징적 인물 중 하나는 소액금융을 실행하는 그라민 은행의 설립자, 모하메드 유누스이다. 그라민 은행 모델은 전 세계로 확산되었으며 설립자에게 노벨평화상을 안겨주었다. 사회적기업가에 대한 이러한 비전은 사회적기업가를 '인증하고' 지원하며 전파하는 아쇼카 재단에 의해 잘 대표된다.[89]

1.1.2. 자선과 자본주의

'기업가적 개입'으로 사회혁신에 접근하는 것은 대기업들이 기업재단을 통해 비영리조직에 기부활동을 하는 '기업들의 새로운 자선활동 경향'에 의해서 뒷받침된다. 기업의 자선활동은 (특히 개신교에서 영감을 받은) 윤리적 목적뿐만 아니라 마케팅과 인적 자원 동원을 위한 경영 목적에 부응하는 기업의 사회적 책임에 관련된다. 전통적 자선활동과 정부의 개입에 대한 비판으로서 이 새로운 자선활동은 사회 및 환경 문제에 대해 보다 효율적이고 효과적인 해법을 찾고자 한다. 전형적인 개입 방법은 혁신적인 사회적기업가를 발견하고, 이미 성공한 것으로 확인된 사회혁신을 복제, 확산하는 것이다. 이를 위한 재정 충당은 기부를 통해 이루어지기도 하지만 리스크캐피탈 투자 방법을 사용하기도 한다. 이때 사회적이고 환경적인 '부가가치'의 관점에서 투자에 대한 수익을 측정하는 방법을 발전시킬 필요가 있다.

---

89. 아쇼카 재단의 사회적기업가 정의는 https://www.ashoka.org/social_entrepreneur를 참조(2013년 8월 13일 현재)

1.1.3. 규모의 접근

이 경향에 속하는 연구들에 따르면, 사회변화는 모델의 확산, 규모의 성장, 혁신적 조직들에 대한 재정지원 증가, 그리고 활동하는 사람들과 재원을 가진 사람들의 연결을 통해 이루어진다(Dees et al., 2004; Mulgan et al, 2007). 또한 사회적기업가들이 서로 교류하며 경험을 나누기 위한 네트워크의 활성화를 강조한다(Borstein, 2007). 혁신의 임팩트를 극대화하기 위해 네트워크는 상당한 수준의 재정자원을 가진 (공적 또는 민간) 주체들과의 관계도 만들게 된다. 국가의 개입이 줄어드는 상황 속에서 이런 방식으로의 변화는 시장과 시민사회에 보다 적극적 역할을 부여하는 새로운 기준틀을 통해 이루어지게 된다. '꿀벌'과 '나무'의 은유에서(Mulgan et al., 2007) 사회적 변화는 '꿀벌들', 즉 창의적이고, 열심히 움직이며, 빠르고, 꽃가루를 교차수분 할 수 있는 사회적기업가들(작은 조직들, 개인 또는 그룹)과 '나무들', 즉 대형 프로젝트를 달성하는 데 필요한 규모와 안정성, 실행 능력을 가지고 있지만 전반적으로 창의력이 부족한 대형 조직들(비영리기업들이나 조직들) 사이의 동맹으로부터 생겨난다(Caulier-Grice et al., 2010, p. 27). 자선 중개기관들은 사회적기업가의 활동을 전문화하고 '사회적 투자'의 방향을 잡기 위해 이 둘 사이를 연결시킨다(Mulgan et al., 2007). 제도를 활용하는 기업가로 볼 수 있는 이들 중개기관들은 제도적 논리의 혼합을 촉진하고, 이를 통해 새로운 조직형태를 정당화하는 데 우호적인 환경을 조성하게 된다(Westley and Antadze, 2010).

1.1.4. 사회적 임팩트

사회적 투자 모델에서 기부자들은 자신들의 기부를 통한 효과가 기존 공공부문의 활동이나 기존 프로그램에 투입하는 것보다 클 것을 기대하기 때문에 이들에게 기부가 가져올 지렛대 효과를 보여주는 것이 중요하다(Nicholls, 2010). 이러한 관점은 사회혁신에서 결과한 임팩트의 파장 범위, 즉 행동이 가져올 효과의 규모를 키우는 것을 강조한다. 동원된 자원이 시장에서 나온 것이건 또는 비시장적인 것이건 관계없이, 혁신이 갖는 시스템 차원의 성격과 사회적 또는 사회구조적 임팩트가 미치는 범위를 강조한다. 사회적 상황을 개선하는 것이 단 하나의 행동이나 개입을 통해 설명되지 않기 때문에, 공적 보조금과 (사회적 채권과 같은) '사회적' 수익을 추구하는 민간 투자의 방향을 안내하기 위해 사회투자수익률과 같은 새로운 임팩트 측정 방법을 찾게 된다. 사회적 기업가들은 투자에 대한 수익, 즉 경제적인 동시에 사회적인 수익 창출을 위해 활동한다. 가치의 개념도 재정의된다. 즉, 이용자와 소비자가 가지고 있는 글로벌 차원의 지식 동원global knowledge sourcing, 대규모 자본과 다양한 협력 네트워크를 동원하는 과정(Caulier-Grice et al., 2010)은 혼합가치blended value(Porter et Kramer, 2011) 또는 혼합가치사슬hybrid chain value(Drayton and Budinich, 2010)을 만든다는 사실을 고려하게 되는 것이다.

207쪽의 '기업가적 개입으로서의 사회혁신'에서는 이런 관점에서 수행된 연구의 한 사례를 살펴볼 것이다.

이러한 관점에 따르면, 혁신은 충족되지 않는 사회적 필요에 응답하고자 할 때 사회적 성격을 가지며, 동시에 경제와 경영의 관점에서 구상된다. 사회혁신 개념은 공공기관과 시민사회, 일반대중에 의해 표현되는 수요(혁신 견인innovation pull)와 창의적 아이디어 및 이타적 가치를 가진 개인들의 공급(혁신 추진innovation push)이 만남으로서 체계화된다. 전형적인 방식을 보면 NGO와 같은 시민사회나 사회적경제 조직이 우선 수요를 확인하고, 다음으로 규모의 해법을 제시하기 위해 규모 있는 자본을 찾게 된다. 자원은 마케팅 기술을 통해 확보된다. 이 마케팅 기술에서는 사회적기업가들의 경험(성공 스토리)에 대하여 감정을 자극하는 방식의 내레이션을 통해 이들을 일종의 '현대 사회의 새로운 영웅'으로 소개한다. 한편 사회혁신, 특히 사회적 임팩트를 측정하는 데 있어서의 어려움 때문에 측정을 위한 새로운 접근법과 새로운 지표들을 찾는 많은 노력들이 이루어져 왔다.[90]

이상에서 서술한 접근법은 사회혁신을 (공공, 시장, 시민) 논리의 혼합에서 생겨나고, 사람들이 자신의 문제를 해결할 능력을 이미 갖추고 있는 것으로 여기는 기술적 비전을 발전시켜 왔다(Mulgan et al., 2007). 반면 사회적 불평등과 같은 사회문제 기원과의 관계에 대해서는 언급하지 않는다. 기업가정신('자선 자본주의philanthrocapitalism')과 리스크(자선 벤처 venture philanthropy) 같은 개념의 사용 및 효율과 결과의 극대화에 대한 기대에서 볼 수 있듯이, 금융계의 규범 논리가 자선의 영역으로 옮겨가고 있다(Nicholls, 2010). 이러한 접근에 대한 비판이 없는 것은 아니다. 특히 빈곤과 배제에 대응하는 행동이라는 명분 아래, 기부자와 수혜자 사이의 불평등 관계를 유지하고, 사회적 불평등의 원천에 대한 투쟁에는 침묵하는 "자선적 성격의 연대"(Laville, 2014)라고 비판받는다.

---

90. 이 주제와 관련해서, 퀘벡 사회혁신 네트워크에 의해 진행된 사회혁신 지표에 대한 참조 문헌목록으로 Longtin and Bisson(2014)와 사회연대경제 조직들의 성과 측정에 대해 다룬 이 책의 4장을 참조.

기업가적 개입으로서의 사회혁신

이 접근법의 대표적 작업 중 하나인 *Open Book of Social Innovation*(Murray et al., 2010)에 따르면, 시민사회에서 활동하는 개인들의 네트워크로서 정의되는 '사회적경제'는 오늘날 사회 문제의 해결에 있어서 공공부문의 거대 조직들보다 더 적합하다. 사회적경제는 복잡한 문제를 다루는 데 보다 민첩하다. 특히 새로운 커뮤니케이션 기술(빠른 인터넷 속도, 이동전화, 소셜 미디어 등)을 빠르게 이용하는 능력과 네트워크로 연결된 소비자와 생산자 사이의 반복적 협력을 만들어내는 능력이 있다. 개개인의 주도성과 자원을 동원하면서 이끌어낼 수 있는 임팩트를 강조한다. 사례들 중 하나는 영국 웹사이트인 '환자의 의견Patient Opinion'(http://www.patientopinion.org.uk)인데 , 이 웹사이트는 보건서비스 이용자가 불만이나 칭찬 의견을 표명하고, 관련 기관에 의해 실행되는 해법을 추적할 수 있게 해준다. 이 접근법을 따르자면, 다양한 층위의 사람들이 서로의 지식을 교환하고 이를 통해 새로운 지식을 도출함으로써 조직적 제약을 벗어날 수 있을 때, 혁신은 개방적이고 사회적인 성격을 갖게 된다. 예를 들어, 고전적 기업들이 1960~70년대 사회운동에 의해 발전된 방법을 모방하여 이용자 네트워크를 만들어낼 때의 사례를 들 수 있다. 비정부조직들은 또 다른 접근법을 발전시켰다. 리스크캐피털 모델에서 영감을 받아 새로운 프로젝트에 재정을 지원하고, 효율적이지 않다고 판단되는 다른 프로젝트는 없애면서 이를 통해 운용할 수 있게 된 자금은 새로운 활동에 투자한다. 이 관점에 따르면, 혁신을 창출하는 데 우호적인 기관들은 투자 자금, 자금 중개인, 인큐베이터 및 사회적 중개기관 등이다. 혁신 과정은 나선 모양으로 도식화되는데, 제안 제시와 원형 모델prototype 개발로 시작되어, 다음으로 전파와 확장으로 전개되며, 끝으로 사회 시스템의 변화로 이어진다.

이 접근법과 관련하여, 공권력(공공정책 결정자와 공공행정)과 사회혁신 현상(혁신적 경험, 네트워크 및 부문을 넘어서는 연합) 사이의 관계가 갖는 성격과 역동성에 대해 여러 질문이 제기될 수 있다(Evers and Ewert, 2012). 또한 나무와 꿀벌의 은유는 꿀벌이 무엇을 가져 오고, 꿀벌과 나무가 어떻게 만나게 되는지, 그리고 나무를 꿀벌의 눈에 매력적이게 만드는 것 등의 내용에 대해서는 정확하게 설명하지 않는다(Evers and Ewert, 2012). 사회에 '바람직한' 것으로 간주되는 가치들을 바탕으로 하는 사회혁신의 규범적 성격에 대해서도 질문이 제기될 수 있다. 이 가치들은 사회적 담론에서 '좋음' 또는 '착함'이라는 개념을 가리키는데, 실제로는 혁신에 관련되는 주체들의 이해에 따라 다양해질 수 있다(Howaldt and Schwartz, 2010). 일부 사회적 행위자들의 관점에서는 혁신에서 부정적이거나(Nicholls et al., 2015) 더 나아가 퇴행적인 측면(Hodgson and Briand, 2013)을 볼 수도 있다. 이처럼 혁신은 보다 많은 성과, 보다 높은 생산성과 효율을 가져온다는 점에서 가치를 인정받을 수 있지만 참여, 해방, 환경보호, 장기적 유지 가능성 등에 가치를 부여하는 다른 접근에 의한 평가도 가능하다(Nicholls et al., 2015, p. 26).

1.2. 시민사회 참여에 기반한 제도적 변화 과정

두 번째 접근법은 제도의 근본적 갱신을 목표로 사회전환을 이끌어 내는 집합행동으로서 사회혁신을 바라본다. 이 흐름의 연구들은 불평등의 증가와 (금융, 경제, 사회와 생태) 위기를 통해 발생한 필요와 바람에 대한 응답으로 1980~90년대 사회적경제가 발전시킨 새로운 실천들에 관심을 갖는다. 또한 사회운동으로 표현된 사회적 기대와 더욱 폭넓게는 경제와 사회를 민주화하고자 하는 사회적 열망에 대한 응답으로 전개된 시민사회, 시장, 국가 사이의 관계 재구성에 관심을 갖는다.

이 관점은 아래의 여러 연구 그룹들의 작업에서 확인된다.[91]

- 폴 R. 벨랑제Paul R. Bélanger, 브누아 레베끄와 그들의 동료인 사회혁신연구센터Centre de recherche sur les innovations sociales, CRISES 연구자들의 연구작업

- 베르나르 엠Bernard Eme, 장-루이 라빌, 그리고 민주주의와 자율성에 대한 연구정보센터Centre de recherche et d'information sur la démocratie et l'autonomie, CRIDA의 연구작업

- 통합적 지역 발전integrated area development'이라는 개념을 중심으로 프랑크 물라에르트Franck Moulaert와 에릭 스윈지도우Eric Swyngedow가 수행한 연구작업

- EMES 연구그룹의 연구자들, 특히 카를로 보르자가Carlo Borzaga, 자끄 드푸르니, 마르뜨 니센이 이끈 사회연대경제의 새로운 기업가적 역동성에 대한 연구 작업.

이 흐름의 개념들은 사회연대경제 주체들에 의해서도 동원된다. 가령 몽블랑 회담 사회연대경제 국제포럼, 사회연대경제 활성화를 위한 대륙간 네트워크RIPESS가 표명한, 자유주의적 세계화와는 다른 발전 방향에 대한 호소 등의 사례에서 볼 수 있다.[92] 이 흐름의 연구작업들은 새로운 형태 사회적경제 기업의 등장과 기존 조직들에서 등장하는 새

---

91. 여기서는 사회혁신과 사회전환에 대해 보다 명시적으로 다루고 있는 작업들만 소개했다. 이 접근법의 개념적 토대를 발전시키는 데 기여한 다른 많은 작업들, 특히 스페인어와 포르투갈어 작업들은 지면 부족 때문에 인용되지 않았다.

92. http://www.rencontres-montblanc.coop/page/lappel-du-mont-blanc 그리고 http://www.ripess.org(2013년 10월 15일 조회)

로운 실천, 그리고 사회적경제가 시장 및 국가와 결합되는 방식에 관심을 갖는다. 이들 중 일부는 새로운 사회적경제가 가져온 혁신의 제도적 특수성을 살펴본다.

이 접근법은 다음에서 살펴볼 몇 가지 중심 개념을 통해 설명될 수 있다.

1.2.1. 집합행동과 사회전환

이 흐름은 집합행동과 해방, 민주화의 관점에서 참여를 강조한다. 이는 사회운동에 대한 사회학적 접근(뚜렌Touraine, 멜루치Melucci)과 경제적 안정 및 불안정 시기에 제도적 형태가 갖는 역할을 설명하는 조절학파 제도경제학자들(특히 알리에따Aglietta, 부와이에Boyer, 리피에츠Lipietz)로부터 영감을 받고 있다. 사회혁신은 새로운 사회운동(학생, 여성, 생태주의, 대안세계화)이 제기한 새로운 경제적, 사회적 또는 문화적 질서에 대한 열망과 오늘날 경제적, 금융적, 사회적 및 환경적 위기에 의해 유발된 새로운 필요가 교차하는 지점에서 만들어진다. 사회전환은 발전에 대한 패러다임과 사회 모델 그 자체의 변화를 의미한다.

1.2.2. 사회혁신의 조직적 모형으로서 사회적경제

사회혁신이 사회적경제에서만 등장하는 것은 아니다. 그러나 사회적경제가 사회구조나 환경과 관련된 이슈들을 이윤 추구에 종속시키지 않고 도리어 이 이슈들을 조직 형태에 이미 내포된 사회적 차원과 결합시킨다는 점에서, 사회혁신은 사회적경제에 깊이 뿌리내리고 있다.[93] 사

---

93. 사회적경제에 대해 다룬 이 책 1권의 1장 참조.

회적경제는 결사체와 기업을 상호작용시키고, 이해당사자들 사이에서 협동을 촉진한다는 점에서 '사회혁신 모형matrice'을 보여준다(Lévesque, 2007). 이러한 협동은 활동 과정에 연대의 가치를 불어 넣는데, 이 활동들은 결과적으로 새로운 열망(공정, 윤리 또는 녹색 금융상품과 같은), 사람들의 새로운 필요(노동시장에서 배제된 사람들의 사회직업적 통합 또는 고령자를 위한 가사서비스) 그리고 환경과 지역 차원에서 생겨난 새로운 사회구조적 지향(재활용 사회적기업, 지역사회 연계 농업)에 적합한 것들이다. 그러나 사회적경제의 '역사적인' 또는 제도화된 기업들도 새로운 필요와 새로운 사회적 열망에 맞추어 자신들의 전략을 재설정할 수 있다는 점에서, 사회혁신은 새로운 사회적경제 기업들만의 전유물은 아니다.

1.2.3. 새로운 기업가적 역동성

EMES 네트워크의 작업은 사회적경제에서 새로운 기업가정신이 등장하는 것에 관심을 가졌다. 특히 슘페터로부터 영감을 얻으면서, 새로운 기업가적 역동성과 여기서 나오는 새로운 생산요소들의 결합을 강조한다(Borzaga and Defourny, 2001; Defourny and nyssens, 2013; Nyssens, 2006; Spear et al., 2001). EMES 네트워크 연구자들은 사회적기업과 관련하여 자주 관찰되는 '사회적 목적의 우선성', '경제적 리스크의 존재', 그리고 '민주적 지배구조'를 반영하는 지표들을 제시한다. 이 지표들은 새로운 사회적기업의 등장을 보여주는 동시에 새로운 내적 역동성을 통해 재구성되는 기존 조직들을 분석할 수 있게 해준다.[94] 연구작업들은 사회적경제의 법적 지위를 갖지 않거나 사회적경제 고유의 제도적

---

94. 사회적기업에 대해 다룬 이 책 1권의 6장 참조.

규칙, 가령 자본에 대한 제한적 보상이나 보상의 전적인 금지, 잔여자산의 분배 금지 등을 실행하지 않는 기업들에서도 어느 정도의 사회혁신이 발생한다는 것을 보여준다.

1.2.4. 다중이해당사자 지배구조

사회혁신은 독립적이고 서로 다른 행위논리를 가지면서도 동시에 협동을 통해 병존을 추구하는 주체들의 존재를 바탕으로 한다. 새로운 아이디어는 자원활동가와 직원, 서비스의 수요와 공급, 중심적 조직가와 자율적 실천가, 개인적 프로젝트와 집합적 역동성 사이의 자발적 만남과 토론이 사회적경제 조직과 지역사회에서 이루어지면서 등장한다(Laville and Sainsaulieu, 2013). 사회적경제의 새로운 조직 형태와 법적 지위가 등장하기도 하는데, 많은 새로운 조직 형태에서는 여러 이해당사자들을 지배구조에 참여시키고, 구성원들의 상호이익과 공익을 위한 사회적 목표들을 결합한다(이탈리아 사회적협동조합, 프랑스 공익협동조합, 퀘벡 연대협동조합 등). 일부 조직들은 사회적경제의 전통적인 법적 지위(민간단체, 협동조합, 상호공제조합)가 아닌 다른 법적 지위를 채택하기도 한다. 이 경우 재단, 노사위원회, 영리기업의 법적 지위로 '사회적기업가들'이 주도하는데, 제한적으로만 영리성을 갖고 이해당사자들을 지배구조에 참여시키고자 한다(Sibille, 2011).[95] 또한 강변이나 숲과 같은 공동재를 관리하여 다양한 사람들의 이용을 중재하는 혼합형 조직들도 등장하고 있다.

---

95. 사회적기업에 대해 다룬 이 책 1권의 6장 참조.

1.2.5. 새로운 사회적 관계들

'새로운' 사회적경제 또는 연대경제의 혁신은 생산(노동자의 경영참가, 노동통합)과 소비(생산에 대한 이용자의 참여 - 공동생산)에서 새로운 사회적 관계를 통해 이루어진다. 어떤 사회혁신은 보다 일반적인 성격을 가지며 여러 부문에 걸쳐서 발생한다. 가령, 유아돌봄 서비스와 지역관리기업 또는 지역사회 발전 분야에서 전문가와 이용자가 함께 수요와 공급을 계획하고 관리하는 경우를 들 수 있다(Bélanger and Lévesque, 1991; Eme and Laville, 1994). 이러한 실천은 사회혁신에 관련하여 잘 소개되지 않는, 정치적 차원을 엿볼 수 있는 소규모 공적 공간의 구성을 전제한다. 도시지역 동네, 농촌지역 마을을 통합된 지역공동체 개념으로 보면서 경제, 사회, 환경 차원을 포괄하고(Moulaert et al., 2010), 지역자원을 동원하며, 지역 특성에 맞춘 새로운 지역개발 접근법을 통해(Favereau and Lévesque, 1996) 지역개발에서 사회적경제의 역할을 조명한다(Fontan et al., 2008; Itçaina, 2010).

1.2.6. 파트너십에 기반한 지배구조 제도

이 흐름의 연구작업들은 사회혁신이 사회전환이라는 목적 아래 경제 영역에서 사회적 행위자들의 역할과 힘에 대한 규칙을 관계를 통해 새롭게 재구성하는 것임을 보여준다. 새로운 유형의 관계는 공적 결정과 관리에서 시민의 참여를 배제하는 기술관료적 지배구조 모델을 대체한다. 조직 내부에서 새로운 제도적 관계 유형(다중이해당사자 지배구조)은 조직간 수준(네트워크 지배구조)과 지역사회 수준(사회영토적 지배구조)에서도 발전한다(Moulaert, 2000, 2005; Fontan et al., 2008; Itçaina, 2010). 이러

한 지배구조는 정책 대상자와 제도 권력이 함께 공공정책을 공동생산
하도록 촉진하며, 이를 통해 복지를 위한 새로운 복합경제 또는 복지혼
합welfare mix(Evers and Ewert, 2012), 나아가 남반구와 북반구의 연대에 대
한 새로운 방향을 제시한다(Coraggio, 2007; Favreau and Fréchette, 2002).
이런 방식으로 사회연대경제는 '민주적' 연대의 형태를 보여주는 사회
혁신의 매개물이 된다(Laville, 2014).

　일부 국가에서 이러한 분석이 이해관계의 다양성과 경쟁을 강조하는
(그래서 로비를 중시하게 되는) 경쟁적 지배구조 모델로 이어지는 반면, 다
른 경우에는 관련 사회적 파트너들과 함께 공식적 협의 시스템을 제도
화하는 지배구조 작동 방식인 신조합주의neo-corporatist 모델을 발전시킨
다. 한편 파트너십 기반 지배구조라 부를 수 있는 또 다른 형태는 네트
워크에 바탕을 둔다. 이 모델에서 국가는 일종의 촉진자enabling state로서
비국가 주체들의 결정 관련 자율성을 인정하는 동시에 협의와 기술적/
재정적 지원을 위한 틀을 만든다. 사회혁신은 협동과 경쟁, 외부효과에
대한 고려와 같은 기업들 사이의 새로운 관계로 표현되며, 이 기업들은
지속가능발전, 공정무역, 연대금융과 같이 빌진과 시장에 대한 새로운
관계를 이끌어 낸다. 이러한 맥락에서 사회적경제는 사회발전 영역과
경제발전 영역을 넘나들며 작동하며(Lévesque, 2006), 다양한 층위의 국
가기구들을 상대하면서 위계적 규제와 정부 부처간 칸막이 효과 극복
에 기여하게 된다. 사회연대경제에 관련된 일부 정책들은 공공행정과
프로그램 이용자 또는 대상자가 함께 참여하고 협상하는 평가 방법을
동반한다(Jetté, 2008; Fraisse, 2013). 이처럼 사회적경제는 지역사회의 다
양한 층위에서 공식 및 비공식 네트워크 전반을 통해 공공서비스와 시
민사회를 연결하는 새로운 제도적 틀을 만들어낸다.

1.2.7. 사회적경제의 사회혁신 '시스템'을 향하여

연구작업들에 따르면 사회혁신은 외부로부터 고립된 채 이루어지는 것이 아니며, 기업가들이나 조직 수준에서만 이루어지는 것도 아니다. 사회혁신은 그것이 발생하는 사회적, 제도적, 물질적 조건에 밀접하게 연결된다(Hillier et al., 2004). 이는 사회적경제에서 발생하는 사회혁신 결과물이 갖는 불확실한 성격을 설명해준다(Servet, 2010). 사회혁신의 결과물은 실질적 변화 없이 진부화되거나 제도화로 이어질 수도 있고, 반대로 사회전환의 궤적 위에 놓일 수도(경로 강화path enhancing)(Howaldt and Schwartz, 2010), 나아가 이러한 궤적의 시작점이 될 수도(경로 구축path building)(Fontan et al., 2008) 있기 때문이다. 사회혁신은 지역적이고 때로는 개인적인 프로젝트들과 사회 전반의 집합적 역동성 및 쟁점들을 연결해준다는 점에서 사회전환으로 이어질 수 있다(Howaldt and Schwartz, 2010). 이렇게 되려면 사회적경제는 무엇보다 국지적 관점을 넘어서야 한다. 해결하려는 문제들이 다차원적이고, 여러 시간 차원에 관련되며, 또한 다층적이기 때문이다(Amin et al., 2002). 이러한 관점은 사회적경제에 대해 사회혁신 시스템 개념이 갖는 직접적 관련성을 보여준다. 사회혁신 시스템은 지역 주체들이 다양한 수준의 지배구조에 참여하고, 지역 네트워크에서 역할을 하며, 화폐자원과 비화폐자원을 보다 폭넓게 동원하는 능력을 강화한다(Amin et al., 2002; Hillier et al., 2004; Richez-Battesti et al., 2012). 이는 연대금융, 사회연대경제 조직들에 전문화된 컨설턴트, 파트너십에 기반을 둔 연구조사, 훈련과 지식이전과 같은 도구들을 통해 실천된다. 이 도구들을 통해 조직들은 서로 연결되고, 지역과 부문의 다양한 차원(지역과 전국 수준의 단체와 위원회들) 및 시스템에 대한 공적 인정을 촉진하는 우호적 환경(법률, 관련 부처, 공공 프로그램)에 연결된다(도식 1 참조).

 네트워크들은 스스로 공고해지면서 보다 포괄적인 사회적 조절을 촉진하는 새로운 단계에 이르게 된다(Itçaina, 2010). 이러한 "메타 지배구조"는 사회문제에 대한 숙의를 돕고, 개별적(개인), 집합적(집단) 그리고 일반(사회) 이해의 다양한 형태 및 혼합된 형태를 고려함으로써 공익을 추구하는 데 기여한다(Bernier et al., 2003). 이처럼 사회적경제의 혁신이 선험적으로는 "양적으로 중요하지 않고 힘이 없는 것으로" 인식될 수 있다 할지라도, 주어진 상황에서 이들의 메시지는 "변화를 만들어내고 속도를 높이는 데 질적으로 핵심적"이며, 연대와 호혜성이라는 다른 가치의 방향으로 변화를 이끈다(Servet, 2010, pp. 196~197).

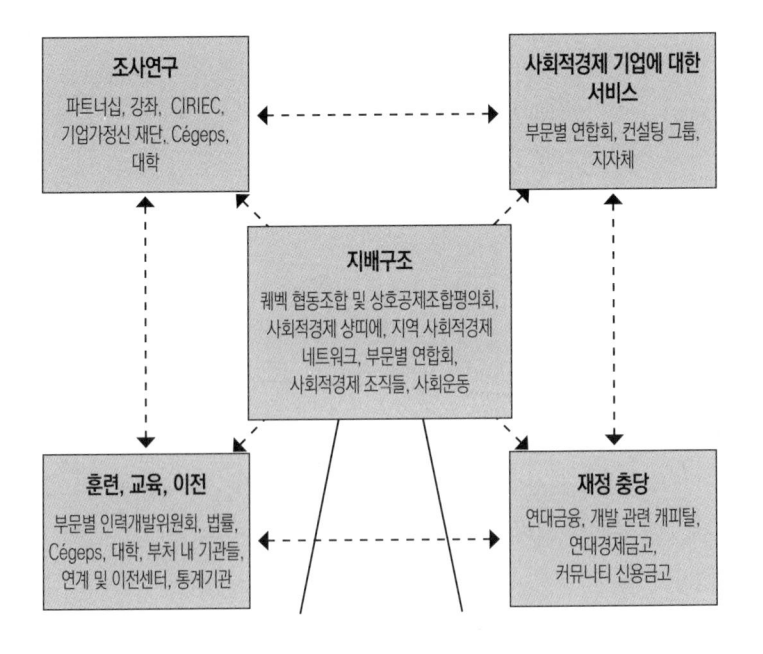

도식 1 사회적경제 사회혁신 퀘벡 시스템

　　이러한 관점에서의 사회혁신 연구들은 사회의 패러다임이나 발전 모델에 대한 자신들의 전망을 전제하고 있다. 혁신은 신자유주의와는 다른 방향의 "새로운 공적 행동 영역"(Fraisse, 2013, p. 363)으로 사회적 경제를 정당화시켜주며 사회경제 발전에서의 역할을 다시 돌아볼 수 있게 해주는 개념이다. 사회적경제는 사회전환, 나아가 경제의 "재발명"을 목적으로 하는 일종의 사회혁신 실험실로 소개된다.

　　아래의 '사회전환을 위한 지렛대로서의 사회혁신'은 이러한 접근에 영감을 받은 두 가지 사례를 소개한다.

사회전환을 위한 지렛대로서의 사회혁신

사회혁신연구센터(Centre de recherche sur les innovations sociales, CRISES)
CRISES의 연구작업들은 위기의 시기에 집합적 기업가들을 통해 등장하는 사회혁신이 어떻게 사회 전반에서 사회전환에 기여하는가를 이해하고자 한다. 1985년 이후 이루어진 많은 연구작업들(500개 이상이며, 이중 대다수는 사회적경제와 관련된다)은 주거 또는 아동보육 서비스와 같은 부문, 지역사회 활성화나 빈곤 퇴치와 같은 정책, 그리고 협동조합 운동이나 노동조합 운동과 같이 조직된 사회적 주체들의 입장을 기록하고 있다. CRISES 웹사이트(www.crises.uqam.ca)에서 찾아볼 수 있는 이들 연구작업 대부분은 지역 수준에서 시작된 혁신이 보다 넓은 차원으로 확산되는 과정에서 행한 사회적 주체들의 역할을 보여준다. 금융서비스나 보건서비스에 대한 연구들은 노동관계에서 이루어진 조직적 및 제도적 혁신(역할과 힘의 재구조화)을 드러내 보여준다. 사회발전뿐만 아니라 경제발전에 관련한 사회적경제 연구는 소비관계(이용자와 소비자의 참여)와 지역사회와의 관계(지역공동체의 경제발전)를 밝혀준다. 시계열 분석은 사회혁신의 전파와 제도화가 다양한 차원(미시, 중위, 거시)에서 이루어지는 과정들을 보여준다. 연구작업들은 전체적으로 파트너십에 기반하고 혼합된 지배구조 체제에 바탕을 두고 있는 사회적경제 혁신 시스템의 특징을 보여준다. 파트너십 지배구조는 시장/국가/시민사회의 상호보완적 성격과 민주주의를 경제발전의 요소로 인정한다는 점에서 자유주의 지배구조(경쟁 기반)와 포드주의 지배구조(국가 규제 기반)와 구분된다. 반면 합의가 거부되어 막다른 길에 봉착하거나, 나아가 사회전환에 기여하지 못하는 변화 또는 도리어 사회적 불평등의 심화를 가져오는 '퇴행적 혁신'에 이르게 될 때, 신자유주의 지배구조(최소한의 국가와 모든 방면에서의 민영화)가 등장하는 경향을 보인다. 데이터베이스를 바탕으로 한 이들 사례에 대한 계량적 메타분석은 퀘벡에서의 사회혁신에 대한 횡단적, 시계열, 부문별, 공간적 분석을 촉진하고, 이를 통해 사회혁신에 대한 이해를 심화시켜준다. 궁극적으로 이 자료들은 다른 자료들, 또한 다른 지역에 대한 데이터베이스와 함께 분석하면서 사회혁신과 사회전환의 관계에 대한 전반적 비전을 보여줄 수 있을 것이다(Bouchard et al., 2015).

통합적 지역개발 모델

1990년대 초반 프랑스 릴 과학기술 대학에서 시작되어 이후 영국 뉴캐슬 대학과 벨기에 뢰벤 대학이 이어간 사회혁신 관련 연구작업은 지역발전에 대한 사회혁신의 역할에 관심을 가졌다. 유럽과 비유럽 국가들에서 수행된 비교연구들(SINGOCOM, DEMOLOGOS, Katarsis, Social Polis[96] 등의 프로젝트 참조)은 사회혁신의 다양한 형태가 갖는 성격을 보여주었다. 사회혁신은 사회정치적 현실 속에서 규정되는 집합적 전략과 지역에서의 과정을 포함하는데, 사회정치적 현실은 이러한 전략과 과정을 촉진하거나 해를 미칠 수 있다. 반대로 전략과 과정이 현실을 변화시킬 수도 있다. 공동체 조직들, 사회문화적 해방, 그리고 사회연대경제 관련 활동들은 '지역혁신의 대안적 모델Alternative Model of Local Innovation, ALMOLIN' 발전을 위한 출발점 역할을 한다. 이 모델은 지역개발에 대한 다차원적이고 통합된 비전을 제안한다(Integrated Area Development models, IAD models). 연구작업들에 따르면, 사회전환에 실질적 임팩트를 미치는 사회혁신은 필요에 대한 집합적 충족과 사회적 관계의 향상[97]을 결합해야 한다. 한편 혁신이 사회정치적 구조의 민주화

96 SINGOCOM http://users.skynet.be/bk368453/singocom/index2.html ; DEMOLOGOS http://demologos.ncl.ac.uk/ ; Katarsis http://katarsis.ncl.ac.uk/index.html ; Social Polis http://www.socialpolis.eu/ 참조 (2015년 6월 30일 조회)

97 사람들과 사회집단 사이의 지속 가능한 협력으로 이끌 수 있는 보다 많은 커뮤니케이션, 보다 많은 연대, 함께 사는 즐거움의 증가를 의미한다.

를 목적으로 하기 때문에 사회혁신이 관련된 사회집단에 대한 '임파워먼트'를 촉진함을 보여준다. 관련 연구를 수행한 유럽 연구자 네트워크들의 주요 작업은 도시연구Urgan Studies, 지역연구Regional Studies, 유럽 도시 및 지역연구European Urban and Regional Studies, 캐나다 지역과학 리뷰Revue Canadienne de Sciences Régionales에 발표되었고, 옥스포드 디힉 줄판사, 에드워드 엘가Edward Elgar, 루틀리지Routledge, 애시게이트Ashgate, 퀘벡대학 출판사에 의해 출판되었다. 보다 최근에는 유럽연합 제7차 프로그램 아래 수행되는 연구인 소셜폴리스Social Polis의 틀에서 네트워크들의 작업이 "학제간 연구에서 사회혁신의 역할"이라는 주제로 다시 채택되었다(Moulaert et al., 2013 참조).

첫 번째 흐름의 연구들이 경제활동을 통해 추구하는 사회적 및 환경적 목적을 이유로 혁신을 사회적이라고 본다면, 두 번째 흐름의 연구에서는 사회혁신이 개별화되거나 의도적이거나 전략적인 행동에 의해서만 발생한다고 보지 않는다. 사회혁신은 사람들의 필요와 사회운동의 행동이 만나는 지점에서 발생한다. 따라서 혁신은 그 조직적 및 제도적 성격에 의해서도 사회적으로 정의될 수 있다. 더욱이 사회적경제는 경제와 사회에 대한 보다 사회적이고 연대적인 조절방식을 주창하는데, 이는 집합적 서비스에서 새로운 생산과 소비 방식, 특히 파트너십 기반 지배구조를 통해 사회적경제가 지역과 공공정책에 대해 갖는 새로운 관계를 가능하게 해준다(Bouchard and Lévesque, 2013; Eme and Laville, 1994; Favreau and Lévesque, 1996; Klein et al., 2010; Lévesque, 2004, 2007, 2011; Richez-Battesti et al., 2012). 사회적경제 조직이 가져오는 사회혁신은 특히 기존 제도가 새로운 사회적 수요에 응답할 능력이 없을 때 제도를 다시 생각하려는 경향들과 연결된다.

한편 이 관점의 연구들이 전제하는 것처럼 보이는 것과 달리, 사회혁신은 사회적경제의 내재적 성격이 아니다. 따라서 연구대상으로서 사회혁신은 관찰과 분석을 통해 구성되는 것이지 당연히 존재하는 것이 아니다. 더욱이 일부 제도적 혁신은 (노동자협동조합에서 노동조건이 늘 진보적인 것은 아니듯이) 조직적 차원에서 진보적인 결과로 이어지지 않을 수 있다. 마찬가지로 공공기관이나 대형 조직에 의한 혁신의 제도화는 반드시 혁신의 변질로 이어지는 것은 아니며, 반대로 이 과정을 통해 사회적 혁신의 새로운 물결을 가져올 수도 있다(Bouchard, 2006; Malo and Vézina, 2004; Lévesque, 2006). 또한 이 관점의 연구들은 사회적경제가 오늘날 대형 이슈들에 응답하면서 사회전환을 실현하는 방법에 대해 충분히 밝히지 않은 것으로 보인다. 앞서 살펴본 기업가적 접근법과 마찬가지로, 기업가적 기능을 하는 '혁신'과 단순 산술총합을 넘어서는 사회 전반의 변화인 '전환' 사이의 연결고리가 빠진 것으로 보인다. 그럼에도 사회 전반에 대한 프로젝트로서 사회적경제가 관련 조직들 총합 이상의 것을 대표한다는 점에서 사회적경제의 혁신 능력은 사회전환 목표에 의해 영향을 받으며 그 능력이 더 높아질 수 있다.

2. 혁신에 초점을 두는 접근법
:사회혁신의 자리는 어디인가?

경제학과 사회과학에서 혁신에 대한 일반이론은 주요하게 기술 관련 혁신에 관심을 보이는 경향이 있었다. 그러나 혁신 관련 일반이론에 대한 일부 경제학자와 사회학자들의 재해석은 혁신이 새로운 기술보다는 새로운 사회적 관계에 관련될 때, 이를 '사회적' 혁신으로 이해할 수 있게 해주었다. 이러한 재해석에 따르면, 사회혁신은 주요하게 조직적 성격을 가지거나(즉 운영, 노동조직, 활동, 개입, 문화, 능력개발, 견습 등을 포함하는 경영 과정과 방식에 관련), 주요하게 제도적 성격을 갖는(즉 규제적 성격의 규칙, 프로그램, 조직 규범, 자체 규율, 인지적 체계 등을 통한 권력의 배분이나 결과의 공유에 관련) 것으로 정의된다. 일정한 기간 지속되는 사회혁신은 많은 경우 조직적인 동시에 제도적인 성격을 갖는다. 따라서 사회혁신은 기술적 토대보다는 조직과 제도에 관련된 새로운 사회적 관계에 우선적으로 기반한다는 것으로 특징지어진다(그러나 물질적 바탕에서 시작한다는 점에서 늘 기술적 토대를 가지고 있기는 하다). 반대로 기술적이라고 불리는 혁신이 지속되기 위해서는 적절한 조직적 및 제도적 형태를 가져야 하겠지만, 우선적으로는 기술적 새로움에 의해 규정된다. 이에 혁신에 대한 일반이론은 궁극적으로 기술적(또는 경제기술적) 혁신과 사회적 혁신을 동시에 고려할 수 있어야 한다.

첫 번째 절에서 소개한 흐름들과 달리, 이 절에서 소개할 두 주요 흐름들은 혁신에 대한 일반이론을 발전시키고자 한다. 이 이론들 자체는 혁신과 사회전환을 위해 고안되지 않았지만, 이 주제들에 대해서도 매우 적절하다는 것이 사후적으로 확인되었다. 첫 번째 흐름은 진화주의 이론틀에 기반한 비주류 경제학자들이 발전시켰고, 두 번째 흐름은 주요하게 ('번역 이론Theory of translation'이라고도 불리는) 행위자-네트워크 이론 actor-network theory에 토대를 둔 인류학자와 사회학자들이 발전시켰다. 첫 번째 흐름이 주요하게 제도적 차원에 대한 것이고(시스템 차원의 혁신), 두 번째 흐름이 조직적 차원에 관련되기 때문에(과정으로서의 혁신), 이 두 이론 흐름은 일정 부분 상호보완적으로 보인다. 세 가지 이유에서 사회혁신 관련 연구에서 이 두 이론 흐름들이 요구된다. 첫째, 이 연구작업들은 30년 넘게 발전해온 단단한 이론들이다. 둘째, 이들의 연구는 잘 알려져 있고, 혁신에 관심을 둔 연구자들이라면 피할 수 없는 것들이다. 셋째, 이들은 기술혁신에서 출발하였지만 사회혁신과 이를 통해 발생할 수 있는 전환을 고려할 수 있는 이론적 가교를 제공한다. 이러한 관점에서 이 이론들은 사회연대경제 관련 이론을 더 풍부하게 할 수 있을 뿐만 아니라, 반대로 사회연대경제 이론도 혁신의 일반이론을 더 풍부하게 할 수 있을 것이다.

2.1. 시스템과 기술경제적 패러다임으로서 혁신

신제도주의는 하나의 동질적 이론 체계를 구성하지 않지만[98], 혁신

---

98. 예를 들어, 조절학파와 같은 이들은 방법론적 개인주의에 대해 문제제기를 하는 반면, 합의주의 학파들은 이를 수용한다. 그러나 이 둘 모두 제도주의자로 정의된다. 실제로, 어떤 경우에는 제도들이 구체적인 제도를 의미하며(법률, 규칙, 장치), 다른 경우에는 만질 수 없는 인지체계를 뜻하기도 한다.

이라는 연구대상을 중심으로 신제도주의자들의 기여를 확인할 수 있다(Lévesque et al., 2001, p. 149). 관련 경제학자들은 몇몇 연구센터들에 모여 있는데, 이들 중 가장 유명한 곳은 영국 서섹스 대학 크리스토퍼 프리먼Christopher Freeman이 1966년 설립한 과학정책연구소Science Policy Research Unit, SPRU이다. 미국에서는 리처드 넬슨Richard Nelson과 시드니 G. 윈터Sidney G. Winter가 1974년 "혁신에 대한 유용 이론의 탐색"에서 자신들의 연구가 갖는 의미에 대해 발표하였다(Nelson, 1994). 제프리 M. 호지슨(Goeffrey M. Hodgson, 1988)은 관행, 공진화, 혼합(잡종), 타가수정 등의 개념들을 통해 경제와 생물학의 유사함을 설명하였다. 유럽대륙에서는 크리스토퍼 프리먼과 뤽 소에트Luc Soete가 1988년 함께 설립한 혁신과 기술을 위한 마스트리히트 경제연구소Maastricht Economic Research Institute of Innovation and Technology, MERIT가 SPRU 네트워크와의 작업들을 통해 성과를 거두었다. 마찬가지로 1977년 설립된 덴마크 알보르 대학 경영학부의 IKE 그룹은 벵트-아케 룬드발Bengt-Åke Lundvall과 얀 파거베르그Jan Fagerberg와 같은 저명한 연구자들과 함께 혁신에 대한 장기간의 연구 프로젝트를 진행하고 있다.

2.1.1. 자본주의 경제의 질적 진화

혁신에 대한 진화주의 이론은 1911년 '경제발전론The Theory of Economic Development'을 통해 혁신에 대한 이론을 구성한 조지프 A. 슘페터Joseph A. Schumpeter(1883~1950)의 작업에서 상당한 정도로 영감을 받았다. 슘페터의 작업은 대략 네 가지 제안으로 요약될 수 있다. 첫째, (순전한 의미에서 경제적이라 할 수 없는) '발명'과 (새로운 기계, 새로운 과정, 새로운 생산물, 새로운 시장, 새로운 형태의 조직 채택 등 생산성을 결정짓는 요소를 의미하는) '혁신'

을 구분한다. 둘째, 슘페터와 진화주의 연구자들은 자본주의 경제의 진화, 변화 그리고 퇴락을 설명하기 위해 보다 광범위한 연구에 관심을 갖는다. 인구나 전쟁과 같은 외부 요인들이 경제의 양적 성장에 영향을 미친다면, 질적 진화는 새로운 변화를 가져오는 기업가, 혁신 그 자체, 혁신의 등장과 전파를 위한 수단 또는 조건으로서 투자 등 내적 요인으로부터만 설명될 수 있다. 이 관점에 따르면 기업가나 기업은 새로운 생산요소의 결합을 통해 새로움을 생각하고 실천에 옮긴다. 셋째, 단절을 통한 혁신은 위기에 대한 대응으로 경제 주기의 특정한 시점에 일정한 산업분야에 나타난다. 이러한 혁신은 "창조적 파괴"로서 역할을 한다. 즉, 어떤 기업과 산업들이 사라지는 동시에 혁신을 이룬 새로운 기업과 산업, 새로운 세계가 만들어진다. 마지막으로 경제적 진화가 중요한 질적 변화에 조응하기 위해서는 사회적, 정치적, 문화적 진화와도 연결되어야 한다.

2.1.2. 혁신에 대한 시스템적 접근

혁신에 대한 이론을 발전시키기 위해 진화주의 연구자들은 기업과 기업가를 강조하기보다는 환경의 일부를 내재화하는 시스템적 접근을 채택하고자 한다. 기술이 압력을 가하고 수요가 잡아당긴다는 단순화된 개념을 거부하면서, 이들은 기업들의 구조, 공공부문의 구조, 그리고 비시장적 조직들이라는 요소들을 고려한다(Dosi, 1982, pp. 159~160). 225쪽의 '혁신을 설명하는 두 가지 진화론적 개념들'은 가장 중요한 두 가지 진화주의적 개념을 소개한다.

혁신을 설명하는 두 가지 진화론적 개념들

1. 기술주의 패러다임이라는 개념은 기술혁명의 시기에 (가령 19세기 철도와 같이) 혁신이 어떻게 일정한 방향으로 만들어졌는지를 설명하고자 한다(Dosi, 1982). 어떤 사람들은 경제와 사회의 접촉면을 고려하기 위해 기술경제적 패러다임이라는 표현을 선호한다. "여기서 초점을 맞추는 것은 기술적, 조직적, 사회적 혁신의 서로 연결된 구성요소들이 갖는 보완성과 외부효과, 그리고 구축된 환경, 제도적 환경, 실행된 기술 시스템의 견고함이다."(Freeman, 1991, p. 222) 이로부터 역동적이고 복잡한 과정으로서의 혁신을 관찰할 수 있고, 다음과 같은 서로 다른 유형의 혁신을 확인할 수 있다.

- 제한된 수의 급진적 혁신. 이들은 관행이나 지식으로 알려진 것을 넘어서는 '단절적' 혁신이다(가령 증기기관과 전기, 수공업적 노동과 테일러주의 조직의 관계).

- 많은 수의 점증적 혁신. 새로운 고객이나 새롭게 일하는 방식을 이미 존재하는 것들에 덧붙이는 방식의 혁신이다.

- 더 많은 수의 사회혁신. 이는 조직적 유형이거나(가령 조직 내부 운영 과정이나 경영 방식에 관련된 혁신) 제도적 유형을 갖는다(법률, 프로그램, 계약 등 규칙을 통한 권력 및 결과의 배분에 관련되는 혁신).

기술경제적 패러다임은 여러 덩어리의 혁신, 나아가 여러 기술 시스템을 전제하며, 특정한 기술경제적 궤적으로 이끌게 되는 선택들에 대해 설명한다. 발전 모델을 설명하기 위해 어떤 경제학자들은 사회구조적 패러다임이라는 아이디어를 앞세운다. 이 사회구조적 패러다임은 "아이디어와 행동을 통해 발전 모델을 강화하는 특정한 도덕, 규범, 바람직함의 개념을 전제하면서, 사회에서 살아가는 특정한 방식에 대한 합의를 정의하는 역할을 한다."(Lipietz, 1989, p. 24)

2. 국가혁신 시스템système national d'innovation, SNI이라는 개념은 기업들과 OECD와 같은 국제조직에서 확산되었다. 혁신이 단지 기업가(슘페터는 그의 초기 작업에서 혁신이라는 개념 자체가 개별 기업가들에 대한 것이라고 말한다)나 대기업(슘페터는 후반 작업에서 혁신이 개

인으로서의 기업가들이 아닌 팀이나 집단으로서의 기업가라고 한다. 이는 그의 미국 체류 이후에 나타난 인식 변화이다)뿐만 아니라, 슘페터가 이후에 적고 있듯이, 한 국가의 경제, 과학, 정치 환경에 관련되기 때문에(Andersen, 2012) 국가혁신 시스템이라는 개념은 연구와 개입의 영역을 넓히게 된다. 국가혁신 시스템의 포괄 범위와 관련하여 두 가지 개념화가 공존한다. 먼저 협소한 개념은 기업들의 기술적 환경, 즉 대학, 민간 및 공공 연구소, 과학기술과 R&D 관련 정책만을 포함한다. 보다 넓은 개념은 경제 및 사회발전에 기여하는 모든 것, 즉 기술환경뿐만 아니라 기업의 재정 충당, 산업관계 시스템, 노동시장, 교육과 직업훈련, 복지국가 정책을 고려한다. 이 개념은 지역, 국가 그리고 국경을 넘어서도 적용될 수 있다. 따라서 '국가'라는 표현 때문에 지역적으로 국한될 수 있다는 점을 피하기 위해, "혁신과 생산을 위한 사회 시스템"으로 정의하기도 한다. 이 시스템은 에스핑-앤더슨Esping-Andersen이 복지국가를 위해 수행한 것과 비슷한 방식으로 다양한 사회경제적 특징과 경제 규제방식을 범주화하기 위해 다음과 같은 경제 및 사회 발전 모델로 분류될 수 있다. 즉, 시장형(앵글로섹슨 모델), 중위 조합주의형(예컨대 독일), 공공 및 유럽통합형(유럽 대륙 일부 국가), 사회민주주의형(스칸디나비아 국가들). (보다 잘 정리된 개념정의는 Amable et al., 1997을 참조)

2.1.3. 혁신과 전환

하나의 기술경제적 패러다임에서 다른 패러다임으로 이행하는 전환은 자연발생적으로 이루어지지 않는다. "변화에 대한 사회적 압력이 분명하게 느껴지고, 이전까지 효과적이었던 정부와 다른 제도적 해법들이 더 이상 효과가 없을 때, 그리고 근본적인 제도개혁에 대한 필요가 점점 더 명백해질 때"(Perez, 2004, p. 16) 전환이 발생하게 된다. 각각 20~30년이 넘게 걸렸던 모든 전환 과정들은 가령 실업률 증가나 인구 이동으로 표현되는 것처럼 매우 고통스러웠다는 점을 덧붙일 필요가 있다. 한편 기술경제적 패러다임은 '경로의존성path dependency'을 형성하는데, 그 결과로 더 나은 해법이 반드시 채택되는 것은 아니다. 그러나 '경로의존성' 개념은 집합적 주체들이 새로운 규제틀을 만들기 위해 기존 규제틀을 해체할 수 있는 능력인 '경로구축' 또는 '공동체적 경로'에 의해 보완될 수 있다. 이를 통해 사회혁신이 어떻게 사회전환의 도구도 될 수 있는지를 볼 수 있다(Klein et al., 2013, p. 382; Fontan et al., 2008).

국가혁신 시스템 개념은 동일한 기술에 접근할 수 있는 여러 국가들에서 어떻게 혁신이 다른 방식으로 전파되는지를 연구할 수 있게 해준다. 동시에 정부와 OECD, 유럽연합 같은 기구들이 혁신을 촉진하는 정책을 개발하도록 새로운 전망을 제시한다.

놀랍게도 국가혁신 시스템의 대부분은 공통적으로 신고전주의 접근과 단절된다. 예를 들어, 진화주의 연구자들은 국가들 사이의 경쟁력 차이를 임금비용이 아닌 기업의 혁신 능력과 공권력의 지원 내용에서 찾는다. 이처럼 일부 국가혁신 시스템 주창자들은 자신들의 이론이 경제발전에서 국가의 역할을 정당화하는 관점과 결탁되어 있다고 인정한다. 룬드발(Lundvall, 2004, p.4)은 이를 이론이 가지고 있는 "숨겨진 아젠다"라고 부른다. 끝으로, 국가혁신 시스템의 확장된 개념은 학습, 신뢰, 사회적 분위기와 같이 점증적이면서 사회적인 혁신을 촉진하는 무형자산을 보다 많이 고려한다. 이는 과학 시스템과 유형적 요소에 국한된 개념들에서는 고려하지 않는 것들이다.

미국과는 대조적인 사례로 덴마크와 네덜란드 사례가 증언하듯이, 성과가 높은 국가들에 대한 비교연구는 대규모 기술혁신이 두드러지지 않더라도 보다 경쟁력 있는 국가가 될 수 있음을 보여준다. 옌센 등(Jensen et al., 2007, pp. 684와 690)은 "과학자와 정책결정자들에게 R&D, 특히 과학에 관련된 영역에서만 혁신을 고려하는 편향"이 존재한다고 본다. 이 연구자들에 따르면, 다음과 같은 두 가지 방식의 혁신을 규명하는 것이 매우 중요하다.

- "방식 1" – 과학과 기술, R&D, 즉 명시적이고 명문화된 지식에 기반

- "방식 2" – 경험과 학습(실행, 사용, 상호작용을 통한 배움), 즉 개인들에게 체화되어 기록으로는 잘 남아있지 않지만, 주요하게 상호작용과 조율을 바탕으로 하는 지식에 기반

혁신에 대한 계량적 연구의 대다수는 방식 1을 따르는 가운데, 사회적이고 조직적인 혁신을 찾을 수 있는 방식 2를 간과하곤 한다.

마지막으로, 조절학파는 제도주의에 속하기는 하지만 특히 자본주의 경제의 전환에 관련해서는 슘페터주의 접근에 비판적이다. 조절학파에 속하는 프랑스 경제학자들에 따르면, 대규모 위기는 동력을 잃고 있는 산업분야에 대한 분석보다 발전 모델의 다양한 제도적 구성요소, 즉 경쟁관계, 통화정책, 노동관계, 국제관계 등을 통해 분석해야 한다. 이때 발전 모델은 국제적 수준의 노동분업을 고려하면서, 주요한 사회적 합의(가령 임금제, 국가의 역할)에서 비롯되는 제도적 맥락에 기반한다. 그 결과, "혁신의 경로"와 마찬가지로 대규모 위기도 다양해질 수 있다. 실제로 위기는 언제나 경제사회적 조절에 관련되지만 그 원인이 되는 요인들은 제도적 구성요소에 체계적 일관성을 부여하는 조절양식(가령 포디즘)뿐만 아니라 생산성 획득에 기반하거나(집약적 체제) 생산요소 증가에 기반하는(확장적 체제) 축적체제에서도 기인할 수 있다. 따라서 위기는 사회와 금융, 환경에 동시에 걸쳐서 발생하고 있는 현재의 위기처럼 발전 모델 구성요소 전반에 관련될 수 있다(Boyer, 1986, pp. 60-72). 이러한 관점에서 보면, 조직적 및 제도적 혁신이 상당히 중요해지며, 생산 관련 혁신과 연결 지어 삶의 방식에 대한 혁신도 고려할 수 있게 해준다.

2.1.4. 사회적경제에 대한 함의

결론적으로, 혁신에 대한 진화주의 입장의 연구들은 일련의 개념을 포함하는 이론틀을 제공하며, 우리는 이중 기술경제적 패러다임과 국가혁신 시스템에 대해 살펴보았다. 기술경제적 패러다임은 "사회제도적 모델(디자인)을 구성하기 위한 방향을 제시하는 가장 좋은 원천이다. 이를 통해 변화가 확인 가능한 하나의 방향으로 이루어지고 있음을 볼 수 있다."(Perez, 2004, p. 20) 기술경제적 패러다임을 통해 대전환의 시기에 어떻게 혁신들이 일관된 방향으로 상호병립하면서 거의 자연발생적으로 이루어지는지를 설명할 수 있다. 또한 진화주의 관점에 따르면, 국가혁신 시스템 개념은 공권력과 시민사회 조직의 개입을 위한 공간을 열어 주는데, 이 공간의 확장은 경제발전과 사회발전 사이에 가교를 이어준다(Lévesque, 2006). CRISES 연구작업에서 소개된 퀘벡 사회적경제에서 사회혁신 시스템의 사례는 이를 잘 보여준다. 이 시스템은 연구조사, 기업 서비스, 금융, 훈련 및 이전 사례들만 포함하는 것이 아니며, 서로 다른 영역들, 사회적경제 부문의 거버넌스 장치들, 사회적경제에 대한 공공정책들 사이의 다양한 관계들도 포함한다.

이 연구들이 사회적경제에 주는 주요한 교훈은 사회혁신 발전을 목표로 하는 전략을 위해서는 사회적기업가에만 초점을 맞춘 연구를 넘어서야 한다는 것이다. 사회적기업가들의 성공에 상당 정도로 영향을 미칠 수 있는 요인들은 기업 차원을 넘어서기 때문이다. 바로 이 지점에서 사회기술적 패러다임(그리고 그 변형체로서 사회구조적 패러다임), 혁신 시스템(혁신 관련 사회 시스템, 국가혁신 시스템, 지역혁신 시스템, 부문별 혁신 시스템), 그리고 발전 모델 등과 같이 앞서 소개한 개념들이 역할을 할 수 있을 것이다.

2.2. 행위자-네트워크와 번역[99]을 동원하는 과정으로서 혁신

'행위자-네트워크 이론Actor-Network Theory, ANT' 또는 '번역사회학'이
라고 불리는 이론은 1967년 파리에 설립된 혁신사회학센터Centre de
sociologie de l'innovation의 두 연구자인 미셸 깔롱Michel Callon과 브뤼노 라뚜르
Bruno Latour, 그리고 2010년 영국 개방대학 사회문화변화 연구센터Centre
for Research on Socio-Cultural Change의 센터장이 되기 이전까지 오랫동안 영국
랭커스터 대학 교수로 재직한 사회학자 존 로John Law에 의해 발전했다.
이 접근법은 과학기술연구Science and Technology Studies라 불리는 연구 프로
그램을 통해 1980년대 초부터 보다 정교해졌다. 과학기술에 대한 연구
프로그램들은 영미권 대학들 대부분에서 발전했으며, 이는 혁신 연구
에서 매우 흥미로운 새로운 연구 영역이었다.

2.2.1. 인간과 비인간의 상호작용

사회적 구성주의는 사회현상이 사회적 행위자들의 주관적 이해가
상호작용을 통해 사회적으로 구성된다는 것을 의미한다. 이러한 관점
에 따르면, 기술적 문제에 대한 현재의 해법들은 해법을 선택하는 과
정에서 가장 많은 지지와 가장 영향력이 있는 집단들의 지지를 받은
것들이다. 이 과정을 살펴보기 위해 논쟁과 갈등으로 점철된 상대적으
로 오랜 과정에서 나타나는 다양한 해석들을 살펴보는 방법론을 채택
한다(Pinch and Bijker, 1987). 행위자-네트워크 이론은 구성주의의 관

---

99. 여기서 번역(traduction)이라는 개념은 하나의 언어를 다른 언어로 바꾼다는 문자적 의미가 아니라,
번역의 사회학에서 사용되는 사회적 개념이다. 상세한 내용은 231쪽의 '행위자 네트워크 사회학'을 참
조. - 옮긴이

점에서 (혁신의 사회학을 포함한) 과학기술 연구의 이론적 쇄신을 제안한 다는 점에서 특징적이다. 이 이론은 이미 구성되어 있어서 "행위자들의 새로운 연결을 추적할 수 없는" '사회적'인 것과 구별되는 개념으로서, "지금 만들이지고 있는 '사회적' 성격"이라는 새로운 '사회적' 개념을 제시한다(Callon, 1981, p. 381). 행위자-네트워크 사회학은 인간뿐만 아니라 비인간(물체, 사물, 물질적이고 비물질적 기술과 같은)을 관심 대상에 포괄한다. 비인간은 연결망의 연쇄에 들어오게 되며, 그 결과 '사회적'이라고 하는 혁신은 사회기술적 장치들을 포함하게 된다. 이러한 접근법은 대상들 사이의 관계 맺어짐과 이를 통해 구성되는 네트워크에 큰 관심을 보인다는 의미에서 '관계주의'라고도 정의된다. 행위자-네트워크와 번역이라는 주요 개념을 통해 이론의 주요 내용을 잘 이해할 수 있다.

행위자·네트워크 사회학 (번역사회학)

1. **행위자-네트워크 이론**은 요약하거나 설명하기 아주 어려운 개념에 기반하고 있다. 이 개념이 이용하는 행위자, 네트워크, 이론이라는 용어들은 이들에 대한 일상적 개념 정의와 거리가 멀다. 가령, 행위자-네트워크 이론에서 행위자는 그 의도성에 의해 정의되지 않으며, 대신에 행위에 참가하는 능력에 의해 정의된다(Latour, 2006b, p. 103). 행위자는 인간뿐만 아니라 대변인을 통해 스스로를 표현할 수 있는 비인간들도 포함한다. 행위자-네트워크 이론에서 네트워크 개념도 기술적 네트워크나 사회적 네트워크와 같이 일상적으로 쓰이는 것과는 다른 것이다. 네트워크는 어떤 하나의 실체에 온전히 속한 것이 아닌, 실체를 구성하고 있는 관계망을 표현한다. 동시에 네트워크는 자신의 궤적을 스스로 정의하는 행위자이며, 또는 행위의 원천이 되거나 행위를 하는 것으로 속성을 부여받을

수 있는 행위소actant[100]이다. 이러한 네트워크는 "혁신 자체가 규칙"인 "(지금 여기서 지속적으로) 만들어지고 있는 '사회적'인 것"의 역동성(Latour, 2006a, p. 53)과 불안정성 및 취약성으로 특징지어진다. 끝으로 이론이라는 개념 역시 일상적 의미와 거리가 먼데, 여기서는 "행위자들에게 스스로를 표현할 수 있는 일정한 공간을 남겨두는 방식"에 대한 것을 의미한다(ibid., p. 206). 요약하자면, 행위자 - 네트워크 이론에서 연구는 "(인간과 비인간) 행위자들 스스로의 변화를 뒤따르는"것이며, 또한 "이를 통해 만들어지는 연결망과 사회기술적 네트워크를" 추적하는 것이다.

2. **번역의 사회학**은 행위자 - 네트워크 이론을 다른 방식으로 지칭하는 것이다. 번역의 메커니즘은 지식, 기술, 혁신이 일련의 연속적 과정을 통해 이동할 수 있도록 해주며, 이때 이들 과정은 새로운 논쟁에 의해 문제제기될 수 있다. 과정으로 개념화되는 번역은 문제를 형성하는 문제제기problématisation, 다른 행위자 및 행위소들과 동맹을 맺기 위한 관심 끌기intéressement, 협상, 실력 행사, "책략"을 통한 관계맺기(또는 등록하기enrôlement), 그리고 동맹에 대한 동원mobilisation이라는 네 가지 국면을 통해 이루어진다(Callon, 1986). 번역의 개념은 두 가지 서로 다른 의미를 갖는다. 하나는 운송의 의미로서 이동(지리적 의미)이고, 다른 하나는 특정한 단어에서 다른 관점을 해석해낼 때 수정이 이루어지는 의미론적 이동이다. 번역의 사회학은 행위자들과 행위소들(인간과 비인간, 물질적이고 비물질적인)이 어떻게 서로 연결되고 서로에게 관심을 갖게 되는지를 이해하게 해준다. 더 나아가 번역 과정은 행위자들의 이동뿐만 아니라 협상과 타협을 가능케 해주는 대변인들을 통해 광범위하게 공유된 관점을 채택할 수 있게 해준다. 이러한 관점에서 행위자 - 네트워크와 번역의 조합은 새로운 의미에서 관계망에 대한 사회학의 토대를 놓고 있다.

---

100. 행위소라는 개념은 기호학(그레마스Greimas)에서 차용한 것이다. 행위자-네트워크 이론에서 행위소 개념은 인간뿐만 아니라 행위의 능력이 있거나 행위가 벌어지는 과정에서 일정한 무게를 가질 수 있는 비인간을 가리킨다. 이 개념은 행위자 개념보다 훨씬 광범위한데, 행위자뿐만 아니라 조직, 사물, 심지어 형이상학적 실체들까지 포함할 수 있기 때문이다. 이렇듯 행위소는 행위자들의 행위라는 틀에서 확인될 수 있음을 알 수 있다. 사물과 대상물 이외에도, 가령 사회연대경제의 활동에서 관찰할 수 있는 것들과 같은 일정한 개념과 가치들도 행위소로 고려될 수 있다. 그러나 행위소가 그 행위에 나타나지 않으면, 행위 외부자가 실행한 분석에 의해 밝혀질 수 없다.

사회혁신을 더 잘 이해하기 위해 이 사회학으로부터 무엇을 얻을 것인가? 기술적이면서도 사회적인 성격의 혁신을 이해하기 위해 깔롱과 라뚜르가 제안한 10개가 넘는 특성을 여기서 다 살펴보는 것은 불가능하기 때문에, 이중 세 가지만 추려서 살펴보자.

2.2.2. 모든 혁신은 사회적인 동시에 기술적이다

첫째, 사회혁신과 기술혁신은 둘 모두 사회적인 동시에 기술적이다. 기술과 사회 모두가 인간과 비인간, 행위자-네트워크의 구성, 논쟁과 불가역성을 불러오는 번역 작업에 기반한 구성물이기 때문에, 기술과 사회의 관계는 독립적인 공간들 사이의 관계가 아니다. 기술적인 것과 사회적인 것은 서로 물려서 구성되어 있으며, 깊이 얽혀 있다. 그 결과 하나의 사회기술적 맥락은 서로 구분되는 "사회학적 측면과 기술적 측면이 정교하게 균형 잡힌 만족스러운 합의물"이 아니다. 각각의 측면이 이미 독립적으로 구성되어 있는 것이 아니기 때문이다(Latour, 2006a, p. 90). 비인간이 사회혁신의 구성에 기여했음을 보여주는 것은 어렵지 않다. 지역의 설비, 커뮤니케이션 도구와 같은 물질적 가공물, 그리고 게시물, 보고서, 표, 규칙, 규정, 양식, 리스트 작성 등과 같은 '지적 기술'이 그 예이다. 요약하자면, 이 접근법에서는 사회적이고 기술적인 차원들이 불가분의 관계가 된다. 이 관점에서 보자면, 만약 사회학자가 자신이 변화시키고 싶어 하는 사회에 대한 기술자인 반면, 기술자는 자신의 프로젝트가 정당화하는 사회와 미래에 대한 비전을 앞세우면서 리스크가 큰 혁신을 방어하기 위해 스스로 사회학자가 되는 것을 꺼리지 않는다.

2.2.3. 모든 혁신은 사회적 과정에서 결과한다

둘째, 혁신은 사회적 과정으로부터 나온다. 사회적 과정은 일반적으로 알려진 연쇄과정(등장, 실험, 수용, 전파, 동맹 및 이전)과 같은 선형으로 이루어지지 않는다. 반대로 이 각각의 단계가 절대로 완전히 닫히지 않으며, 혁신의 여러 세대들을 만들어내면서 프로젝트 자체가 재구성된다는 점에서, 깔롱의 표현에 따르면 사회적 과정은 "회오리바람"과 같다. 이러한 역동성에서는, 혁신 과정이 더 진전될수록 그 연쇄망이 확장되며, 점점 더 적은 수의 대변인들을 행위자-네트워크에 결합시킨다. 혁신 과정은 타협과 프로젝트의 적응을 통해 실현된다. 그러나 적응된 프로젝트는 애초의 프로젝트에서 많이 멀어지지는 않는데, 그렇지 않으면 프로젝트 자체가 사라지기 때문이다. 혁신가는 적응 없이는 혁신할 수 없기 때문에, 이러한 과정에서 "타협의 기술과 적응 능력을 기본적 덕목으로" 여기게 된다(Akrich et al., 1988, p. 9). 특히 이 과정은 이미 구성되어 있는 것들의 상호작용과 상호의존성에만 국한되어 이루어지지 않는다. 혁신은 "다양한 재료를 혼합하고" "개인적 관계, 시장, 법률, 과학과 기술 등 다양한 활동 영역 사이에서 복잡하고 예기치 않은 관계들을 엮으면서 제도들을 가로지르는" 연금술이기 때문이다(Callon, 1999, p. 14). 이 과정은 그 성공이 혁신의 내재적 성질보다는 인간과 비인간을 연결시키는 능력에 더 달려있다는 점에서 사회적인 성격을 갖는다. 따라서 대부분의 논쟁은 순수하게 기술적인 문제들보다 사회적 문제들에 놓이게 된다. 이렇듯 사회기술적 선택은 서로 갈등하는 사회 비전을 반영하고 있는 기준들을 통해 이루어진다. 요약하자면, 사물과 기술은 이들의 이름으로 의견을 내는 대변인들이 이들의 이해관계와 이데올로기를 방어하고 있기 때문에, 사회적 갈등 외부에 있는 것이 아니다. 갈등이 해소될 때 그 승리자는 동맹을 넓히고 네트워크를 확장시키는 데 성공한다.

2.2.4. 기술혁신은 사회혁신을 이끌어낸다

셋째, 새로운 경제가 만들어낸 기술경제적 혁신은 사회혁신을 위한 기회도 제공한다. 혁신은 경제, 사회, 기술 사이의 관계를 재구성하면서 경제 자체를 변화시키기 때문이다. 실제로 시장 변화에 대한 분석에 따르면, 지난 수십 년 동안 점점 더 많은 혁신들이 경제와 기술에서 나타났는데, 이는 '(시장의) 과도함'에 영향을 받은 집단들의 행동에 따른 결과로 볼 수 있다.

시장과 그 동맹자들, 그리고 과학과 기술의 진화는 "우려사항들matter of concern"을 불러오고 있는데, 이는 특히 외부효과라고도 부르는 "(시장의) 과도함" 때문에, 그리고 시장의 "원활한 작동을 위해"(Callon, 2007) 시장 스스로가 설치한 장치들 때문이다. '과도함'과 이에 따르는 우려사항들은 점점 더 많은 수의 관련 집단을 만들어내는데, 이 집단들은 세 범주로 나뉠 수 있다. 첫 번째 범주는 경제활동의 과도함에 의해 직접 영향을 받는 집단들, 예를 들어 공해(공기, 물, 토지, 소음)로 인해 영향을 받는 집단들이다. 건강과 삶의 질에 미치는 '과도함'의 영향이 늘 가시적이고 즉각적이지는 않기 때문에 이에 관련된 집단들은 기록하고, 조사하고, 연구를 진행해야 하며, 이는 집합적 단위가 형성되는 과정이기도 하다. 두 번째 범주는 경제와 기술 발전에서 배제된 사람들로 구성된 소위 "고아" 집단들이다. 이 집단들은 하나의 기술이 다른 기술과 경쟁하면서 사라지고 이 과정에서 도태되는 기술을 채택했던 사람들이 버려질 때, 또는 (오늘날 대부분의 기술에서 발견되는 현상인) 하나의 기술이 점차적으로 사라지게 될 때 발생한다. 이 고아 집단들 중 일부는 시장이 만든 틀에 저항하며 스스로를 조직하고 동원하면서 혁신을 이끌어 내곤 한다(Callon, 2007, p. 21). 가령, 스스로 연구 능력과 중요한 전문성을 갖추면서 자신의 질환을 다루려는 환자들의 모임이나 상업 소프트웨어의 잠금 장치에 대한 대안으로 무료 소프트웨어와 같이 새로운 생산물을 무료로 유통시키려고 하는 집단들의 사례를 볼 수 있다. 끝으로 세 번째 범주는 시장의 진화 과정에서 발생한다. "품질의 경제"[101]처럼, 시장이 점점 더 복잡해지고 이로 인한 새로운 시장의 과도함을 만들어 내면서 새로운 배제를 불러온다. 모든 경제 행위자들이 재화(가령 포도주)나 서비스(가령 전문가에 의해 제공되는 서비스)의 품질에 대한 평가를 할 수 있는 적절한 능력을 고루 갖는 것은 아니다. 그 결과 이러한 능력을 갖지 못하는 고객들은 새로운 시장에서 불이익을 받게 된다. 정보의 불균형이 매우 높아지는 이러한 유형의 시장은 결과적으로 이용자의 적극적 참여를 요구하게 된다. 이에 도구와 능력을 충분히 갖추지 못한 새로운 고아 및 장애 집단이 등장한다. 이들 중 몇몇은 도움이나 학습 없이는 자신의 상황에서 벗어나지 못하며, 이타적 목적을 가진 민간단체들이 이러한 도움과 학습을 제공할 수 있다. 한편, 필요한 능력을 모두 가지고 있지만 다른 것을 원하기 때문에 특정한 소비 모델에 참여하는 것을 거부하는 사람들도 발견할 수 있다. 요약하자면, 과도함 또는 재구성으로 인해 시장은 '사회적'인 것들의 급속한 증가를 발생시키며, 이는 동시에 기술적, 경제적, 사회적 성격의 많은 혁신을 가져온다.

---

101. 카르픽(Karpik, 1989) 그리고 더 최근 작업으로 스타이너와 바탱(Steiner and Vatin, 2009)을 참조. 품질의 경제는 고객이 재화나 서비스의 품질을 평가할 수 있는 적절한 능력을 갖추지 못하면 불이익을 당하게 되는 상황을 가리킨다. "공급과 수요가 주요하게 품질에 의해 정해지고, 불균형한 관계 때문에 판매자와 달리 고객이 나쁜 품질과 좋은 품질을 구분하지 못할 때, 교환은 가격보다 판단에 의존하게 된다." (Karpik, 1989, p. 187)

2.2.5. 사회적경제에 대한 함의

시장의 작동과 커뮤니케이션 및 네트워킹 능력이 혼합된 진화를 통해 조성된 새로운 상황은 새로운 쟁점들, 특히 숙의민주주의라는 의미에서 민주주의의 심화와 확장에 대한 쟁점을 제기한다. "불확실한 세계에서 행동하기(*Agir dans un monde uncertain, 2001*)"라는 책에서 깔롱과 그 동료들은 적응된 과정과 혁신이, 이후 미셸 깔롱이 다시 종합정리한(Callon, 2007, pp. 39~40) 다섯 가지 요구, 즉 다섯 가지 "아이디어-힘"에 기반한다고 주장한다. 이 절의 결론으로서, 사회적경제와의 관계를 포함하여 사회혁신에 관련된 쟁점들인 이들 다섯 가지 요구를 살펴보자. 첫째, 문제들과 이에 영향을 받는 집단들을 보다 가시적으로 만들어야 한다. 이를 위해 면밀한 조사와 연구가 요구된다. 둘째, 관련된 집단들, 특히 새롭게 등장하는 집단들로 하여금 자신들의 문제와 우려를 스스로 표현할 수 있게 해야 한다. 이를 위해 공적 공간이라는 틀에서 표현의 가능성에 대한 요구가 제기된다. 셋째, 이 집단들이 자신들의 문제를 명확하게 하고, 자신들에게 적합한 해법들을 도출하기 위한 수단을 제공해야 한다. 이를 위해 탐색이 요구된다. 넷째, 표현을 촉진하는 것뿐만 아니라 대결과 충돌도 필요하며, 이러한 점에서 단순한 절충을 넘어서는 적극적 구성이 요구된다. 마지막으로 이 각각의 단계를 종결하는 것이 아니라 지속적으로 재검토하는 역동성이 필요하며, 이를 위해 반복적 과정이 요구된다.

결론

  사회적경제 연구는 사회혁신 개념을 자주 동원한다. 이는 사회적경제가 새로운 필요와 아직까지 충족되지 않는 열망에 응답하려는 경향을 가지고 있다는 사실로 설명된다. 이러한 의미에서, 어찌 보면 사회적경제는 혁신을 해야 하는 "운명에 처해있다"고도 할 수 있다. 연구들은 사회적경제에 국한되지는 않지만 사회적경제에서 독특한 방식으로 나타나는 혁신의 자원과 형태에 많은 관심을 기울인다. 여기에는 재정자원과 행동논리의 혼합, 이해당사자의 중요성, 경제활동의 사회적 및 환경적 영향에 대한 가치 부여, 그리고 경제에 있어서 기업과 행위자의 다양성 등이 포함된다.

  이 연구들은 혁신에 관련하여 두 가지 입장을 보여준다. 첫 번째 입장은 슘페터가 제안한 모든 형태의 혁신(새로운 상품, 새로운 생산방법, 새로운 시장, 새로운 공급원, 새로운 조직화)은 그것들이 사회적 목적을 지향한다면 모두 사회혁신이 될 수 있다고 본다. 이러한 개념을 따르면, 사회적경제에서 사회혁신은 시스템 결함의 보완을 목적으로 하는 기업가적 활동에서 나온다. 이 활동들은 국가보다는 기업가정신, 시장과 자선의 결합과 개인의 책임을 더욱 강조한다. 경영학에서 영감을 받으면서 효율 증대를 위해 민간 영리부문 경영기법들을 공공부문과 사회적경제에 도입한다. 사회적 변화는 주요하게 개별적 활동들의 총합과 혁신의 범위가 확장되는 것으로 설명된다. 두 번째 관점에 따르면, 사회혁신은 활동의 목적에 의해서만 규정되는 것이 아니라 시스템 전환을 목적으로 하는 조직적 혁신(경영과 조정 관련)과 제도적 혁신(권력, 지배구조, 규제 관련)이 발생하는 사회적 관계에 의해서도 특징지어진다. 이러한 관점은 사회적경제의 제도적 및 조직직 제안에 관심을 갖는다. 이때 제안들은 현재 사회 모델에 대한 보완과 이 모델로의 재통합이라는 관점뿐만 아니라, 사회전환이라는 관점에서도 검토된다. 따라서 사회변화는 사회권의 촉진, 사회적 통합, 민주적 공간의 창출에 의해서도 이루어지는 것으로 볼 수 있다. 사회혁신에 대한 이 두 가지 관점은 전자의 경우, '약한 개념'으로, 후자의 경우는 '강한 개념'으로 부를 수 있다(Laville, 2014; Nyssens, 2015).

사회적경제에 대한 두 연구 경향은 각각이 등장한 사회구조적 맥락에 영향을 받았다. 첫 번째 경향은 전통적으로 공적 재화와 서비스에 대한 재정 충당이 자선에 상당 정도 의존하고 있는 국가들에서 생겨난 반면(미국, 영국), 두 번째 경향은 현재까지 복지국가 모델에 기반하고 있는 지역에서 나타났다(퀘벡, 유럽대륙). 오늘날 공공재정 위기의 영향, 광범위한 사회적 필요, 환경적 긴급성, 자본주의 발전은 사회적경제의 혁신적 제안들이 갖는 반응성과 적절성에 대해 성찰할 것을 요구한다. 이에 대해 각 접근법들의 관점에서 살펴보자. 사회적기업의 앵글로색슨 버전인 혁신에 대한 첫 번째 접근은 경영적 관점으로, 제도적 차원을 고려하지 않은 채 조직적 과정으로서의 혁신에 더욱 관심을 갖는다. 그리하여 사회적기업가를 위한 매뉴얼이나 가이드가 발전한다. 또한 단일한 해법만을 강조하며 실패, 정치적 갈등, 또는 억압과 같은 혁신의 어두운 측면을 가리는 규범적 태도를 보여준다(Larsson and Brandsen, 2016). 사회연대경제 관점에 기반하고 있는 사회혁신에 대한 두 번째 접근은 제도적인 성격을 가지지만, 공공정책에 대한 연구 외에는 지역수준 혁신

시스템에 대해서는 매우 적은 관심만을 보이고 있다.[102]

매우 대조적인 규범적 방향 때문에 두 접근법은 서로 보완적이라고 보기 어렵다. 그럼에도 불구하고 이 두 관점은 국가와 발전 모델에 대한 사회혁신의 관계를 보여준다. 첫 번째 유형의 보완적 성격의 사회혁신이 사회전환에 기여하기 위해서는 변혁적 성격을 가진 두 번째 유형의 조직적 및 제도적 혁신을 통해야 한다. 즉, 고정되지는 않더라도 일정한 일관성을 유지할 수 있는 일련의 조직 지위와 제도를 채택할 필요가 있는 것이다. 이러한 시스템적 일관성은 지역이나 국가 수준에서도 나타날 수 있으며, 이는 사회혁신 시스템이라는 아이디어를 구상할 수 있게 해준다. 이들 시스템을 통해 사회혁신과 사회전환이 서로 연결되는 국가 수준의 새로운 궤적들을 살펴볼 수 있으며, 이때 혁신이 하나의 발전 모델에서 다른 모델로 전환하는 데 기여함을 볼 수 있을 것이다. 이를 바탕으로 우리는 국가 형태, 생산양식, 집합적 소비양식, 지역과의 관계, 조직간 관계 형태 등으로 특징지어지는 다양한 (이상형이라는 의미에서) 발전 모델들을 확인할 수 있다. 사회적경제의 자리와 역할은 이들 발전 모델마다 다르게 나타난다.

최근 몇 십 년 동안, 사회적경제에 새롭게 등장한 부문들(집합서비스, 대인서비스, 경제활동을 통한 노동통합 등)에서 사회혁신은 '복지혼합'을 강화하는 방향으로 복지국가의 변화에 기여했다. 사회혁신은 특히 지배구조에 있어서 시민사회 조직들이 공공정책의 공동생산에 점점 더 참여하는 방식으로 실현되었다. 또한 적어도 사회적경제를 공식적으로 인정하는 국가들에서는 사회혁신이 경제의 다원적 성격을 강화하는 데

---

102. 지역개발. 브라질의 협동적이고 대중적인 기술 인큐베이터(incubateurs technologies coopératifs et populaires, ITCP), 프랑스와 퀘벡의 사회연대경제 특구 등을 명시적으로 다루는 연구는 예외로 한다.

기여하고 있다.[103] 그러나 동시에 금융, 농식품 등 사회적경제가 가장 잘 발전된 부문들에서는 활동과 가치의 진부화, 그리고 시장으로의 동형화가 관찰된다. 위기는 이들 잘 발전된 부문의 사회적경제 조직들로 하여금 지배구조에서 자신들의 구성원들에 다시 초점을 맞추도록 만들었다. 또한 기업의 사회적 책임의 일정한 영역들, 특히 환경에 대한 관심을 도입하게 만들었다. 어떤 나라들에서는 전통적 협동조합들이 새로운 사회적 지향(유기농, 재생에너지 등)의 등장에 따라 새로운 활동을 발전시킬 수 있었다.

20~30년 전에 시작된 혁신은 오늘날 성숙기에 이르렀고, 일부는 제도화되거나 진부화되었다. 이는 새로운 사회혁신, 특히 오늘날 위기의 맥락에서 등장하는 도전에 맞서기 위한 사회혁신에 대해 묻게 된다. 많은 연구자들은 지속가능발전이라는 과제와 새로운 형태의 국제적 연대의 필요에 응답하기 위한 새로운 혁신 공간이 변화에 대한 요구와 함께 열리고 있다고 본다. 이는 사회혁신에 관련하여 앞서 살펴본 쟁점들을 다시 제기한다. 즉, 혁신이 활동의 사회적 목적에 의해서만 규정된다면, 혁신은 보완적 성격에만 머물 위험이 있다. 혁신이 전환적 성격을 갖기 위해서는 반드시 조직적 및 제도적 변화 그리고 시스템적 혁신을 지향해야 한다. 이러한 관점에서 보면, 사회적경제 영역에서의 혁신과 공공행정 및 민간 영리기업에서 등장하는 혁신을 구별할 수 없는데, 다원적 경제라는 아이디어가 의미하듯 이들 역시 여러 논리들을 동원하고 다양한 형태의 소유권을 병행하기 때문이다(Lévesque, 2013). 마찬가지로 행위자-네트워크 이론이 잘 보여주듯이 사회혁신과 기술혁신 사이에 분명한 벽을 두는 것도 어렵다.

---

103. 공공정책에 대해 다룬 이 책의 2장 참조.

이 장에서 살펴본 사회적경제에서의 혁신에 대한 두 가지 주요 접근은, 슘페터의 여러 혁신 유형에 대한 내용을 제외하면, 혁신 관련 전문화된 문헌들을 충분히 동원하지 않았으며, 이 부분은 향후 보강되어야 함을 밝힐 필요가 있다. 이러한 점에서 행위자-네트워크 및 번역 접근법은 이 장에서 살펴본 두 흐름을 통합할 수 있는 잠재력을 지닌 것으로 보인다. 공공정책과의 관계에서 혁신 시스템에 관심을 갖는 젤랄과 갈루즈(Djellal and Gallouj, 2012)의 작업과 같은 일부 두 번째 관점에서의 연구작업들은 이러한 방향에서 영감을 받기 시작했다. 사회혁신 프로젝트에서 대상물과 기술의 역할을 자주 강조한다는 점에서, 첫 번째 관점의 일부 연구작업들도 혁신의 사회학과 (비록 직접적으로 언급하지는 않더라도) 연결될 수 있다. 따라서 사회적경제의 혁신적 차원을 심화시키고자 한다면, 혁신에 대한 주요 이론을 이해하는 것이 필수불가결해 보인다. 이는 단지 이 이론들을 이해하기 위해서만이 아니라, 경우에 따라서는 사회적경제에 대한 연구를 통해 이들을 넘어설 수도 있게 될 것이기 때문이다.

혁신에 대한 진화주의 경제이론이 제안하는 발전모델 개념에서 발전과 사회전환에 대한 이론화 가능성을 찾을 수 있다. 발전모델 개념은 사회적 계약 또는 적어도 사회적 타협 틀 속의 사회적 주체들, 이들에게 영감을 준 발전에 대한 비전(사회구조적 패러다임)과 혁신의 조직적 및 제도적 형태(혁신의 열매들)를 동시에 포괄한다. 또한 국가나 지역적 시스템에 따라 가령 초국가적 협정 등을 통한 특정 경제권으로의 통합도 고려한다. 한편, 행위자-네트워크 및 번역사회학 이론을 통해 네트워크, 행위자-네트워크, 번역이라는 개념을 확인할 수 있으며, 이들 개념들은 단선적 모델로는 설명할 수 없는 복잡한 혁신과 전파 과정의 특징을 설명할 수 있게 해준다. 이러한 관점에서 보면, 혁신에 대한 두 일반 이론은 어느 하나로 환원할 수 없지만, 한편으로는 (거시 또는 적어도 중위 수준에서 제도적 차원들을 포함하는) 혁신 시스템과 다른 한편으로는 (미시 또는 중위 수준에서 관찰할 수 있는 조직적 차원을 포함하는) 혁신 과정이라는 서로 다른 차원을 강조하고 있다는 섬에서 서로 보완적일 수 있다. 또한 이두 혁신 이론들은 서로 다른 이론적 접근을 동원하지만 이 또한 상호 보완적일 수 있다. 시스템 관점에서의 혁신에 대한 경제학 이론은 연역법과 귀납법에 호소하는 거시경제학적 접근인 반면, 행위자-네트워크 사회학 이론은 상세한 서술을 강조하는 인류학 방법론에 기반을 둔 사례연구에 기반하고 있다.

　이 장이 갖는 의미는 사회적경제 연구자들이 진정한 사회혁신 이론에 기여할 수 있도록 기존 자신들만의 편안한 구역을 벗어나, 혁신에 대한 문헌을 통해 보다 깊이 있는 관점을 발전시키도록 초대한다는 것이다. 이러한 목적은 사회적경제에서의 사회혁신과 공공부문 및 민간 영리부문에서 일어나는 사회혁신을 연결하는 것뿐만 아니라, 사회적경제와 사회적기업만의 특수성을 넘어서서 여러 사회와 그들의 경제 수준에서의 비교를 위한 이론적 도구들을 통해 사회적경제에서의 사회혁신을 분석하는 것을 통해 가능해질 것이다. 이러한 접근은 어떤 사람들에게는 너무 우회하는 것처럼 보일 수도 있을 것이다. 그러나 우리에게는 사회혁신을 전환, 특히 발전모델에 대해 문제를 삼고 나아가 생태적 전환을 목표로 하는 대전환과의 관계에서 설명하는 데 있어서 불가피한 것으로 보인다. 이를 통해 사회적경제에서의 사회혁신에 대한 연구는 혁신에 대한 일반이론을 발전시키는 데 기여할 수도 있다. 이러한 과정이 없다면, 사회혁신에 대한 분석은 사회적경제에 대한 이론화 및 분석에 별다른 기여를 하지 못한 채, 단순히 유행하는 개념으로서 사회적경제라는 용어를 사용하는 것에 그치고 말 수도 있을 것이다.

참고문헌

1장 사회연대경제에 대한 통계적 이해

Archambault, E. & Kaminski, P., (2009), « La longue marche vers un compte satellite de l'économie sociale », *Annals of Public and Cooperative Economics*, 80, pp. 225-246.

Archambault, E. & Prouteau, L., (2009), « Mesurer le bénévolat pour en améliorer la connaissance et satisfaire à une recommandation internationale », *RECMA Revue internationale d'économie sociale*, 314, pp. 84-104.

Archambault, E, Accardo, J. & Laouisset, B., (2010), *Connaissance des associations*, Paris, Rapport au Conseil national de l'information statistique.

Barea, J. & Monzón Campos, J. L., (2007), *Manuel pour l'établissement des comptes satellites des entreprises de l'économie sociale : coopératives et mutuelles*, Liège, CIRIEC.

Bureau International du Travail, (2011), *Manuel sur la mesure du travail bénévole*, Genève, Organisation Internationale du travail.

CNCRES, (2015), *Panorama de l'économie sociale et solidaire en France – Édition 2015*, Montreuil, Conseil national des Chambres régionales de l'Économie sociale.

Gadrey, J. & Jany-Catrice, F., (2007), *Les nouveaux indicateurs de richesse*, Paris, La Découverte, Collection « Repères ».

Guerrand, R.-H. & Rupp, M.-A., (1969), *Brève histoire du service social en France*, Paris, Éditions ouvrières.

Helmig, B., Gmür, M., Bärlocher, C., von Schnurbein, G., Degen, B., Nollert, M., Budowski, M., Sokolowski, W. & Salamon, L., (2011), *The Swiss Civil Society Sector in a Comparative Perspective*, Competence in Nonprofit Management Institute for Research on Management of Associations, Foundations and Cooperatives (VMI), University of Fribourg, VMI Research Series, Volume 6.

Institut des Comptes Nationaux, (2006), *Le compte satellite des institutions sans but lucratif 2000-2004*, Bruxelles, Banque Nationale de Belgique.

Institut des Comptes Nationaux, (2010), *Le compte satellite des institutions sans but lucratif 2000-2008*, Bruxelles, Banque Nationale de Belgique.

Institut des Comptes Nationaux, (2011), *Comptes nationaux – Comptes détaillés 2001-2010*, Bruxelles, Banque Nationale de Belgique.

Institut des Comptes Nationaux, (2012), *Le compte satellite des institutions sans but lucratif 2009-2010*, Bruxelles, Banque Nationale de Belgique.

Marée, M., Hustinx, L., Xhauflair, V., De Keyser, L. & Verhaeghe, L., (2015), *Le volontariat en Belgique. Chiffres-clés*, Bruxelles, Fondation Roi Baudouin.

Mayaux, F., (1999), « Les relations entre dirigeants bénévoles et dirigeants salariés dans les associations », in Bloch-Laine, F., *Faire société. Les associations au coeur du social*, Paris, Syros.

Mertens de Wilmars, S., (2002), *Vers un compte satellite des institutions sans but lucratif en Belgique*, thèse de doctorat, Liège, Centre d'Économie Sociale, Université de Liège.

Monzón Campos, J. L. & Chaves, R., (2012), *L'économie sociale dans l'Union européenne*, Bruxelles, Comité économique et social européen (CESE), Rapport du CIRIEC.

Mook, L., Sousa, J., Elgie, S. & Quarter, J., (2005), « Accounting for the Value of Volunteer Contributions », *Nonprofit Management and Leadership*, vol. 15, pp. 401-415.

Nations Unies, (2006), *Manuel sur les institutions sans but lucratif dans le système de comptabilité nationale*, New York, Nations Unies, Études méthodologiques.

Pujol, L., (2009), *Le management du bénévolat*, Paris, Vuibert.

Salamon, L. & Anheier, H., (1997), *Defining the Nonprofit Sector. A cross-national analysis*, Manchester, Manchester University Press, Johns Hopkins Nonprofit sector series, 4.

Salamon, L., Sokolowski, S. & Associates, (2010), *Global Civil Society*, 3e édition, Sterling, Kumarian Press.

Salamon, L., Sokolowski, S. & Associates, (2004), *Global Civil Society. Dimensions of the Nonprofit Sector – volume 2*, Bloomfield, Kumarian Press.

Salamon, L., Sokolowski, S., Haddock, M. & Tice, H., (2013), *The State of Social Civil Society and Volunteering – Latest Findings from the Implementation of the UN Nonprofit Handbook*, Baltimore, Johns Hopkins University, Comparative Nonprofit Sector Working Paper no 49, March.

Statistiques Canada, (2004), *Force vitale de la collectivité : faits saillants de l'Enquête nationale auprès des organismes à but non lucratif et bénévoles*, Ottawa, Ministère de l'industrie.

Stiglitz, J. E., Sen, A. & Fitoussi, J.-P., (2009), *Rapport de la Commission sur la mesure des performances économiques et du progrès social*. Disponible en ligne : http://www.insee.fr/fr/publications-et-services/dossiers_web/stiglitz/doc-commission/RAPPORT_francais.pdf.

Système de comptabilité nationale – SCN 1993, (1993), New York.

Système de comptabilité nationale – SCN 2008, (2013), New York.

Système européen des comptes – SEC 1995, (1996), Luxembourg, Eurostat.

Système européen des comptes – SEC 2010, (2013), Luxembourg, Eurostat.

United Nations, (2003 & 2006), *Handbook on Non-Profit Institutions in the System of*

National Accounts, New York, United Nations Publications (1re et 2e éditions).

250

2장 어소시에이션과 공공정책

Andréo, C., (2015), « L'association avec et contre les pouvoirs publics : Aides », in Laville, J.-L. & Salmon, A. (dir.), *Associations et Action publique*, Paris, Desclée de Brouwer.

Archambault, E., (2001), « Y a-t-il un modèle européen du secteur sans but lucratif ? », *RECMA*, no 282, pp. 64-83.

Berthelot, P., (2015), « Combats et contribution des acteurs artistiques : des musiques actuelles à l'Union fédérale d'intervention des structures culturelles », in Laville, J.-L. & Salmon, A. (dir.), *Associations et Action publique*, Paris, Desclée de Brouwer.

Bucolo, E., Gardin, L. & Philippe, N., (2009), « Les clauses sociales entre rationalité économique et construction sociopolitique, Appréciation de la mise en oeuvre des clauses sociales dans les marchés publics », Recherche pour la Direction de l'animation et de la recherche, des études et des statistiques (DARES), Ministère du Travail, de l'Emploi, de la Formation professionnelle et du Dialogue social, Paris, CRIDA.

Desroche, H., (1976), *Le Projet coopératif*, Paris, Éditions ouvrières.

DiMaggio, P. J. & Powell, W. W., (1983), « The iron cage revisited: Institutional Isomorphism and Collective Rationality in Organizational Fields », *American Sociological Review*, vol. 48, pp. 147-160.

Eme, B. & Laville, J.-L., (1988), *Les petits boulots en questions*, Paris, Syros.

Enjolras, B., (1996), « Associations et isomorphisme institutionnel », *Revue des études coopératives, mutualistes et associatives*, no 261, vol. 59, troisième trimestre, pp 27-40.

Esping-Andersen, G., (1990), *The Three Worlds of Welfare Capitalism*, Cambridge, Polity Press.

Fauquet, G., (1965), *OEuvres complètes (1935)*, Paris, Éd. de l'Institut des études coopératives.

Ferrara, M. (1996), « The Southern Model of Welfare in Social Europe », *Journal of European Social Policies*, volume 6, pp. 17 – 37.

Gadrey, J., (2006), « Utilité sociale », in Laville, J.-L. & Cattani, A.-D. (dir.), *Dictionnaire de l'autre économie*, Paris, Folio-Gallimard.

Gidron, B., Kramer, R. & Salamon, L. (1992), « Government and the Third Sector in Comparative Perspective: Allies or Adversaries? », in Gidron, B., Kramer, R. M. & Salamon, L. M. (dir.), *Government and the Third Sector, Emerging Relationships in Welfare States*, San Francisco, Jossey-Bass Publishers, pp. 1-30.

Hayek, F., (1983), *Droit, Législation et Liberté*, Paris, PUF.

Hernes, H., (1987), *Welfare state and women power*, Oslo, Norwegian University Press.

Laborier, P. & Trom, D. (dir.), (2003), *Historicités de l'action publique*, Paris, PUF.

Laville, J.-L., avec la collaboration de Michel, G., Berger, A., du Tertre, C., Gadrey, J. & Roustang, G., (1996), *Propositions pour la mise en place d'une politique régionale des services de proximité, appui technique auprès de la Mission « Assises régionales pour l'emploi et le travail »* et de la Direction de l'action économique du Conseil régional, Paris, C.R.I.D.A.

Laville, J.-L. & Nyssens, M., (2001), *Les services sociaux entre associations, État et marché. L'aide aux personnes âgées*, Paris, La Découverte/M.A.U.S.S./C.R.I.D.A.

Laville, J.-L. & Salmon, A., (dir.), (2015), *Associations et Action publique*, Paris, Desclée de Brouwer.

Lawrence, T. B. & Suddaby, R., (2006), « Institutions and institutional work », in Clegg, S. R., Hardy, C., Lawrence, T. B. & North, W. R. (dir.), *Handbook of organization studies*, 2nd edition, Londres, Sage.

Le Grand, J., (1991), « Quasi-Markets and Social Policy », *The Economic Journal*, Vol. 101, no 408, pp. 1256-1267.

Leira, A., (1992), *Models of Motherhood – Welfare State Policy and Scandinavian Experiencies of Everyday Practices*, Cambridge, Cambridge University Press.

Lévesque, B. & Vaillancourt, Y., (1998), *L'institutionnalisation de la nouvelle économie sociale au Québec*, Montréal, Université du Québec.

Lewis, J., (1992), *Women in Britain since 1945*, Londres, Blackwell.

Merrien, F. X., (1990), « État et politiques sociales : contribution à une théorie néo-institutionnaliste », *Sociologie du travail*, vol. XXXII, no 3, pp. 267-294.

O'Connor, J. (1996), « From Women in the Welfare State to Gendering Welfare State Regimes », *Journal of International Sociological Association*, vol. 44, no 2, pp. 1-24.

Orloff, A. S. (1993), « Gender and the Social Rights of Citizenships: the Comparative Analysis of Gender Relations and Welfare states », *American Sociological Review*, 58, 3, pp. 303-328.

Pierre, J., (2005), « Poder para … o poder sobre? Repensando la fuerza del estado », Reforma y Democracia, no 32, juin. Disponible en ligne : http://old.clad.org/portal/publicaciones-del-clad/revista-clad-reforma-democracia/articulos/032-junio-2005/bf201cpoder-para201d...-o-201cpoder-sobre201d-repensando-la-fuerza-del-estado.

Polanyi, K. (1983), *La Grande Transformation. Aux origines politiques et économiques de notre temps*, Paris, Gallimard.

Pollitt, C., (2007), « Convergence or Divergence ? What has been happening in Europe? », in Van Thiel, S. & Homburg, V. (dir.), *New Public Management in Europe. Adaptation and Alternatives*, Basingstoke, Palgrave Macmillan, pp. 10-15.

Salamon, L., (1987), « Of Market Failure, Voluntary Failure, and Third Party of Government Relations in the Modern Welfare State », *Journal of Voluntary Action Research*, Vol. 16, no 2, pp. 29-49.

Salamon, L., (1995), *Partners in Public Service: Governement-Nonprofit Relations in the*

Modern Welfare State, Baltimore, The Johns Hopkins University Press.

Salamon, L. M., Anheier, H. K. and associates, (1999), *Global Civil Society, Dimensions of the Nonprofit Sector*, Baltimore, The Johns Hopkins University.

Vaillancourt, Y., (2015), « La co-construction des politiques publiques », in Laville, J.-L. & Salmon, A. (dir.), *Associations et Action publique*, Paris, Desclée de Brouwer.

Vienney, C., (1994), *L'économie sociale*, Paris, La Découverte.

Young, D., (2000), « Alternative Models of Government-Nonprofit Sector Relations: Theoretical and International Perspectives », *Nonprofit and Voluntary Sector Quarterly*, 29, 1, pp. 149-172

3장 사회연대경제의 지배구조

Alchian, A. & Demsetz, H., (1972), « Production, Information Costs and Economic Organization », *American Economic Review*, 62, pp. 777-795.

Alchian, A. & Demsetz, H., (1973), « The property right paradigm », *The Journal of Economic History*, vol. 33, no 1, pp. 16-27.

Bacchiega, A. & Borzaga, C., (2001), « Social Enterprises as Incentive Structures », in Borzaga, C. & Defourny, J. (dir.), *The Emergence of Social Enterprise*, Londres et New York, Routledge.

Bacchiega, A. & Borzaga, C., (2003), « The Economics of the Third Sector », in Anheier, H. & Ben-Ner, A. (dir.), *The Study of the Nonprofit Enterprise, Theories and Approaches*, Kluwer Academic, Nonprofit and Civil Society Studies, New York, Springer, pp. 27-48.

Ben-Ner, A. & Van Hoomissen, T., (1991), « Non-Profit Organizations in the Mixed Economy », *Annals of Public and Cooperative Economy*, 62/4, pp. 520-550.

Benz, M. (2005), « Not for the profit, but for the satisfaction? Evidence on worker well-being in non-profit firms », *Kyklos*, no 2, vol. 58, pp. 155-176.

Berle, A. & Means, G., (1932), *The Modern Corporation and Private Property*, New York, Macmillan.

Besley, T. & Ghatak, M., (2005), « Competition and Incentives with Motivated Agents », *American Economic Review*, no 3, vol. 95, pp. 616-636.

Borzaga, C. & Defourny, J. (dir.), (2001), *The Emergence of Social Enterprise*, Londres et New York, Routledge.

Borzaga, C. & Tortia, E., (2006), « Worker Motivations, Job Satisfaction and Loyalty in public and Non-Profit Social Services », *Nonprofit and Voluntary Sector Quarterly*, no 2, vol. 35, pp. 225-248.

Brandsen, T. & Pestoff, V., (2009), *Co-production. The Third Sector and the Delivery of Public Services. An Introduction*, Londres, Routledge.

Brolis, O. & Nyssens, M., (2015), « La qualité des emplois peu qualifiés dans l'ESS :

la mission de l'entreprise fait-elle une différence ? », *Économie et Société (Socio-économie du travail)*, no 37.

Brown, W., (2005), « Exploring the Association Between Board and Organizational Performance in Nonprofit Organizations », *Nonprofit Management & Leadership*, vol. 15, no 3, pp. 317-339.

Charreaux, G., (1997), « Vers une théorie du gouvernement des entreprises », in Charreaux, G. (dir.), *Le gouvernement des entreprises : corporate governance, théorie et faits*, Paris, Economica, pp. 421-469.

Coase, R., (1937), « The Nature of the Firm », *Economica*, 4, pp. 386-405.

Coase, R., (1960), « The Problem of Social Cost », *Journal of Law and Economics*, 3, pp. 1-44.

Commons, J., (1893), *The Distribution of Wealth, Londres*, Macmillan and Co.

Coriat, B. & Weinstein, O., (1995), *Les nouvelles théories de l'entreprise*, Paris, Le Livre de poche, Librairie générale française, Collection références.

Cornforth, C. (dir.), (2003), *The Governance of Public and Non-profit Organisations: what do boards do?*, Londres, Routledge.

Cornforth, C., (2004), *Governance and Participation Development Toolkit*, Manchester, Cooperatives UK.

Davis, J., Schoorman, F. & Donaldson, L., (1997), « Toward a stewardship theory of management », *Academy of Management Review*, 22, pp. 20-47.

De Alessi, L., (1983), « Property rights, Transaction costs and X-Efficiency: An Essay in Economic Theory », *The American Economic Review*, 73 (1), pp. 64-81.

Deci, E. L. & Ryan, R. M. (1985) *Intrinsic motivation and self-determination in human behavior*, New York, Plenum Press.

De Cooman, R., De Gieter, S., Pepermans, R. & Jegers, M., (2011), « A Cross-Sector Comparison of Motivation-Related Concepts in For-Profit and Not-For-Profit Service Organizations », *Nonprofit and Voluntary Sector Quarterly*, April, vol. 40, no 2, pp. 296-317.

Defourny, J. & Nyssens, M., (2011), « Approches européennes et américaines de l'entreprise sociale : une perspective comparative », *Revue internationale de l'économie sociale*, RECMA, no 319, pp. 18-35.

Desroche, H., (1969), *Le développement intercoopératif, ses modèles et ses combinaisons*, Sherbrooke, Université de Sherbrooke, Librairie de la société universitaire.

DiMaggio, P. J. & Powell, W. W., (1983), « The Iron Cage Revisited: Institutional Isomorphism and Collective Rationality in Organizational Fields », *American Sociological Review*, vol. 48, pp. 147-160.

Donaldson, Th. & Preston, L., (1995), « The Stakeholder Theory of the Corporation: Concepts, Evidence, and Implications », *The Academy of Management Review*, vol. 20, No. 1, pp. 65-91.

Draperi, J.-F., (2006), « Double qualité », *Alternatives économiques Poche*, no 022, janvier.

Evers, A., (2001), « The significance of social capital in the multiple goal and resource structure of social enterprises », in Borzaga, C. & Defourny, J. (dir.), *The Emergence of Social Enterprise*, Londres et New York, Routledge.

Eymard-Duvernay, F., (2004), *Économie politique de l'entreprise*, Paris, La découverte.

Fama, E. & Jensen, M. (1983a), « Separation of Ownership and Control », *Journal of Law and Economics*, 26, pp. 301-325.

Fama, E. & Jensen, M., (1983b), « Agency Problems and Residual Claims », *Journal of Law and Economics*, 26, pp. 327-349.

Fauquet, G., (1935), *Le secteur coopératif, Bruxelles*, Les Propagateurs de la coopération.

Favereau, O. & Roger, B., (2015), *Penser l'entreprise. Nouvel horizon du politique*, Les Plans-sur-Bex, Parole et Silence, Coll. Perspectives & propositions.

Freeman, R., (1984), *Strategic management: A stakeholder approach*, Boston, Pitman.

Frey, B. S., (1997), « On the relationship between intrinsic and extrinsic work motivation », *International Journal of Industrial Organization*, no 4, vol. 15, pp. 427-439.

Frey, B. S. & Jegen, R., (2001), « Motivation Crowding Theory: A Survey of Empirical Evidence », Working Paper, no 26, Institute for Empirical Research in Economics, University of Zurich, November.

Garud, R., Hardy, C. & Maguire, S., (2007), « Institutional entrepreneurship as embedded agency: An introduction to the special issue », *Organization Studies*, vol. 28 (7), pp. 957-969.

Gasley, B., Kyung Chan, W. & Blomgren Bingham, L., (2010), « Board Diversity, Stakeholder Representation and Collaborative Performance in Community Mediation Centers », *Public Administration Review*, July-August, pp. 610-620.

Gaudin, J. P., (2002), *Pourquoi la gouvernance ?*, Paris, Presses de sciences Po.

Glaeser, E., (2003), *The Governance of Not-For-Profit Organizations*, Chicago et Londres, The University of Chicago Press.

Green, J. & Griesinger, D., (1996), « Board Performance and Organizational Effectiveness in Nonprofit Social Service Organizations », *Nonprofit Management and Leadership*, 6, pp. 381-402.

Grossman, S. & Hart, O., (1986), « The Costs and Benefits of Ownership: A Theory of Vertical and Lateral Integration », *Journal of Political Economy*, 94, pp. 691-719.

Gui, B., (1991), « The Economic Rationale for the Third Sector », *Annals of Public and Cooperative Economics*, 62/4, pp. 551-572.

Hansmann, H., (1996), *The Ownership of Enterprise*, Cambridge (MA), Cambridge, Harvard University Press.

Hardy, C. & Maguire, S., (2008), « Institutional Entrepreneurship », in Greenwood, R., Oliver, C., Sahlin, K. & Suddaby, R. (dir.), *The Sage Handbook of organizational institutionalism*, London, Thousand Oaks, New Delhi, Singapore, Sage Publications.

Hart, O., (1990), « An Economist's Perspective on the Theory of the Firm », in Williamson, O. (dir.), *Organization Theory, from Chester Barnard to the present and beyond*, New York et Oxford, Oxford University Press.

Hoarau, C. & Laville, J.-L. (dir.), (2008), *La gouvernance des associations ; économie, sociologie, gestion*, Toulouse, Érès, coll. Sociologie économique.

Holmstrom, B. & Tirole, J., (1989), « The Theory of the Firm », in Schmalensee, R. & Willig, R. (dir.), *The Handbook of Industrial Organization*, Amsterdam, Elsevier.

Jegers, M., (2008), « Governing and staffing a non-profit organization », in Jegers, M. (dir.), *Managerial Economics of Non-Profit Organizations*, Londres, Routledge, pp. 37-56.

Jensen, M. & Meckling, W., (1976), « Theory of the Firm: Managerial Behavior, Agency Costs and Ownership Structure », *Journal of Financial Economics*, 3, pp. 305-60.

Labie, M., (2005), « Économie sociale, non-profit, tiers secteur : à la recherche d'un cadre de gouvernance adéquat », in Finet, A. (dir.), *Gouvernement d'entreprise. Aspects managériaux, comptables et financiers*, Bruxelles, De Boeck, pp. 101-124.

Lanfranchi, J. & Narcy, M., (2008), « Différence de satisfaction dans l'emploi entre secteurs à but lucratif et à but non lucratif : le rôle joué par les caractéristiques d'emploi », *Annals of Public and Cooperative Economics*, no 2, vol. 79, pp. 323-368.

Lascoumes, P. & Le Galès, P., (2007), *Sociologie de l'action publique*, Paris, Armand Colin.

Laville, J.-L. & Nyssens, M., (2001), *Les services sociaux entre associations*, État et marché, l'aide aux personnes âgées, Paris, La Découverte.

Lawrence, T. B. & Suddaby, R., (2006), « Institutions and institutional work », in Clegg, S. R., Hardy, C., Lawrence, T. B. & North, W. R. (dir.), *Handbook of Organization Studies*, 2nd edition, Londres, Sage, pp. 215-254.

Leete, L., (2000), « Wage Equity and Employee Motivation in Nonprofit and For-Profit Organizations », *Journal of Economic Behavior and Organization*, 43, pp. 423-446.

Leete, L., (2006), « Work in the non-profit sector », in Powell, W. & Steinberg, R., (ed.), *The Non-Profit Handbook, A Research Handbook*, New Haven et Londres, Yale University Press, pp. 159-179.

Le Galès, P., (1998), « Régulation, gouvernance et territoire », in Commaille, J. & Jobert, B. (dir.), *Les métamorphoses de la régulation politique*, Paris, LGDJ.

Maguire, S., Hardy, C. et Lawrence, T. B., (2004), « International Entrepreneurship in Emerging Fields, HIV/AIDS Treatment Advocacy in Canada », *Academy of Management Journal*, vol. 47, no 5, pp. 657-679.

Maisonnasse, J., Melnik, K., Petrella, F. et Richez-Battesti, N., (2010), *Quelle qualité de l'emploi dans l'économie sociale et solidaire ?*, rapport de recherche pour la Région PACA, la Caisse des Dépôts et Consignations et son Institut Recherche.

Marival, C., (2011), « Associations de solidarité et stratégie de reconnaissance : une diversité de réponses associatives aux pressions institutionnelles », *RECMA*, no 322, pp. 62-80.

Marival, C., Petrella, F. & Richez-Battesti, N., (2016), « Coopération et gouvernance :

Normalisation ou reconquête du fait associatif ? », *Journal de gestion et d'économie médicale*, 2015/6, vol. 33, pp. 359-373.

Meier, O. et Schier, G., (2008), « Quelles théories et principes d'actions en matière de gouvernance des associations ? », *Management & Avenir*, 2008/6, no 20, pp. 179-198.

Melnik, E., Petrella, F. & Richez-Battesti, N., (2013), « Does the Professionalism of Management Practices in Nonprofits and For-profits Affect Job Satisfaction? », *International Journal of Human Resource Management*, vol. 24, No. 6, mars, pp. 1300-1321.

Meunier, N., Petrella, F. & Richez-Battesti, N., (2015), « L'ESS, un modèle d'emploi spécifique ? Premiers résultats issus de l'enquête RÉPONSE », in Abecassis, P. & Coutinet, N. (dir.), *L'économie sociale face à la crise*, Cahiers du CIRTES, Louvain, Presses Universitaire de Louvain, pp. 567-582.

Meyer, J.-W. & Rowan, B., (1977), « Institutionalized Organizations: Formal Structures and Shape Responses to Environment », *Academic Journal of Sociology*, vol. 83, no 2, pp. 340-363.

Milgrom, P. & Roberts, J., (1992), *Economics, Organization and Management*, Englewood Cliffs, Prentice-Hall International.

Mirvis, P. H. & Hackett, E. J., (1983), « Work and work force characteristics in the nonprofit sector », Monthly Labor Review, avrim, 106 (4), pp. 3-12.

Muller, P., (2005), « Esquisse d'une théorie du changement dans l'action publique, Structures, acteurs et cadres cognitifs », *Revue Française de Science Politique*, vol. 55, no 1, p. 155-187.

Nyssens, M., (2006), *Social Enterprise. At the Crossroads of Market, Public Policies and Civil Society*, Londres et New York, Routledge.

Nyssens, M. & Petrella, F., (2009), « Finalité sociale et partenariat public-privé dans l'offre de services quasi-collectifs locaux : une forme innovante de propriété », *Économie et Sociétés*, série EGS, 10 (4), pp. 747-774.

Nyssens, M. & Petrella, F., (2015), « ESS et ressources communes : vers la reconnaissance d'une diversité institutionnelle. Interpellations croisées », *Revue Française de Socio-Economie*, no 15, 2015/1, pp. 117-136.

Ory, J. N., Jaeger, M. & Gurtner, E., (2006), « La banque à forme coopérative peut-elle soutenir durablement la compétition avec la banque SA ? », *Finance Contrôle Stratégie*, vol. 9, no 2, juin, pp. 121-157.

Ostrom, E., (2000), « Social Capital: a fad or a fundamental concept? », in Dasgupta, P. & Serageldin, I. (dir.), *Social Capital, a multifaceted perspective*, Washington, The World Bank, pp. 172-214.

Ostrom, E., (2010), *Gouvernance des biens communs : Pour une nouvelle approche des ressources naturelles*, Bruxelles, De Boeck, collection Planète en jeu.

Pascal, A., Mendez, A., Gastaldi, L. & Guiderdoni-Jourdain, K., (2013), « Pour un modèle intégrateur de l'entrepreneuriat institutionnel collectif dans une approche réaliste critique. Le cas de la création d'une structure fédérative de recherche », communication à la *XXIIe conférence internationale de management stratégique*, AIMS, Clermont-Ferrand, 10-12 juin 2013.

Pérez, R., (2009), *La gouvernance de l'entreprise*, Paris, La Découverte, Repères, no 358.

Pestoff, V., (2009), « Towards a paradigm of Democratic Participation: Citizen Participation and Co-Production in the Provision of Personal Social Services in Sweden », *Annals of Public and Cooperative Economics*, vol. 80, Issue 2, juin, pp. 197-224.

Petrella, F., (2003), « Une analyse néo-institutionnaliste des structures de propriété multi-stakeholder : Une application aux organisations de développement local », Thèse de doctorat, 434/2003, Louvain-la-Neuve, Université Catholique de Louvain.

Petrella, F. & Richez-Battesti, N., (2012), « Les logiques d'interaction entre associations et institutions publiques dans la gouvernance locale », *Informations sociales*, no 172, pp. 82-91.

Pfeffer, J. & Salancik, G.-R., (1978), *The External Control of Organizations: A Resource Dependence Perspective*, New York, Harper and Row.

Poteete, a., Janssen, M. & Ostrom, E., (2010), Working Together: Collective Action, the Commons, and Multiple Methods in Practice, Princeton, Princeton University Press.

Preston, A., (1989), « The Nonprofit Worker in a For-Profit World », *Journal of Labor Economics*, vol. 7, no 4, pp. 438-463.

Rijpens, J., (2010), « La gouvernance des entreprises sociales », in Mertens, S. (dir.), *La gestion des entreprises sociales*, Liège, Edi.pro, pp. 219-285.

Rijpens, J., (2014), « Explaining diversity in social enterprise governance through the prism of the organisation-environment interactions. The case of WISEs », thèse de doctorat, Liège, HEC, Université de Liège.

Rousseau, F., (2004), « Gérer et militer, Une autre façon d'entreprendre pour les associations éducatives », *RECMA*, no 286, pp. 62-70.

Schlager, E. & Ostrom, E., (1992), « Property-Rights Regimes and Natural Resources: A Conceptual Analysis », *Land Economics*, vol. 68, no 3, pp. 249-262.

Ségrestin, B. & Hatchuel, A., (2012), *Refonder l'entreprise*, Paris, Seuil, coll. « La république des idées ».

Slimane, K. B. & Leca, B., (2010), « Le travail institutionnel : origines théoriques, défis et perspectives », *Management & Avenir*, 2010/7, no 37, pp. 53-69.

Spear, R., (2011), « Formes coopératives hybrides », *Revue internationale de l'économie sociale (RECMA)*, avril, no 320, pp. 26-42.

Spear, R., Cornforth, C. & Aiken, M., (2007), « Governance and Social Enterprise », EMES PhD Reader ; article révisé basé sur la présentation lors de la *Conférence internationale de recherche en économie sociale* du CIRIEC, Victoria, octobre.

Speckbacher, G., (2008), « Nonprofit versus corporate governance: an economic approach », *Nonprofit Management and Leadership*, vol. 18, 3, pp. 295-320.

Steinberg, R., (2006), « Economic Theories of Nonprofit Organizations », in Powell, W. & Steinberg, R. (dir.), *The Non-profit handbook, a research handbook*, New Haven et Londres, Yale University Press, pp. 117-139.

Tortia, E. C., (2008) « Worker well-being and perceived fairness: Survey-based findings from Italy », *The Journal of Socio-Economics*, 37, pp. 2080-2094.

Verschuere, B., Brandsen, T. & Pestoff, V., (2012), « Co-production: The State of the Art in Research and the Future Agenda », *Voluntas*, vol. 23, pp. 1083-1101.

Williamson, O., (1975), *Markets and Hierarchies: Analysis and Antitrust Implications*, New York, Free Press.

Williamson, O., (1983), « Organization form, residual claimants, and corporate control », *Journal of Law & Economics*, vol. 26, juin, pp. 351-374.

Williamson, O., (1985), *The Economic Institutions of Capitalism*, New York, Free Press.

Williamson, O., (1996), *The Mechanisms of Governance*, Oxford, Oxford University Press.

Wirtz, P., (2008), *Les meilleures pratiques de gouvernance d'entreprise*, Paris, La Découverte, coll. Repères, no 509.

4장 사회연대경제 평가 형태들

Alix, N. & Flynn, C., (2012), « Entreprise sociale et mesures d'impacts dans les textes européens », communication de la Commission au Parlement sur l'Acte pour le Marché Unique II, Confrontations Europe.

Arrow, K. J. & Hahn, F., (1971), *General Competitive Analysis*, ed. Holden Day.

Baily, M.-N. & Gordon, R. J., (1988), « The Productivity Slowdown, Measurement Issues, and the Explosion of Computer Power », *Brookings Papers on Economic Activity*, Economic Studies Program, The Brookings Institution, vol. 19 (2), pp. 347-432.

Baudet, A., (2013), « Mesure de l'impact social. Enjeux d'une régulation européenne sur le financement des entreprises sociales », Mémoire de Master 2, HEC, Paris.

Baum, R. C., (1976), « On Societal Media Dynamics », in Loubser, J. J., Baum, R. C., Effrat, A. & Lidz, V. M., (dir.) *Explorations in General Theory in Social Sciences, Essays in Honour of Talcott Parsons*, New York, Free Press, pp. 579-608, cité par Gorz, A., (1988), Métamorphoses du travail et Quête du sens, Paris, Galilée.

Behaghel L. Crépon B., Gurgan M., Kamionka T., Lequien L., Rathelot L., Zamora Ph., (2013), « L'accompagnement personnalisé des demandeurs d'emploi », *Revue française d'économie*, 2013/1, Volume XXVIII, pp. 123-158.

Berthonnet, I. & Delclite, T., (2013), « Efficacité ou optimalité ? Brève histoire des deux noms du critère de Pareto (1965-2005) », *VIe journées doctorales du GDR « Économie & Sociologie »*, Paris, 13 février.

Bezes, Ph., (2009), *Réinventer l'État : les réformes de l'administration française (1962-2008)*, Paris, Puf.

Bezes, Ph., Demazière, D., Le Bianic, T., Paradeise, C., Normand, R., Benamouzig, D., Pierru, F. & Evetts, J., (2011), « New Public Management et professions dans l'État : au-delà des oppositions, quelles recompositions ? », *Sociologie du Travail*, juillet, vol. 53, no 3, pp. 293-348.

Bodet, C. & Picard, D., (2006), « Le bilan sociétal : De la prise en compte des intérêts contradictoires des parties prenantes a la responsabilité sociétale », *Revue Développement Durable et Territoires*. Disponible en ligne : http://developpementdurable.revues.org/document1615.html Dossier 5.

Boltanski, L. & Thévenot, L., (1991), *De la justification. Les économies de la grandeur*, Paris, Gallimard.

Boyer, R., (2004), *Théorie de la régulation, les fondamentaux*, Paris, La Découverte, coll. « Repères ».

Branger V., Gardin L., Jany-Catrice F., Pinaud S., (2014), *Évaluer l'utilité sociale de l'Économie Sociale et Solidaire*, APES, Université Lille 1, Université de Valenciennes, 2014.

Bruno, I. & Didier, E., (2013), *Benchmarking. L'État sous pression statistique*, Paris, La Découverte, coll. « Zones ».

Capron, M. & Leseul, G., (1997), « Pour un bilan sociétal des entreprises », *Revue des études coopératives, mutualistes et associatives, RECMA*, 4e trimestre, no 266.

Chauvière, M., Hély, M., Pattieu, S., Pierson, M., Rousseau, F., Zunz, O., Chessel, M.-E., Nicourd, S. & Capuano, C. (2009), « Débat. L'association, l'entreprise et l'administration : quelle circulation des normes de gestion ? », *Entreprises et Histoire*, vol. 56, no 3.

Chessel, M.-E. & Nicourd, S., (2009), « Les ressorts des modes de gestion des associations », *Entreprises et histoire*, vol. 56, no 3.

Collignon, M. F. & Ullmo, B., (1983), *Bilan coûts/avantages des entreprises intermédiaires de production (E.I) pour les finances publiques et l'économie nationale*, Direction de la Prévision Ministère des finances, Paris, doc. ronéo.

Comité national de la vie associative (CNVA), (2000), *Plan comptable des associations et fondations, Application pratique*, Paris, La Documentation française.

Commission européenne, (2012), *L'initiative pour l'entrepreneuriat social*, Marché intérieur et services. Disponible en ligne : http://ec.europa.eu/internal_market/social_business/docs/201205-sbi-leaflet_fr.pdf.

Dardot, D. & Laval, Ch. (2014), *Commun. Essai sur la révolution au xxi e siècle*, Paris, La Découverte.

Déjour, Ch., (2003), *L'évaluation du travail à l'épreuve du réel, critique des fondements de l'évaluation*, Inra éditions.

Desrosières, A., (2008), *L'argument statistique (I). Pour une sociologie historique de la quantification*, Paris, Mines Paris Tech-les Presses.

Desrosières, A., (2011), voir Mouhanna, C. « Entretien avec Alain Desrosières »,

Sociologies pratiques, vol. 22, no 1, pp. 15-18.

Domin, J.-P., (2011), « La mise en oeuvre d'outils de gestion dans les établissements hospitaliers : les incohérences d'une politique publique (1980-2009) », *Séminaire d'Économie politique de la santé*, 2 décembre. Disponible en ligne : http://ecoposante.free.fr/index.php?option=com_content &view=category &layout=blog &id=3&Itemid=5.

Donzelot, J., (1994), *L'invention du social : essai sur le déclin des passions politiques*, Paris, Seuil.

Dutheil, P.-H. & Durand, P., (1997), *Reconnaissance de l'utilité sociale des associations : rapport du CNVA*, Paris, La documentation française.

Eme, B., Fraisse, L. & Gardin, L., (2000) (dir.), « Méthodes et outils de valorisation des organisations d'économie sociale et solidaire », Ministère de l'Emploi et de la Solidarité, secrétariat d'État à l'Économie solidaire, Tours, novembre.

Enjolras, B., (1995), *Le marché providence*, Paris, Desclée de Brouwer.

ESSEC, (2011), « Guide du retour social sur investissement (SROI) », *Les Cahiers de l'Institut de l'Innovation et de l'Entrepreneuriat Social IIES*, Traduction et adaptation en français par l'ESSEC IIES de « A Guide to Social Return on Investment », publié par The Cabinet Office, http://iies.essec.edu.

Euillet, A., (2002), « L'utilité sociale, une notion dérivée de celle de l'intérêt général », *Revue de droit sanitaire et social*, no 2, pp. 207-231.

Evers, A., (1995), « Part of the welfare mix: The third sector as an intermediate area », *Voluntas: International Journal of Voluntary and Nonprofit Organizations*, Volume 6, Issue 2, pp. 159-182.

Ferracci, M. & Wasmer, E., (2012), *État moderne, État efficace*, Paris, ed. Odile Jacob.

Fraisse, L., (2006), « Utilité sociale et économie solidaire : un rapport ambivalent au coeur de la reconfiguration des régulations publiques », in Engels, X. Hély M., Peyrin A., Trouvé H., (dir.), *De l'intérêt général à l'utilité sociale*, Paris, L'Harmattan.

Fraisse, L., Gardin, L. & Laville, J.-L., (2001), « Les externalités positives dans l'aide à domicile : une approche européenne », in Laville, J.-L. & Nyssens, M. (dir.), *Les services sociaux entre associations*, État et marché, Paris, La Découverte, pp. 192-210.

Gadrey, J., (1996), *Services : la productivité en question*, Paris, Desclée de Brouwer, coll. « Sociologie économique ».

Gadrey, J., (2004), *L'utilité sociale des organisations de l'économie sociale et solidaire. Une mise en perspective sur la base de travaux récents*, coll. « Rapport de synthèse pour la DIES et la MIRE ».

Gadrey, J., (2006), « L'utilité sociale en question : à la recherche de conventions, de critères et de méthodes d'évaluation », in Chopart, J.-N., Neyret, G. & Rault, D. (dir.), *Les dynamiques de l'économie sociale et solidaire*, Paris, La Découverte, pp. 237-280.

Gadrey, J. & Jany-Catrice, F. (2012), *Les nouveaux indicateurs de richesse*, Paris, La Découverte, coll. « Repères ».

de Gaulejac, V., (2005), *La société malade de sa gestion, Idéologie gestionnaire, pouvoir managérial et harcèlement social*, Paris, ed. Seuil.

Gély, A., Sujobert, B. & Touchelay, B. (2016) (à paraître), « Statistical argument : construction, uses and controversies. Prices and purchasing power », in Buno, I., Jany-Catrice, F. &. Touchelay, B. (dir.) *The Social Sciences of Quantification: From Politics of Large Numbers to Target-Driven Policies*, ed. Springer.

Giraud, G. & Renouard, C., (2012), *Le facteur 12. Pourquoi il faut plafonner les revenus*, Paris, ed. Carnets Nord.

Gori, R. (2009), « Les scribes de nos nouvelles servitudes », *Cités*, no 37, pp. 65-77.

Hély, M., (2009), *Les métamorphoses du monde associatif*, Paris, Puf.

Hély, M., Lochard, Y., Trenta, A. & Vezinat, N., (2011), « Quelle professionalisation pour le monde associatif ? », *La vie des idées, novembre*.

Heslouin, M., (2011), « Le Bilan sociétal : un outil pour mettre en oeuvre l'ISO 26000 ? », *Recma, Revue internationale de l'économie sociale*, no 321.

Hoarau, C. & Laville, J.-L., (dir.) (2008), *La gouvernance des associations : économie, sociologie, gestion*, Toulouse, Érès, coll. « Sociologie économique ».

Jany-Catrice, F., (2012), *La performance totale : nouvel esprit du capitalisme ?*, Lille, Presses Universitaires du Septentrion, coll. « Capitalismes, éthique, institutions ».

Jatteau, A., (2013), *Les expérimentations aléatoires contrôlées*, Paris, La Découverte, coll. « Repères ».

Karpik, L., (1989), « L'économie de la qualité », Revue française de sociologie, vol. 30, 30-2, pp. 187-210.

Karpik, L., (2009), *L'Économie des singularités*, Paris, Gallimard.

Knapp, M., (1984), *The economics of social care*, Macmillan, Basingstoke.

Lancaster, K., (1966), « A New Approach to Consumer Theory », *The Journal of Political Economy*, Vol. 74, no 2, avril, pp. 132-157.

Laville, J.-L. & Nyssens, M., (2001), *Les services sociaux entre associations, État et marché*, Paris, La Découverte.

Lemaître, A. & Nyssens, M., (2012), « Les entreprises sociales d'insertion en Belgique », in Gardin, L., Laville, J.-L. & Nyssens, M. (dir.), *Les entreprises sociales d'insertion, une perspective internationale*, Paris, Desclée de Brouwer.

May, C., (2008), *Petit guide des SPG. Ou comment développer et faire fonctionner les Systèmes participatifs de garantie*, IFOAM.

Ogien, A., (2010), « La valeur sociale du chiffre », *Revue française de socio-économie*, vol. 05, 1er semestre, pp. 19-40.

Ogien, A., (2013), *Désacraliser le chiffre dans l'évaluation du secteur public*, Versailles, ed. Quae.

Peretti, J.-M., (1977), « Le bilan coopératif des SCOP », *Revue française de gestion*, novembre-décembre.

Perret, B., (1989), *L'évaluation des politiques publiques*, Paris, La Découverte, coll. «

Repères ».

Porter, T., (1997), *Trust in Numbers: The Pursuit of Objectivity in Science and Public Life*, Princeton, Ed. Princeton University Press.

Richez-Battesti, N., Trouvé, H., Rousseau, F., Eme, B. & Fraisse, L., (2008), « Évaluer l'économie sociale et solidaire en France : bilan sociétal, utilité sociale et épreuve identitaire », *Économie et solidarité*, 39 (1), pp. 53-72.

Rodet, D., (2012), « Des dispositifs de jugement pour et par les consommateurs ? », *Revue française de socio-économie*, vol. 10, 2e semestre.

Sen, A., (2001), *Éthique et économie*, Paris, ed. Quadrige.

Sherwood, M. K., (1994), « Difficulties in the measurement of service outputs », *Monthly Labor Review*, mars, pp. 11-19.

Tchernonog, V., (2013), *Le paysage associatif français – mesures et évolutions*, 2e éd., Paris, ed. Dalloz Juris.

Trouvé, H., (2007), *L'utilité sociale : des pratiques aux représentations. Une étude de cas dans le champ de l'insertion par l'activité économique*, thèse soutenue à l'Université Panthéon-Sorbonne – Paris I.

Vivien, F.-D., (1994), *Économie et écologie*, Paris, La Découverte, coll. « Repères ».

5장 사회혁신과 사회연대경제

Acs, Z. J. & Sany, J., (2009), « Measuring the social value of innovation: The cases of Muhammad Yunus, Grameen Bank and Bill Gates, Microsoft », in Libecap, G. D., (dir.), *Measuring the Social Value of Innovation: A Link in the University Technology Transfer and Entrepreneurship Equation (Advances in the Study of Entrepreneurship, Innovation & Economic Growth)*, Volume 19, Bingley, Emerald Group Publishing Limited, pp. 143-170.

Akrich, M., Callon, M. & Latour, B., (1988), « À quoi tient le succès des innovations ? 1. L'art de l'intéressement », *Annales des Mines, Gérer et Comprendre*, no 11, pp. 4-17.

Amable, B., Barré, R. & Boyer, R., (1997), *Les systèmes d'innovation à l'ère de la globalisation*, Paris, Oeconomica.

Amin, A., Cameron, A. & Hudson, R., (2002), *Placing the Social Economy*, Londres et New York, Routledge.

Andersen, E. S., (2012), « Schumpeter's Core Works Revisited Resolved Problems and Remaining Challenges », *Journal of Evolutionary Economics*, vol. 22, No. 4, pp. 9-31.

Bélanger, P. R. & Lévesque, B., (1991), « La "théorie" de la régulation, du rapport salarial au rapport de consommation. Un point de vue sociologique », *Cahiers de recherche sociologique*, no 17, pp. 17-52.

Bernier, L., Bouchard, M. J. & Lévesque, B., (2003), « Attending to the General Interest:

New Mechanisms for Mediating Between Individual, Collective and General Interest », *Annals of Public and Cooperative Economics*, vol. 74, No. 3, pp. 321-347.

Borzaga, C. & Defourny, J. (dir.), (2001), *The emergence of social enterprise*, Londres et New York, Routledge.

Bouchard, M. J., (2006), « De l'expérimentation à l'institutionnalisation positive, l'innovation sociale dans le logement communautaire au Québec », Annales de l'économie publique, sociale et coopérative, vol. 77-2, numéro thématique sur l'Innovation sociale, pp. 139-165.

Bouchard, M. J. & Lévesque, B., (2013), « L'innovation et les transformations sociales, une approche théorique plurielle de l'économie sociale. Le cas du Québec », in Hiez, D. & Lavillunière, É., (dir.), *Théorie générale de l'économie sociale et solidaire*, Luxembourg, Larcier, pp. 113-143.

Bouchard, M. J., Trudelle, C., Briand, L., Klein, J.-L., Lévesque, B., Longtin, D. & Pelletier, M., (2015), « Chapter 3. A Relational Database to Understand Social Innovation and its Impact », in Nicchols, A., Simon, J. & Gabriel, M. (dir.), *New Frontiers in Social Innovation Research*, Londres, Palgrave Macmillan, pp. 69-85.

Boyer, R., (1986), *La théorie de la régulation : une analyse critique*, Paris, La Découverte.

Callon, M. (1981), « Pour une sociologie des Controverses technologiques », Fundamenta Scientiae, 2, pp. 381-399 (consulté le 15 juin 2013 : http://meidosem.com/work/articles/callon1981.pdf). Article repris dans Akrich, M., Callon, M. & Latour, M., (2006), *Sociologie de la traduction. Textes fondateurs*, Paris, Presses des Mines, pp. 135-157).

Callon, M., (1986), « Éléments pour une sociologie de la traduction. La domestication des coquilles Saint-Jacques et des marins pêcheurs dans la Baie de Saint-Brieuc », *L'Année Sociologique*, numéro spécial La sociologie des Sciences et des Techniques, 36, pp. 169-208.

Callon, M. (1999), « Le réseau comme forme émergente et modalités de coordination : le cas des interactions stratégiques entre firmes industrielles et laboratoires académiques », in Callon, M., Conhendet, P., Curien, N., Dalle, J.-M., Eymard-Duvernay, F., Foray, D. & Schenk, E. (dir.), *Réseau et coordination*, Paris, Economica, pp. 13-64.

Callon, M., (2007), « L'innovation sociale. Quand l'économie devient politique », in Klein, J.-L. & Harrisson, D., (dir.), *L'innovation sociale. Émergence et effet sur la transformation des sociétés*, Québec, Presses de l'Université du Québec, pp. 17-42.

Callon, M., Lascoume, P. & Barthe, Y., (2001), *Agir dans un monde incertain. Essai sur la démocratie technique*, Paris, Le Seuil, collection « La couleur des idées ».

Caulier-Grice, J., Kahn, L., Mulgan, G, Pulford, L. & Vasconcelos, D., (2010), *Study on Social Innovation*, Londres, Young Foundation and Social Innovation eXchange (SIX), Bureau of European Policy Advisors. Disponible en ligne : http://youngfoundation.org/wp-content/uploads/2012/10/Study-on-Social-Innovation-for-the-Bureau-of-European-Policy-Advisors-March-2010.pdf, page consultée le 20 octobre 2013.

Coraggio, J.-L., (2007), « Une autre économie est-elle possible sans une autre politique ? », *Revue Tiers-Monde*, no 190, pp. 401-416.

Dees, J. G., Battle Anderson, A. & Wei-Skillern, J., (2004), « Scaling social impact », *Stanford Social Innovation Review*, Spring, pp. 1-4.

Defourny, J. & Nyssens, M., (2013), « Social innovation, social economy and social enterprise: what can the European debate tell us? », in Moulaert, F., Maccallum, D., Mehmood, A. & Amdouch, A. (dir.), *The International Handbook on Social Innovation. Collective Action, Social Learning and Transdisciplinary Research*, Cheltenham, Cheltenham, Edward Elgard Publishing, pp. 40-52.

Djellal, G. & Gallouj, F., (2012), « Innovation sociale et innovation de service : première ébauche d'un dialogue nécessaire », *Innovations*, vol. 2012/2, no 38, pp. 37-66.

Dosi, G., (1982), « Technological paradigms and technological trajectories. A suggested interpretation of the determinants and directions of technical change », *Research Policy*, no 11, pp. 47-52. Disponible en ligne : https://faculty.fuqua.duke. edu/~charlesw/s591/Bocconi-Duke/Bocconi/s6_Demand_View/Dosi%201982. pdf, page consultée le 8 juillet 2013.

Drayton, B. & Budinich, V., (2010), « A New Alliance for Global Change », *Harvard Business Review*, vol. 88, no 9, pp. 56-64.

Eme, B. & Laville, J.-L. (dir.), (1994), *Cohésion sociale et emploi*, Paris, Desclée de Brouwer.

Evers, A. & Ewert, B., (2012), *Social Innovations for Social Cohesion. On concepts and first findings of a cross-country study*, Tübingen, DVPW Kongress. Disponible en ligne : https://www.dvpw.de/fileadmin/docs/Kongress2012/ Paperroom/2012Politikforschung-Evers-Ebert.pdf, page consultée le 20 octobre 2013.

Favreau, L. & Fréchette, L. (dir.), (2002), *Mondialisation, économie sociale, développement local et solidarité internationale*, Québec, Presses de l'Université du Québec.

Favreau, L. & Lévesque, B., (1996), *Développement économique communautaire. Économie sociale et intervention*, Québec, Presses de l'Université du Québec, coll. « Pratiques et politiques sociales ».

Fontan, J.-M., Klein, J.-L. & Tremblay, D.-G., (2008), « Social Innovation at the Territorial Level: from Path Dependency to Path Building », in Drewe, P., Klein, J.-L. & Hulsbergen, E. (dir.), *The Challenge of Social Innovation in Urban Revitalization*, Amsterdam, Techne Press, pp. 17-27.

Fraisse, L., (2013), « The social and solidarity-based economy as a new field of public action: a Policy and method for promoting social innovation », in Moulaert, F., Maccallum, D., Mehmood, A. & Amdouch, A. (dir.), *The International Handbook on Social Innovation. Collective Action, Social Learning and Transdisciplinary Research*,

Cheltenham, Cheltenham, Edward Elgard Publishing, pp. 361-370.

Freeman, C., (1991), « Innovation, Changes of Techno-Economic Paradigm and Biological Analogies in Economics », *Revue Economique*, vol. 42, No. 2, pp. 211-232.

Hillier, J., Moulaert, F. & Nussbaumer, J., (2004), « Trois essais sur le rôle de l'innovation sociale dans le développement territorial », *Géographie, Économie et Sociétés*, vol. 6, no 2, pp. 129-152.

Hodgson, G. M., (1988), *Economics and Institutions : A Manifesto for a Modern Institutional Economics*, Cambridge et Philadelphie, Polity Press, Cambridge and University of Pennsylvania Press.

Hodgson, D. E. & Briand, L., (2013), « Controlling the Uncontrollable: Project Management and Illusions of Autonomy in Video Game Development », *Work, Employment and Society*, vol. 27, No. 2, pp. 308-325.

Howaldt, J. & Schwartz, M., (2010), *Social innovation: concepts, research fields and international trends*, Dortmund, International monitoring (IMO). Disponible en ligne : http://www.internationalmonitoring.com/research/trend_studies/social_innovation.html, page consultée le 11 septembre 2013.

Itçaina, X. (dir.), (2010), *La politique du lien. Les nouvelles dynamiques territoriales de l'économie sociale et solidaire*, Rennes, Presses universitaires de Rennes, coll. « Espace et Territoires ».

Jensen, M. B., Johnson, B., Lorenz, E. & Lundvall, B.-A., (2007), « Forms of knowledge and modes of innovation », *Research Policy*, vol. 36, No. 5, pp. 680-693.

Jetté, C., (2008), *Les organismes communautaires et la transformation de l'État-providence. Trois décennies de construction des politiques publiques dans le domaine du social*, Québec, Presses de l'Université du Québec.

Karpik, L. (1989) « L'économie de la qualité », *Revue française de sociologie*, vol. 30, no 2, pp. 187-210.

Klein, J.-L., Fontan, J.-M., Harrisson, D. & Lévesque, B. (2010), « L'innovation sociale dans le contexte du modèle québécois : acteurs, composantes et principaux défis », *The Philanthropist*, vol. 23, no 3, pp. 93-104.

Klein, J.-L., Fontan, J.-M., Harrisson, D. & Lévesque, B., (2013), « The Quebec Model: A Social Innovation System Founded on Cooperation and Consensus Building, in Moulaert, F., Maccallum, D., Mehmood, A. & Hamdouch, A. (dir.), *The International Handbook on Social Innovation, Collective Action, Social Learning and Transdisciplinary Research*, Cheltenham, Edward Elgar Publishing, pp. 371-383.

Klein, J.-L., Laville, J.-L. & Moulaert, F. (dir.), (2014), *L'innovation sociale*, Paris, Érès.

Larsson, O. S. & Brandsen, T., (2016), « The Implicit Normative Assumptions of Social Innovation Research: Embracing the Dark Side », in Brandsen, T., Evers, A., Cattacin, S. & Zimmer, A. (dir.), *Social Innovations in the Urban Context*, Springer International Publishing, Open, Nonprofit and Civil Society Studies, DOI

10.1007/978-3-319-21551-8_24, pp. 293-302.

Latour, B., (2006a), *Changer de société – Refaire de la sociologie*, Paris, La Découverte.

Latour, B., (2006b), « Le Prince : machines et machinations », in Akrich, M., Callon, M. & Latour, B. (dir.) (2006), *Sociologie de la traduction. Textes fondateurs*, Paris, Presses des Mines, pp. 87-107.

Laville, J.-L. (dir.), (1994), *L'économie solidaire*, Paris, Desclée de Brouwer.

Laville, J.-L., (2014), « Innovation sociale, économie sociale et solidaire, entrepreneuriat social. Une mise en perspective historique », in Klein, J.-L., Laville, J.-L. & Moulaert, F. (dir.), *L'innovation sociale*, Paris, Érès, pp. 45-80.

Laville, J.-L. & Sainsaulieu, R., (2013), *L'Association : Sociologie et économie*, Paris, Hachette Pluriel.

Lévesque, B., (2004), « Les entreprises d'économie sociale, plus porteuses d'innovations sociales que les autres ? », in Fonds québécois de la recherche sur la société et la culture, *Le développement social au rythme de l'innovation*, Québec, Presses de l'Université du Québec, pp. 51-72.

Lévesque, B., (2006), « L'innovation dans le développement économique et dans le développement social », in Klein, J.-L. & Harrisson, D. (dir.), *L'innovation sociale. Émergence et effet sur la transformation sociale*, Québec, Presses de l'Université du Québec, pp. 43-70.

Lévesque, B., (2007) « Le potentiel d'innovation sociale de l'économie sociale : quelques éléments de problématique », *Économie et Solidarités*, vol. 37, no 1, pp. 13-48. Disponible en ligne : http://www.ciriec.uqam.ca/pdf/numeros_parus_articles/3701/ES-3701-02.pdf.

Lévesque, B., (2011), *Innovations sociales et pouvoirs publics : vers un système québécois d'innovation dédié à l'économie sociale et solidaire. Quelques éléments de problématique*, Montréal, Centre de recherche sur les innovations sociales, no ET1106.

Lévesque, B., (2013), « Social Innovation in Governance and Public Management Systems: Toward a New Paradigm? » in Moulaert, F., Maccallum, D., Mehmood, A. & Hamdouch, A. (dir), *The International Handbook On Social Innovation. Collective Action, Social Learning and Transdisciplinary Research*, Cheltenham, Edward Elgar Publishing, pp. 25-39.

Lévesque, B., Bourque, G. L. & Forgues, É., (2001), *La nouvelle sociologie économique*, Paris, Desclée de Brouwer.

Lhomme, R. & Fleury, J., (1999), « Pour une sociologie de la traduction en innovation. Entretien avec Michel Callon », *Recherche et Formation*, no 31, pp. 113-126. Disponible en ligne : http://ife.ens-lyon.fr/publications/edition-electronique/recherche-et-formation/RR031-09.pdf, page consultée le 24 juillet 2013.

Lipietz, A., (1989), *Choisir l'audace. Une alternative pour le vingt et unième siècle*, Paris, La Découverte.

Longtin, D. & Bisson, M., (2014), *Indicateurs d'innovation sociale à travers le monde. Bibliographie commentée*, Montréal, Réseau québécois d'innovation sociale. Disponible en ligne : http://www.rqis.org/, page consultée le 28 juin 2015.

Lundvall, B.-Ä., (2004), « National Innovation systems – Analytical Concepts and Development tool », papier présenté à la *DRUID Tenth Anniversary Summer Conference 2005 on Dynamics of Industry and Innovation : Organizations, Networks and Systems*, tenue du 27 au 29 juillet 2005 à Copenhague. Disponible en ligne : http://www.druid.dk/conferences/Summer2005/Papers/Lundvall.pdf, page consultée le 5 juillet 2013.

Malo, M.-C. & Vézina, M., (2004), « Governance and Management of Collective User-Based Enterprises: Value-Creation Strategies and Organizational Configurations », *Annals of Public and Cooperative Economics*, vol. 75, No. 1, pp. 113-137.

Martin, R. L. & Osberg, S., (2007), « Social Entrepreneurship, the Case for Definition », *Stanford Social Innovation Review*, No. 11. Disponible en ligne : http://www.ssireview.org/articles/entry/social_entrepreneurship_the_case_for_definition, page consultée le 1er février 2014.

Moulaert, F., (2000), *Globalisation and Integrated Area Development in European Cities*, New York, Oxford University Press.

Moulaert, F. (dir.), (2005), *Social innovation, governance and community building*, Luxembourg, European Communities.

Moulaert, F., MacCallum, D., Mehmood, A., Hamdouch, A. (dir.), (2010), *Social Innovation : Collective action, social learning and transdisciplinary research*, Katarsis, rapport final, remis le 31 mai 2010.

Moulaert, F., Maccallum, D., Mehmood, A. & Hamdouch, A. (dir.), (2013), *The International Handbook On Social Innovation. Collective Action, Social Learning and Transdisciplinary Research*, Cheltenham, Edward Elgar Publishing.

Mulgan, G., (2006), « The Process of Social Innovation », *Innovations: Technology, Governance, Globalization*, vol. 1, No. 2, pp. 145-162.

Mulgan, G., Ali., R., Halkett, R. & Sanders, B., (2007), *In and Out of Sync: The Challenge of Growing Social Innovations*, Londres, NESTA. Disponible en ligne : https://www.nesta.org.uk/sites/default/files/in_and_out_of_sync.pdf, page consultée le 23 juin 2015.

Mulgan, G., Tucker, S., Ali, R. & Sanders, B., (2007), *Social innovation. What it is, why it matters and how it can be accelerated*, Londres, Young Foundation. Disponible en ligne : http://youngfoundation.org/publications/social-innovation-what-it-is-why-it-matters-how-it-can-be-accelerated/, page consultée le 6 décembre 2015.

Murray, R., Caulier-grice, J. & Mulgan, G., (2010), *The open book of social innovation*, Londres, NESTA, Social Innovator Series. Disponible en ligne : https://www.nesta.org.uk/sites/default/files/the_open_book_of_social_innovation.pdf, page consultée le 23 juin 2015.

Neslson, R., (1994), « Evolutionary Theorizing about Economic Change », in Smelser, N. J. & Swedberg, R. (dir.), *Handbook of Economic Sociology*, Princeton (NJ) et New York, Princeton University Press et Russell Sage Foundation, pp. 108-136.

Nicholls, A., (2010), « The Legitimacy of Social Entrepreneurship: Reflexive Isomorphism in a Pre-paradigmatic Field », *Entrepreneurship Theory and Practice*, vol. 34, No. 4, pp. 611-633.

Nichols, A., Simon, J. & Gabriel, M., (2015), « Introduction. Dimensions of Social Innovation », in Nicchols, A., Simon, J. & Gabriel, M. (dir.), *New Frontiers in Social Innovation*, New York, Palgrave Macmillan (open access), pp. 1-26.

Nyssens, M. (dir.), (2006), *Social Enterprise*, Londres, Routledge.

Nyssens, M., (2015), « Innovation sociale et entreprise sociale : quels dialogues possibles ? Une perspective européenne », in Klein, J.-L, Camus, A., Jetté, C., Champagne, C. & Roy, M. (dir.), *La transformation sociale par l'innovation sociale*, Québec, Presses de l'Université du Québec, pp. 335-348.

Perez, C., (2004), « Technological Revolutions, Paradigm Shifts and Socio-Institutional Change », in Reinert, E. (dir.), *Globalization, Economic Development and Inequality: An alternative Perspective*, Cheltenham et Northampton, Edward Elgar Publishing, pp. 217-242.

Phills, J. A., Deiglmeier, K. & Miller, D. T., (2008), "Rediscovering Social Innovation", *Stanford Social Innovation Review*, Fall. Disponible en ligne : http://www.ssireview. org/articles/entry/rediscovering_social_innovation, page consultée le 23 juin 2015.

Pinch, T. J. & Bijker, W. E., (1987), « The Social Construction of Facts and Artifacts: Or How the Sociology of Science and the Sociology of Technology Might Benefit Each Other », in Bijker, W. E., Hugues, T. P. & Pinch, T. J. (dir.), *The Social Construction of Technological Systems. New Directions in the Sociology and History of Technology*, Londres et Cambridge, The MIT Press, pp. 17-50.

Porter, M. E. & Kramer, M. R., (2011), « Creating Shared Value. How to reinvent capitalism – an unleash a wave of innovation and growth », *Harvard Business Review*, vol. 89, No. 1-2, pp. 62-77.

Richez-Battesti, N., Petrella, F. & Vallade, D., (2012), « L'innovation sociale, une notion aux usages pluriels : quels enjeux et défis pour l'analyse ? », *Innovations*, vol. 2, no 38, pp. 15-36.

Servet, J.-M., (2010), *Le grand renversement. De la crise au renouveau solidaire*, Paris, Desclée de Brouwer.

Sibille, H., (2011), *La voie de l'innovation sociale. Entretien avec Hugues Sybille*, Paris, Rue de l'échiquier.

Spear, R., Defourny, J., Favreau, L. & Laville, J.-L. (dir.), (2001), *Tackling social exclusion in Europe. The contribution of the social economy*, Aldershot, Ashgate.

Steiner, P. & Vatin, F., (2009), *Traité de sociologie économique*, Paris, Presses Universitaires de France.

Westley, F. & Antadze, N., (2010), « Making a Difference. Strategies for Scaling Social Innovation for Greater Impact », *The Innovation Journal: The Public Sector Innovation Journal*, vol. 15, No. 2, article 2.

참고문헌

저자 소개

❶ 토대

1장 사회적경제 • 자끄 드푸르니

2장 협동조합 • 나단 리셰 –바떼스띠, 자끄 드푸르니

3장 결사체 • 마르뜨 니센

4장 자원활동 • 리오넬 프루또

5장 연대경제 • 로랑 가르댕, 장–루이 라빌

6장 사회적기업 • 자끄 드푸르니, 마르뜨 니센

❷ 쟁점

1장 사회연대경제에 대한 통계적 이해 • 에디뜨 아르샹보

2장 어소시에이션과 공공정책 • 장–루이 라빌, 마르뜨 니센

3장 사회연대경제의 지배구조 • 프란체스카 뻬트렐라

4장 사회연대경제와 평가 형태들 • 로랑 가르댕, 플로랑스 자니 -까트리스, 사뮈엘 피노

5장 사회혁신과 사회연대경제 • 마리 J. 부샤르, 브누아 레베꼬

| 엮고 지은이 |

자끄 드푸르니 Jaques Defourny

리에주대학Université de Liège 겸업대 사회적경제 및 비교경제시스템 교수를 역임했다(2020년 은퇴). 1990년대 초반 사회적경제센터Centre d'Economie Sociale를 설립하고 이끌었다. 사회적경제, 연대경제 및 사회적기업을 연구하는 십여 개 대학 연구소 및 개별 연구자들로 구성된 EMES 국제연구네트워크의 설립자이자 초대 회장이 었다(2002~2010). 루뱅카톨릭대학 마르뜨 니센과 함께 2013년부터 50개국 200여 연구자들이 참여하는 사회적기업 모델 국제비교 프로젝트International Comparative Social Enterprise Models, ICSEM를 지휘하기도 했다.

많은 논문을 발표하였으며, 특히 《남부와 북부의 사회적경제*L'économie sociale au Nord et au Sud*》(1999, P. Develtere, B. Fonteneau 공편), 《사회적기업의 등장*The Emergence of Social Enterprise*》(2001, C. Borzaga 공편) 그리고 《사회적기업과 제3섹터*Social Enterprise and the Third Sector*》(2014, L. Hulgård, V. Pestoff 공편)의 저자이자 엮은이다. 이 책들은 스페인어, 이탈리아어, 일본어, 중국어 및 한국어로도 번역되었다.

마르뜨 니센 Marthe Nyssens

루뱅카톨릭대학Université catholique de Louvain 경제학과 및 FOPES의 사회적경제 교수이다. 노동, 국가 및 사회 다학제 연구센터Centre Interdisciplinaire de Recherche Travail, État et Société, CIRTES의 구성원이고, EMES 국제연구네트워크의 설립멤버로 참여했고 현재 회장을 맡고 있다. 그녀의 연구는 사회적경제와 사회적기업에 대한 개념적 접근 및 대인서비스, 노동통합, 커먼스 등 다양한 활동분야에서 이들 조직과 국가, 시장 및 시민사회가 맺는 관계에 초점을 맞추고 있다. 현재 연구작업은 ICSEM 프로젝트를 통해 진행하는 국제비교연구의 관점에서 다양한 사회적기업 모델 등장에 집중하고 있다.

많은 논문을 집필하였으며, 주요 책과 논문으로는 《사회적기업과 노동통합:국제적 관점*Entreprise sociale et insertion : Une perspective internationale*》(2012, L. Gardin, J.-L. Laville과 공편), "사회연대경제와 공유자원:제도적 다양성의 인정을 향하여"(《프랑스 사회경제 리뷰 Revue Française de Socio-Economie〉, 2015, F. Petrella와 공저), "사회적기업에 대한 유럽식 접근과 미국식 접근:국제적 접근"(RECMA. 2011, 자끄 드푸르니와 공저) 등이 있다.

| 지은이 |

나딘 리셰-바떼스띠 Nadine Richez–Battesti

엑스-마르세이유대학Université d'Aix-Marseille 교원연구자이고 경제 및 노동사회학 연구소LEST-CNRS의 연구원이다. 그녀의 연구는 주요하게 사회연대경제 조직들로, 전략적 관점에서 이 조직들의 설립과 변형을 다루고 있다. 주요 저서로는 《프랑스 사회적기업의 진화 패턴: 노동통합 사회적기업을 중심으로*Patterns of evolutions of social enterprises in France: A focus on work integration social enterprises*》(2016. F. Petrella와 공저)와 "비영리와 영리조직에서 경영관행의 전문화가 일자리 만족도에 영향을 미치는가?Does the professionalism of management practices in nonprofits and for-profits affect job satisfaction?"(2013, K. Melnik, F. Petrella와 공저) 등이 있다.

리오넬 프루또 Lionel Prouteau

낭뜨대학Université de Nantes 경제학 명예전임강사이고 낭뜨 아틀란틱 경제경영연구소Laboratoire d'économie et de management de Nante Atlantique, LEMNA의 멤버이자 사회적경제 관련 자료개발협회Association pour le développpment des données sur l'économie sociale, ADDES 학술위원회 멤버이기도 하다. 그의 연구는 사회적경제, 특히 결사체association를 다루고 있다. 주요 저서로는 《자원활동의 경제학. 이론 및 경험연구*Economie du comportement bénévole. Théorie et étude empirique*》(1999)가 있으며, 《자원활동과 기업논리 사이에 놓인 민간단체들*Les associations entre bénévolat et logique d'entreprise*》(2003)을 엮었다.

로랑 가르댕 Laurent Gardin

발랑시엔느와 에노-깡브레지 대학Université de Valenciennes et du Hainaut Cambrésis의 사회학 교수이자 개발과전망연구소Institut du développement et de la prospective, IDP 멤버이며, 경제사회행정 석사과정 중 '지역개발과 연대경제' 교육 책임을 맡고 있다. EMES 연구네트워크와 사회연대경제 대학간네크워크RIUESS의 멤버이고, Cnam-CNRS Lise 연구팀에 참여하고 있으며, 프랑스 북부 오드프랑스지방 사회연대경제 강좌(석좌교수) 개설의 공동설립자이다. 주요 저서로는 《연대적 실천들. 시장과 국가에 맞선 호혜성 *Les initiatives solidaires. La réciprocité face au marché et à l'Etat*》 (2006), 《협동하는 사회연대경제 *L'économie sociale et solidaire en coopérations*》(2016) 등이 있으며 장-루이 라빌 및 마르뜨 니셴과 함께 《사회적기업과 노동통합: 국제적 관점 Entreprise sociale et insertion. Une perspective internationale》(2012)을 엮었다.

장-루이 라빌 Jean-Louis Laville

경제학자이자 사회학자로, 국립예술직업전문대학 Conservatoire national des arts et métiers, Cnam 연대경제 교수이다. 또한 Cnam-CNRS Lise 연구팀과 사회혁신연구 관련 일드프랑스 연구소 Institut francilien de recherche sur l'innovation sociale, Ifris의 연구원이고, 세계연구단과대학 Collège d'études mondiales에서 연구 프로젝트를 책임지고 있다. 여러 해외 대학과 협력하고 있으며 국제연구네트워크인 EMES와 RILESS의 설립 멤버이다. 주요 저서로는 《사회연대경제. 실천, 이론, 토론 *L'économie sociale et solidaire. Pratiques, théories, débats*》(2016) 등이 있으며 《시민사회, 제3섹터 그리고 사회적기업 *Civil Society, the Third Sector and Social Enterprise*》(2015. D. Young, P. Eynaud와 공편) 및 《다른 경제 사전 *Dictionnaire de l'autre économie*》(2010년 재간, A. D. Cattani와 공편)을 엮었다.

에디뜨 아르샹보 Edith Archambault

팡테옹-소르본느 파리 1대학 Université de Paris I Panthéon-Sorbonne 명예교수이자 소르본느 경제센터 Centre d'économie de la Sorbonne의 구성원이다. 존스홉킨스 비영리 부문 국제비교 프로그램에 참여했고, 제3섹터 통계와 관련한 UN과 ILO의 프로젝트들에 전문가로 참가하였다. 국민계정, 결사체, 자원활동 등에 대한 300여 출간물을 집필하였고, 주요 저서로는 《국민계정 *Comptabilité nationale*》(2003), 《프랑스의 비영리부문, 결사체 및 재단 *Le secteur non lucratif, Association et Fondations en France*》(1996), 《민간단체에 대한 지식 *Connaissance des associations*》(2010, J. Accardo, B. Laouisset과 공저) 등이 있다.

프란체스카 뻬트렐라 Francesca Petrella

경제 및 노동사회학 연구소 Laboratoire d'économie et de sociologie du travail, LEST-

CNRS 연구원이자 엑스-마르세이유대학Université d'Aix-Marseille 경제학 교수로 나 딘 리셰-바떼스띠와 함께 '사회연대경제' 석사과정을 이끌고 있다. 그녀의 작업 은 주요하게 사회연대경제 조직(거버넌스, 고용의 질, 공공기관과의 상호작용), 특히 아동돌 봄 및 재가돌봄서비스 분야 조직들을 다루고 있다. 주요 저술로는 "협동과 거버넌 스: 결사체의 일반화 또는 회복?Coopération et gouvernance: Normalisation ou reconquête du fait associatif?"(2015, C. Marival, N. Richez-Battesti와 공저)과 "사회연대경제와 공동 자원:제도적 다양성의 인정을 향하여. 교차질문ESS et ressources communes: vers la reconnaissance d'une diversité institutionnelle. Interpellations croisées"(2015, M. Nyssens과 공저) 등이 있다.

플로랑스 자니-까트리스 Florence Jany-Catrice

릴 제1대학Université Lille 1 경제학 교수이며 Clersé-UMR 8019 연구팀에서 연 구를 이끌고 있다. 연구작업은 경제의 질적 측면 및 이와 관련한 측정 이슈를 다 루고 있다. 2008년에 본인이 설립한 APIESS 훈련과정을 포함하고 있는 '경제 및 공공관리' 석사과정을 운영하고 있다. 또한 학술지 〈프랑스 사회경제 리뷰Revue française de socioéconomique〉를 이끌고 있으며 프랑스 정치경제학회Association française d'économie politique, AFEP 회장이다. 《웰빙과 발전의 새로운 척도들*The New Indicators of Well-Being and Development*》(2006, (불어판 2016) J. Gadrey와 공동편집)과 《사회과 학과 정량화. 수의 정치에서 대상중심 정책으로*The Social Sciences of Quantification From Politics of Large Numbers to Target Driven Policies*》(2016, I. Bruno, B. Touchelay와 공편)의 공동 편집자였고, 《온전한 성과:새로운 자본주의 정신?*La performance totale: nouvel esprit du capitalisme?*》(2012)의 저자이다.

사뮈엘 피노 Samuel Pinaud

파리-도핀대학Université Paris-Dophine 교수이며 Irisso 및 IDHES-Nanterre et Clersé 연구원이다. 사회연대경제와 프랑스 및 서아프리카(말리, 부르키나파소)의 농 업경제에 대해 연구하고 있다. 주요 저술로는 "식량원조의 기원과 취약성Genèse et fragilité de l'aide alimentaire"(2016, S. Naulin, P. Steiner와 공편)과 《농민, 토지에 접근하려는 끈질긴 노력. 현대 프랑스 토지정책의 한계*Les agriculteurs, maîtres tenaces de l'accès à la terre. Les impasses de la politique foncière française contemporaine*》(2015, S. Barral과 공저) 등이 있다.

마리 J. 부샤르 Marie J. Bouchard

몬트리올 소재 퀘벡대학Université du Québec à Montréal 교수, CIRIEC 인터내셔
널의 사회적경제 및 협동조합 학술위원회 위원장(2015~2017), 사회혁신연구센터
Centre de recherche sur les innovations sociales, CRISES 집합적 기업 분야 책임 그리고
캐나다 사회적경제 석좌교수(2003~2013)를 역임하였다. 주요 저서로는《사회적경
제의 가치 The Worth of the Social Economy》(2009, Peter Lang과 공편),《사회적경제의
비중-국제적 관점 The Weight of the Social Economy. An International Perspective》(Peter Lang,
D. Rousselière와 공편, 2015) 및《혁신의 추동력, 사회적경제-퀘벡의 경험 L'économie
sociale, vecteur d'innovation. L'expérience du Québec》(2011/영문판 Innovation and
the Social Economy. The Quebec Experience, 2013) 등이 있다.

브누아 레베끄 Benoît Lévesque

몬트리올 소재 퀘벡대학Université du Québec à Montéral 명예교수이자 공공행
정 국립학교École Nationale d'Administration Publique 객원교수다. 사회혁신연구센터
CRISES와 사회적경제 관련 대학 및 공동체 학술연대Alliance de Recherche Universités
et Commnautés en économie sociale, ARUC의 공동설립자다. 주요 저서 및 편저에는《사
회혁신. 이론적, 실천적 구성작업 L'innovation sociale. Les marches d'une construction théorique
et pratique, Presses de l'Université de Québec》(2014, J.-M. Fontan, J.-L. Klein과 공편)과《거버넌
스와 공공관리시스템에서의 사회혁신: 새로운 패러다임을 향하여? Social Innovation
in Governance and Public Management Systems: Toward a New Paradigm?》《사회혁신 관련
국제핸드북-집합행동, 사회적 학습 그리고 다학제 연구 The International Handbook
on Social Innovation. Collective Action, Social Learning and Transdisciplinary Research》(2013, F.
Moulaert, D. MacCallum, A. Mehmood, A. Hamdouch 공편) 등이 있다.

사회적경제, 연대경제, 사회적기업으로 이해하는 제3섹터의 사회경제학

사회연대경제 ❷ 쟁점

1판 1쇄 인쇄 2023년 11월 30일   1판 1쇄 발행 2023년 12월 13일

지은이 장-루이 라빌 · 마르뜨 니쎈 외

펴낸이 전광철 **펴낸곳** 협동조합 착한책가게

주소 서울시 마포구 독막로 28길 10, 109동 상가 b101-957호

등록 제2015-000038호.(2015년 1월 30일)

전화 02) 322-3238 **팩스** 02) 6499-8485

이메일 bonaliber@gmail.com

홈페이지 sogoodbook.com

ISBN 979-11-90400-49-7 （93300)